U0735529

中译本前言

米歇尔·福柯（1926—1984）是法国著名思想家，具有世界性影响，在中国学界也名闻遐迩。2018年《新京报》评选"40年40本书"时，笔者对福柯在中国的接受史做了如下概括：

《规训与惩罚》被法国哲学家德勒兹誉为"惩罚的神曲"，是福柯几部引人注目的作品之一。该书入选"40年40本书"，其实是福柯入选。

40年前，在思想和阅读的闸门打开之后，福柯的名字随着西方现代哲学的洪流现身中国。他的尼采主义标记尤其引人瞩目。对于年轻学子，尼采的"上帝死了"恰恰应和了思想解放的心声，而福柯的"人死了"则留下了困惑。进一步的推动来自80年代中期"文化研究"的龙卷风。福柯成为文化批评众多新锐武器之一。

90年代中后期和近几年，"福柯热"两度兴起。第一次可以视为政治商业大潮扫荡之下学术复兴的一个表征。福柯从此进入可以争议但不可忽视的"学术前沿"。第二次与第一次已时隔20年，但借助影视手段呼应了又一代青年的现代生命体验。福柯作品在中国的生命力折射了一些现实困境，但他的批判思考、权力／知识／身体政治学、自我呵护的伦理学也提供了跨越代际、走向未来的见识和启发。

在潮起潮落之际，福柯作品的翻译始终不辍。从多个译本的《性史》、两个译本的《疯癫与文明》开始，到陆续推出的法兰西学院演讲系列，福柯的中译本构成了一个绵延的学术风景线，显示了读书界热情不灭的旨趣。

众所周知，近三年的新冠肺炎疫情，使得阅读和诠释福柯再次成为学界的一个热点话题，由此也显示了福柯的洞见在数据与算法时代的价值。

本书作者斯图尔特·埃尔登（Stuart Elden）是英国华威大学政治理论和地理学教授，并兼任澳大利亚莫纳什大学文学院教授。其学术兴趣广泛，横跨政治、哲学和地理学等学科，对领土的历史、概念和实践有专深独到的研究。2010年，他的著作《恐怖与领土：主权的空间范围》（*Terror and Territory: The Spatial Extent of Sovereignty*）荣获美国地理学家协会公共地理学全球图书奖和政治地理学专业组朱利安·明吉杰出研究奖。2011年，他因对地理科学的贡献而获得英国皇家地理学会默奇森奖。2014年，他的著作《领土论》（*The Birth of Territory*）荣获美国地理

[英] 斯图尔特·埃尔登 著

鲍磊、刘北成 译

福柯最后十年

Foucault's
Last
Decade

Stuart Elden

北京出版集团

文津出版社

著作权合同登记号：图字 01-2023-1891

Foucault's Last Decade, by Stuart Elden

Copyright © Stuart Elden 2016

First published in 2016 by Polity Press

Simplified Chinese Edition copyright © 2024 by Beijing Publishing Group

This edition is published by arrangement with Polity Press Ltd., Cambridge

Simplified Chinese rights arranged through CA-LINK International LLC

图书在版编目（CIP）数据

福柯最后十年 /（英）斯图尔特·埃尔登著 ；鲍磊，
刘北成译 . — 北京：文津出版社，2024.7

    书名原文：Foucault's Last Decade

    ISBN 978-7-80554-880-7

    Ⅰ . ①福… Ⅱ . ①斯… ②鲍… ③刘… Ⅲ . ①福柯（
Foucault，Michel 1926—1984）—哲学思想—研究 Ⅳ .
① B565.59

中国国家版本馆 CIP 数据核字（2023）第 135072 号

总 策 划：高立志		选题策划：司徒剑萍	
责任编辑：高立志		责任营销：猫 娘	
责任印制：陈冬梅		封面设计：周伟伟	

福柯最后十年
FUKE ZUIHOU SHI NIAN

［英］斯图尔特·埃尔登 著
鲍 磊 刘北成 译

出　　版 北京出版集团
　　　　　文 津 出 版 社
地　　址 北京北三环中路 6 号
邮　　编 100120
网　　址 www.bph.com.cn
发　　行 北京伦洋图书出版有限公司
印　　刷 北京华联印刷有限公司
开　　本 880 毫米 × 1230 毫米　1/32
印　　张 13.5
字　　数 299 千字
版　　次 2024 年 7 月第 1 版
印　　次 2024 年 7 月第 1 次印刷
书　　号 ISBN 978-7-80554-880-7
定　　价 108.00 元

如有印装质量问题，由本社负责调换
质量监督电话　010-58572393

学家协会子午线图书奖杰出地理学学术著作奖。该书已经有中文译本。

埃尔登的另一个研究领域是 20 世纪法国思想史，尤其聚焦于福柯。埃尔登是英语世界的杂志《福柯研究》的创办人之一。除了一系列的论文外，近年他陆续推出了福柯研究四部曲：《福柯最后十年》（*Foucault's Last Decade*，2016）、《福柯：权力的诞生》（*Foucault: The Birth of Power*，2017）、《早期福柯》（*The Early Foucault*，2021）和《福柯的考古学》（*The Archaeology of Foucault*，2022）。《福柯最后十年》可以顾名思义。《福柯：权力的诞生》紧接着上一本，考察从《知识考古学》到《规训与惩罚》福柯的学术与政治。《早期福柯》探讨福柯《疯狂史》的缘起。《福柯的考古学》聚焦于福柯在 20 世纪 60 年代的作品。这项历时多年的研究挖掘了一些为人不知的档案和资料，追溯了法国思想家米歇尔·福柯一生的学术历程。

《福柯最后十年》首先问世，旋即引起国际学界的关注。这个话题本身就颇为诱人。众所周知，继 1975 年的《规训与惩罚》之后，福柯很快就在 1976 年出版了轰动性的著作《性史》第一卷，并预告了"性史"后五卷的写作计划，将分别考察在第一卷中初步勾勒的现代"性态"（sexualité）的各种展布（分别涉及儿童、妇女、性倒错者以及现代种族主义等）。此后，福柯与其他学者合作出版了一些作品，但《性史》后续各卷迟迟不见踪影，直至 1984 年福柯去世之时才出版了第二、三卷，并更新了《性史》系列的结构，宣称考察重心彻底转变，不再是现代的"性态"，而是"古典古代到基督教早期的欲望之人的谱系"。由于第四卷尚未问世,这个"欲望之人的谱系"究竟是什么?在这八年里,福柯的思想和学术究竟发生了什么?这个谜题曾困扰了读者和研究者,并且因为福柯的"死后不出版任何作品"的遗嘱而变得更渺茫迷离。

幸好,这个遗嘱没有被严格执行。首先是福柯的伴侣德菲尔和同事埃瓦尔德编辑出版了四卷本的《言与文》,然后是福柯在法兰西学院任教的十三个年度讲座课程陆续出版。后者整理和出版过程相当漫长,历时近二十年,直至2015年才全部出齐。《性史》第四卷在本书中被比喻为学者尚在追寻的圣杯,也在2018年终于问世。这些作品的问世展露了福柯后期活跃而艰难的学术探索,极大地丰富了福柯的思想遗产。

埃尔登长期追踪福柯著作的出版,撰写了一系列的阐释和评论文章。本书是集多年研究的一部总结性作品,对福柯的后期重要文本做了全景扫描,探究了福柯思想演变的隐秘线索,展示了颇具特色的丰富议题。埃尔登尤其聚焦于福柯《性史》两个计划的纠结和最终结构,揭示了其中建构的西方欲望主体的谱系:古代的"性悦"(aphrodisia)/中世纪的"肉欲"(chair)/现代的性态(sexualité)。或许,更有启发意义的是,《福柯最后十年》不是一幅定格的照片,而是一部精神的奥德修纪。福柯的苦苦求索,提供了一幅"思想者"的标准形象。福柯最后的演讲以及赶在大限之前出版的《性史》后几卷,给我们留下的依然是"在路上"的执着和思考。

关于本书，一些国外学者和读者予以品评，颇有见地，特摘译如下，可供参考：

一、这本书是对福柯在 1974 年至 1984 年间创作的大量著作，包括书籍、课程、讲座、论文和访谈的最好指南。尽管学界已有一些评论和分析，但本书对福柯的各种研究计划和思想演变的描述和解释尤为精彩。埃尔登成功地将所有的线索连接在一起。简而言之，他涵盖了不正常、生命权力、治理、坦白、自我技术、说真话和直言，尤其是性态等主题。总之，《福柯最后十年》中的论述很有价值，提供的信息更为宝贵。对那些打算研究福柯著作的读者来说，本书是一本很好的入门读物和必要的工具书。

二、埃尔登创作了一部精湛的著作，重构了"思想家"如何在失败与成功之间、在可能与想象之间思考求索。这是富有诗意的哲学启示。埃尔登教我们以一种新的方式阅读福柯。

三、这部著作是对与艺术和科学创造力截然不同的学术创造力的迷人考察。凡是阅读过福柯著作的人，都可能会对本书中所展示的福柯晚年思想演变产生兴趣。作者对被废弃计划的讨论主要是推测性的，主要基于福柯的笔记和学术演讲，而对最终发表的作品的讨论则是分析性的。福柯最后几年的学术关注是其留下的重要思想遗产，本书的综述引人发省。

四、埃尔登描述了一幅福柯后期思想肖像，戏剧性地呈现了批判性研究的发展能量。他出色地将福柯的新主题，如治理、对新自由主义和当代经济思想的关注等，与对权力说真话的一贯思想原则融为一体。埃尔登本人的思考敏锐地体现了我们这个时代最好的批判资源。

也有学者提出批评意见，认为这本书过分简化了福柯的学术发展，未能充分探讨其思想的复杂性，尤其是对福柯后期作品的关注过于狭窄，未能充分探讨福柯论著的政治含义。作为译者，我们对此也有一些同感，当然这对作者和本书有些苛求了。

本书的翻译历时较长，首先由鲍磊交出相当优质的第一稿，然后由笔者对全书做了几番修订。其中值得与读者分享的有两点。

首先，关于引文的翻译。本书是英文著作，其中有大量的福柯英译引文。为了避免二次翻译的误差，对所有的引文，笔者逐一查对了法文原著；相应之处，还查对了已有的中文译本，尽可能地靠近或采用中文译本，意在方便读者的查阅，也为了促成比较统一的中译互文语境。不过，在差异较大之处，维持了我们自己的译法。

其次，关于术语的翻译。本书宛如术语密布的丛林。术语的译名是我们的重要关切。福柯的一些重要术语是国际学界讨论的热点。在西文里，他的多数术语是可以直译或直接使用，也比较稳定，但在中文学界则有各种不同的、相去甚远的译名，给读者和研究者造成了一些理解障碍。有鉴于此，我们对各种译名做了反复的比较，力求博采众长，选用恰当、稳定的译名，意在提供一贯性的脉络。当然我们在本书中的努力依然是一种尝试。

福柯翻译一直是译介者面对的挑战，纷纭歧出实属正常。迄今福柯的主要著作基本上有了中文译本，凝聚了众多学者的智慧。我和一些同仁认为，现在可以对福柯译著做整体的审视了。我们期待，译介群体能够展开更密切的学术互动与合作，集思广益，对福柯译著（包括拙译在内）做一次全面修订，给中文世界提供一个更坚实、更融贯的福柯阅读和研究平台。

本书的翻译得到许多人的帮助。作者斯图尔特·埃尔登解答了一些疑难。费轩提出了"性悦"的译名方案。潘永强、杜宪兵、叶竞成帮助搜集福柯的法文原著。潘鸣啸（Michel Bonnin）、罗卡（Rocca Laurent）、梁爽、王春华提供了一些翻译意见。总编辑高立志耐心地等待我在校样上一次次地涂鸦。在此一并致谢！

刘北成
2023 年 1 月

目录

致 谢

———————————————————————————————

探讨福柯讲座课程的最初动力来自保罗·博韦（Paul Bové），他邀请我为其主编的杂志《边界2》（*Boundary 2*）就《不正常的人》写了一篇评论，后又邀请我于2001年访问匹兹堡大学，做了阐释《必须保卫社会》的演讲。在接下来的数年中，福柯的讲座课程陆续出版，我便跟踪撰写相关的评论或文章，其中一些已经发表。我的目的是最后将它们汇集起来，改写成一部著作。现在呈现的文本，是屡经修订与改编后的产物。我很感激朋友们对这项工作的热情支持，尤其是本·安德森、尼尔·布伦纳、莎朗·考恩、杰瑞米·克兰普顿、米克·狄龙、苏菲·福格尔、本·戈尔德、科林·戈登、彼得·格拉顿、伯纳德·哈考特、劳伦斯·保罗·赫明、珍·希利尔、亚历克斯·杰弗里、莫里斯·卡普兰、马克·凯利、利奥波德·兰伯特、斯蒂芬·莱格、爱德华多·门迪塔、凯瑟琳·米尔斯、亚当·大卫·莫顿、克莱尔·奥法雷尔、克里斯·菲罗、斯韦勒·拉夫尼热、艾莉森·罗斯、斯蒂芬·夏皮罗、亚历克斯·瓦苏德万、尼克·沃恩－威廉斯与迈克尔·瓦茨。爱德华多仔细地阅读了全部手稿，并给予了很多有用的评论。我的博客的很多读者一直关注这项计划，对他们的关注我深表感激。该工作所产生的一些资源可见我的博客：www.progressivegeographies.com/resources/foucault-resources。

英国华威大学的政治与国际研究系及人文研究中心为档案查阅提供了资金支持。政体出版社的艾玛·哈钦森理解我的计划，也是他让提议变成了合同；约翰·汤普森与帕斯卡·波尔舍龙对书稿的不断调整一直给予支持；来自三位匿名审稿人的评阅报告帮助深化了整体的论点，同时也改善了很多细节。苏珊·比尔对文本做了出色的编辑工作，丽莎·斯科利编制了索引。

在过去数年的时间里，我曾就福柯的作品在如下一些国家的机构中做过演讲：澳大利亚（墨尔本大学；莫纳什大学；悉尼大学；塔斯马尼亚大学）；加拿大（纽芬兰纪念大学）；法国（卡昂阿尔登修道院）；瑞典（斯德哥尔摩大学）；意大利（巴勒莫大学；莫纳什大学普拉托中心）；英国（亚伯大学；巴斯皇家文学与科学研究院；伯克贝克学院；杜伦大学；东伦敦大学；伦敦皇家学院；兰开斯特大学；利兹大学；莱斯特大学；曼彻斯特大学；诺丁汉当代美术馆；圣凯瑟琳基金会；斯塔福德郡大学）；以及美国（旧金山的美国政治科学协会会议；亚利桑那州立大学；加州大学伯克利分校；匹兹堡大学；纽约州立大学帕切斯学院）。对于参与的听众们，我也深表感激。

我很感激如下机构的工作人员：大英图书馆，当代出版纪念协会（IMEC），加州大学伯克利分校班克罗夫特图书馆，法国国家图书馆，魁北克国家档案图书馆，维多利亚州立图书馆，还有华威大学、杜伦大学、哥伦比亚大学、康奈尔大学、莫纳什大学、墨尔本大学以及纽约大学的图书馆。詹姆斯·伯诺尔、达里奥·比奥卡、马克·布拉休斯、彼得·布朗、杰瑞米·凯瑞特、阿诺德·I.戴维森、阿图罗·埃斯科巴尔、凯斯·甘达尔、科林·戈登、伯纳德·哈考特、大卫·霍恩、大卫·莱文、西尔韦尔·洛特兰热、马克·马斯兰、迈克尔·莫兰泽、詹姆斯·米勒、约瑟夫·皮尔逊、保罗·拉比诺、雅明·拉斯金、乔纳森·西蒙与杰瑞·韦克菲尔德，这些人或当面或以通信方式友好地回答了我提出的问题。除了已经提到的几位，纳塔利·B、塞巴斯蒂安·巴德根、格雷厄姆·伯切尔、迈克尔·埃尔德雷德、米克尔·易卜生、约阿夫·肯尼、帕特里夏·洛佩、雅各布·伦丁、泰德·施托尔策、安德里亚·特提与菲利普·提奥芬尼也协助我获得了相关的文本或记录。我尤其感激丹尼尔·德菲尔过去几年的好意以及 2015 年 4 月我与他在巴黎的一次长谈。

　　第 1 章的部分内容以《正常人的建构：法兰西学院课程中的畸形人与手淫》为题载于《边界 2》2001 年第 28 卷第 1 期（第 91—105 页）。第 2 章的更早版本以《种族战争和国家的建构：福柯的〈必须保卫社会〉与计算政治》为名刊于《边界 2》2002 年第 29 卷第 1 期（第 125—151 页）。它们的再印都得到杜克大学出版社的授权。一些总体性观点初以《坦白问题：福柯"性史"的生产失败》为名，载于《文化研究杂志》（*Journal for Cultural*

Research）2009 年第 9 卷第 1 期（第 23—41 页）。重印的部分
得到泰勒与弗朗西斯出版社的准许。

一如既往，我最感激的人仍是苏珊，谢谢她给予的爱和支持。

简　写

为便于参考，关键文本引用时采取缩写方式。对翻译成单一著作的作品，如讲座课程，先给出法文页码，然后是以斜杠分隔的英文页码。因此，"PP 105/103"指的是讲座课程《精神病学的权力（1973—1974）》法文版的第 105 页，英文译本的第 103 页。我常常修改现有的译文。

在本书中，英文标题采用已有的译本著作；法文标题则是未翻译的作品或未出版的手稿，但在首次使用时将提供标题的英文翻译。

A　《不正常的人（1974—1975）》［*Les Anormaux：Cours au Collège de France (1974–1975)*，eds. Valerio Marchetti and Antonella Salomoni，Paris：Seuil/Gallimard，1999； trans. Graham Burchell as *Abnormal：Lectures at the Collège de France 1974–1975*，London：Verso，2003.］

ABHS　《自我解释学的发端》［"About the Beginning of the

Hermeneutic of the Self: Two Lectures at Dartmouth", ed. Mark Blasius, *Political Theory*, 21（2）, 1993: 198-227.]

BB 《生命政治的诞生（1978 — 1979）》[*Naissance de la biopolitique: Cours au Collège de France (1978-1979)*, ed. Michel Senellart, Paris: Seuil/Gallimard, 2004; trans. Graham Burchell as *The Birth of Biopolitics: Lectures at the Collège de France 1978-1979*, London: Palgrave, 2008.]

C 《年表》[Daniel Defert, "Chronologie", in *Dits et écrits 1954-1988*, eds. Daniel Defert and François Ewald, Paris: Gallimard, 4 vols., 1994, vol. I, pp. 13-64; trans. Timothy O'Leary in Christopher Falzon, Timothy O'Leary and Jana Sawicki （eds.）*A Companion to Foucault*, Oxford: Blackwell, 2013, pp. 11-83.]

CMPP 《对马克思主义、现象学以及权力的思考》["Considération sur le marxisme, la phénoménologie et le pouvoir: Entretien avec Colin Gordon et Paul Patton", *Cités*, 52, 2012: 101-26; trans. as Michel Foucault, Colin Gordon, and Paul Patton, "Considerations on Marxism, Phenomenology and Power. Interview with Michel Foucault; Recorded on April 3rd, 1978", *Foucault Studies*, 14, September 2012: 98-114.]

CT 《说真话的勇气（1983 — 1984）》[*Le courage de la vérité: Le gouvernement des soi et des autres II: Cours au Collège de France*, ed. Frédéric Gros, Paris: Gallimard/Seuil, 2009; trans. Graham Burchell as *The Courage of Truth (The Government of the Self and Others II)*: *Lectures at the Collège de France 1983–1984*，London：Palgrave，2011.]

DE 《言与文（1954—1988）》[*Dits et écrits 1954–1988*，eds. Daniel Defert and François Ewald，Paris：Gallimard，4 vols.，1994-with reference to volume number，and also includes text number for ease of reference to the two editions of this text and to bibliographies of English translations.[①] Thus "DE#81 Ⅱ，99–104" means text 81，in vol. II，pp.99–104.]

DF 《家庭的失序》[Arlette Farge and Michel Foucault，*Le désordre des familles*：*Lettres de cachet des Archives de la Bastill^e au XVIIIe siècle*，Paris：Julliard/Gallimard，1982.]

DP 《规训与惩罚》[*Surveiller et punir-Naissance de la prison*，Paris：Gallimard，1975；trans. Alan Sheridan as *Discipline and Punish*：*The Birth of the Prison*，London：Penguin，1976.]

E 《米歇尔·福柯访谈录》[Roger-Pol Droit，*Michel Foucault*，*Entretiens*，Odile Jacob，Paris，2004.]

EW 《福柯精粹》[*Essential Works*，eds. Paul Rabinow and James Faubion，trans. Robert Hurley and others，London：Allen Lane，3 vols.，1997–2000.]

---

① 参见理查德·A. 林奇（Richard A. Lynch）：《米歇尔·福柯的英文短作》（"Michel Foucault's Shorter Works in English"），收入克里斯托夫·法尔宗（Christopher Falzon）、蒂莫西·O. 利里（Timothy O'Leary）、亚娜·萨维茨基（Jana Sawicki）编：《福柯指南》（*A Companion to Foucault*），Oxford：Blackwell，2013，pp.562–592。

FL 《福柯现场：访谈（1961—1984）》［*Foucault Live*：*Interviews 1961-1984*，ed. Sylvère Lotringer，New York：Semiotext［e］，1996.］

GSO 《治理自我与治理他者（1982—1983）》［*Le gouvernement de soi et des autres*：*Cours au Collège de France 1982-1983*，ed. Frédéric Gros，Paris：Gallimard/Seuil，2008；trans. Graham Burchell as *The Government of the Self and Others*：*Lectures at the Collège de France 1982-1983*，London：Palgrave，2010.］

GL 《对活人的治理（1979—1980）》［*Du gouvernement des vivants*：*Cours au Collège de France 1979-1980*，ed. Michel Senellart，Paris：Gallimard/Seuil，2012；trans. Graham Burchell as *On the Government of the Living*：*Lectures at the Collège de France 1979-1980*，London：Palgrave，2014.］

HB 《名为阿莱希娜·B.的艾尔库里娜·巴尔班》（英译本《艾尔库里娜·巴尔班》）［*Herculine Barbin dite Alexina B*，Paris：Gallimard，1978；trans. Richard McDougall as *Herculine Barbin*：*Being the Recently Discovered Memoirs of a Nineteenth Century Hermaphrodite*，New York：Pantheon，1980.］

HS I 《性史：求知意志（第一卷）》［*Histoire de la sexualité I*：*La Volonté de savoir*，Paris：Gallimard，1976；trans. Robert Hurley as *The History of Sexuality I*：*The Will to Knowledge*，London：Penguin，1978.］

HS II 《性史：快感的享用（第二卷）》［*Histoire de la sexualité*

II：*L'Usage des plaisirs*，Paris：Gallimard，1984；*The History of Sexuality Volume II*：*The Use of Pleasure*，trans. Robert Hurley，London：Penguin，1985.〕

HS III 《性史：关心自我（第三卷）》〔*Histoire de la sexualité III*：*Le Souci de soi*，Paris：Gallimard，1984； *The History of Sexuality Volume III*：*The Care of the* Self，trans. Robert Hurley，London：Penguin，1986.〕

HSu 《主体解释学（1981—1982）》〔*L'Herméneutique du sujet*：*Cours au Collège de France (1981–1982)*，ed. Frédéric Gros，Paris：Gallimard/Seuil，2001；trans. Graham Burchell as *The Hermeneutics of the Subject*：*Lectures at the Collège de France*，London：Palgrave，2005.〕

MG 《治疗机器》〔Michel Foucault，Blandine Barret-Kriegel，Anne Thalamy，François Béguin and Bruno Fortier，*Les machines à guérir (aux origines de l'hôpital moderne)*，Bruxelles：Pierre Mardaga，revised edn 1979（original edn，Paris：Institut de l'environnement，1976）.〕

OHS 《自我解释学的发端：福柯 1980 年在达特茅斯学院的演讲》〔*L'origine de l'herméneutique de soi*：*Conférences prononcées à Dartmouth College，1980*，eds. Henri-Paul Fruchaud and Daniele Lorenzini，Paris：Vrin，2013.〕

P/K 《权力 / 知识：访谈与其他文选（1972—1977）》〔*Power/ Knowledge*：*Selected Interviews and Other Writings 1972–1977*， ed. Colin Gordon，Brighton：Harvester，1980.]

PP 《精神病学的权力（1973—1974）》[*Le pouvoir psychiatrique：Cours au Collège de France (1973-1974)*，ed. Jacques Lagrange，Paris：Seuil/Gallimard，2003；trans. Graham Burchell as *Psychiatric Power：Lectures at the Collège de France 1973-1974*，London：Palgrave，2006.]

PPC 《政治、哲学、文化：访谈及其他论文（1977—1984）》[*Politics，Philosophy，Culture：Interviews and Other Writings 1977-1984*，ed. Lawrence D. Kritzman，London：Routledge，1990.]

QC 《何谓批判？自我的文化》[*Qu'est-ce que la critique? Suivi de la culture de soi*，eds. Henri-Paul Fruchaud and Daniele Lorenzini，Paris：Vrin，2015.]

RC 《宗教与文化》[*Religion and Culture*，ed. Jeremy R. Carrette，London：Routledge，1999.]

SMBD 《必须保卫社会（1975—1976）》[*«Il faut défendre la société»：Cours au Collège de France (1975-1976)*，eds. Mauro Bertani and Alessandro Fontana，Paris：Seuil/Gallimard，1997；trans. David Macey as "*Society Must Be Defended*"，London：Allen Lane，2003.]

SP 《惩罚的社会（1972—1973）》[*La société punitive：Cours au Collège de France (1972-1973)*，ed. Bernard E. Harcourt，Paris：Gallimard/Seuil，2013.]

SKP 《空间、知识与权力：福柯与地理学》［*Space，Knowledge and Power*：*Foucault and Geography*，eds. Jeremy W. Crampton and Stuart Elden，Aldershot：Ashgate，2007.］

STP 《安全、领土与人口（1977—1978）》［*Sécurité，Territoire，Population*：*Cours au Collège de France (1977–1978)*，ed. Michel Senellart，Paris：Seuil/Gallimard，2004；trans. Graham Burchell as *Security，Territory，Population*：*Lectures at the Collège de France 1977–1978*，London：Palgrave，2008.］

SV 《主体性与真相（1980—1981）》［*Subjectivité et vérité*：*Cours au Collège de France，1980–1981*，ed. Frédéric Gros，Paris：Gallimard/Seuil，2014.］

WDTT 《做错事，说真话：坦白在司法中的功能》［*Mal faire，dire vrai*：*Le function de l'aveu en justice*，eds. Fabienne Brion and Bernard E. Harcourt，Louvain-laNeuve，Presses Universitaires de Louvain，2012；trans. Stephen W. Sawyer as *Wrong-Doing，Truth-Telling*：*The Function of Avowal in Justice*，Chicago：University of Chicago Press，2014.］

档案材料

BANC 加州大学伯克利分校班克罗夫特图书馆的手稿与磁带 ①

---

① 参见阿莱兰·博利厄（Alain Beaulieu）：《伯克利的福柯档案》（"The Foucault Archives at Berkeley"），*Foucault Studies*，10，2010：144–154。

BNF 法国国家图书馆的档案与手稿

IMEC 卡昂阿尔登修道院当代出版纪念协会（IMEC）米歇尔·福柯基金会（前身在巴黎），见 http：//www.imec-archives.com/

目录编号依据档案简称。

其他文本

经典文本按通常惯例引用。我一般使用洛布（Loeb）古典丛书的双语版本。

对于早期教父的作品，我采用的是：J. P. Migne （ed.），*Patrologia Graeca*，Imprimerie Catholique，161 vols.，1857-66；J. P. Migne （ed.）， *Patrologica Latina*，Paris：Imprimerie Catholique，217 vols.，1841-55；*A Select Library of Nicene and Post-Nicene Fathers of the Christian Church*，eds. Philip Schaff and Henry Wace （series II），T&T Clark：Edinburgh，14 vols.，1886-1900。

提示

福柯与他的编者们对希腊术语的直译并不一致。我已尽力保持前后一贯，并相应地改动了译文。主要的改变包括：用 *tekhnē*、*khrēsis*、*kharis*、*parrēsia* 分 别 代 替 *techne*、*chrēsis*、*charis*、*parrhēsia*。

导　论

导　论

1974 年 8 月 26 日，米歇尔·福柯完成《规训与惩罚》，就在这同一天，他开始着手撰写《性史》第一卷。[1] 差不多又过了十年，在 1984 年 6 月 25 日，即在《性史》第二卷和第三卷出版后不久，福柯逝世。

本书关注的这十年，乃福柯职业生涯中最让人着迷的时期之一。它始于《性史》[2] 计划的启动，止步于该计划被迫的提前结束。然而，福柯在 1974 年撰写第一卷开篇语之际，他脑海中的想法与 1984 年实际留给世人的东西是极为不同的。这个导论性的第一卷在福柯的研究中是非常独特的，它对将要出版的几卷做了一

---

[1]　1990 年 3 月 25 日与丹尼尔·德菲尔（Daniel Defert）的访谈，引自詹姆斯·米勒（James Miller）：《福柯的生死爱欲》（*The Passion of Michel Foucault*），London：Harper Collins，1993，pp.240-241。

[2]　《性史》（法文：*Histoire de la sexualité*；英文：*History of Sexuality*）。对于"sexuality"一词，学界常见的译法包括"性意识""性征""性经验""性存在""性取向""性状态"等等。我们选择"性态"的译法。理由是，福柯认为，sexualité 是 19 世纪出现的新词，特指各种性状态。此外，性态可作为一个特定术语，避免组合词的误解。——译注

系列的保证。但对于允诺的东西，福柯写得很少，当然也就没有什么出版。相反，他把自己的工作引向了一些极为不同的方向，去研究和探讨他之前从未提到过的作品，转向他此前未予重点关注过的时期。

对于福柯的这个最后的《性史》计划，本书旨在提供一个翔实的思想史 / 知识史。这是一个关于被放弃的计划的故事（就1976 年该系列的第一卷中提出了关于性态研究的最初的专题计划而言），这也是关于一个未竟计划的故事（就福柯 1984 年去世时尚未完成的更严格的历史分期研究而言）。这是一个有关那个系列或那些系列的故事。因此，本书利用了福柯已出版的所有著作，包括他在法兰西学院的讲座课程，也利用了法国与美国加州未出版的档案资料。本书采用文本兼语境的研究方法，提供对于福柯作品的细致解读，并将它们与福柯在法兰西学院以及其他地方的政治行动与合作项目联系起来。这些作品的观点被审慎地重构，增添细节，并在已出版的作品、课程资料与未出版的项目之间建立联系。

就我们如今拥有的资料范围来讲，这一工作是有可能完成的，但也是极为棘手的。福柯在这一时期出版了七本著作：五本专著，两本编著。编著的书是《生境政治（1800—1850）》以及回忆录《艾尔库里娜·巴尔班》；除此之外，还有一本与阿莱特·法尔热（Arlette Farge）合著的《家庭的失序》。暂时地看，似乎就是这些了。在缺少一种正式文件的情况下，福柯去世八个月之前写的一封信，已经被当成了他法律上的遗嘱，福柯的意见非常明确："死后不出版任何作品。"（C 64/84）[①]尤其是《性史》系列的第四卷《肉欲的坦白》（*Les Aveux de la chair*），福柯在临死前重新进行了修改，至今依然未有出版。然而，以米歇尔·福柯为名的作品不断出现。在他死后的十年，一个四卷本的文集《言与文》出版了，这是由福柯的伴侣丹尼尔·德菲尔及福柯长期的同事弗朗索瓦·埃瓦尔德（François Ewald）所编辑的。[②]文集所依据的是对福柯遗愿的精确理解：只有那些他生前面世的作品，或由他授权但因出版延迟而在他死后面世的作品，才被收录在内。这不是一部遗著，只是一部去世后结集出版的文集。[③]当然，即便是依据他们的标准，这几卷也存在一些重要的遗漏[④]，但其重要的贡献之一，乃是将一系列以其他语言发表的作品译成或回译成法语。除了后期的一些论文是以英文发表的，包括一些讲座和许多访谈，也有些论文系以葡萄牙语、西班牙语、德语、荷兰语、

---

① 克劳德·莫里亚克（Claude Mauriac）：《凝止的时间》（*Le temps accompli*），Paris: Grasset，1991，p.43。在福柯死后一个月，丹尼尔·德菲尔向他展示了这封信，信中提到福柯反对马克斯·布罗德违反弗朗茨·卡夫卡的遗愿。

② 该计划早在 1986 年就开始实施。参见皮埃尔·诺拉（Pierre Nora）：《他极需要被爱》（"Il avait un besoin formidable d'être aimé"），*L'Evénement de jeudi*，18–24 September 1986，p.83。德菲尔提到，甚至在福柯去世之前他们就讨论了这一点；见弗洛瑞安·巴杜（Florian Bardou）：《丹尼尔·德菲尔：米歇尔·福柯从未停止的存在》（"Daniel Defert: Michel Foucault n'a jamais cessé d'être present"），http://yagg.com/2014/06/23/daniel-defert-michel-foucault-na-jamais-cesse-detre-present/。

③ 关于该版本，参见丹尼尔·德菲尔的《我相信时间……》（"Je crois au temps…"），Review Recto/Verso，1，2007：1–7。

④ 参见斯图尔特·埃尔登（Stuart Elden）：《工具箱：福柯未录稿》（"Toolkit: The Uncollected Foucault"），*Foucault Studies*，20，2015。

日语发表，其中有些之前并无法文版本。同样，尽管早就有以英文和其他语言编辑的福柯论文和访谈集，但这是法语中首部该类型的作品集。它的编年体顺序对我们很有启发：这使得以往沿着简单的主题路线去理解福柯作品的主导性解释变得复杂并受到挑战，也从根本上打破了认为福柯的主要作品之间存在着断裂的观点。如果说福柯生前出版的著作是高峰，那么这些短篇文章和访谈则展示了山谷中的耐心劳作。①

此外，从 1997 年开始，福柯在法兰西学院的年度讲座课程得以出版。这是一所特殊的学院，这些也是特殊的讲座课程。这里的教授们没有学生，但他们有听众；教授们被期望的不是讲课，而是呈现他们正在进行的研究。因此，关于福柯的研究工作是如何发展的，这些课程提供了一种非常有价值的理解，也有助于填补那些计划中的、放弃的或未完成的项目的很多细节。起初，为了避开法律的限制，福柯遗嘱的执行者们并没有采用现存的讲义资料，而是使用当时的录音记录，其中几年的录音记录可以在各类档案库中找到。采用录音记录的优势之处在于，不仅使它们得以面世，而且意味着这些文本是福柯实际讲授内容，其中有不少即兴发挥、展开与阐发之处。因为忠实于口语文本，也就意味着，注释是编者们增添的，一如标点符号和划分段落。由于口语表达有时会显得累赘，编者们对句子结构行使了一些自由裁量权。更

①　很可惜的是缺少一个完整的英文版本。三卷本的《福柯精粹》（*Essential Works*）只选取了一些文本，其中很多在其他文集之前就已经翻译过，且为保持系统性未有按年代顺序呈现。

严重的是，由于录音质量的缺陷，只得用省略号代替了某些听不清的段落。尽管有这些问题，我们如今毕竟拥有了比那些磁带更便于直接阅读的文本。

　　然而，随着该系列的推进，编者们获准以更自由的方式解释对遗作出版的限制。福柯为这些课程所写的讲稿以及某些情形下准备的其他材料，可以在编者注释或学术资料中被引用了。由于一些早期的课程磁带无法找到，因此这几册就只能基于讲稿或是当时的转录本。这些讲座课程中的第二个，即《刑事理论与刑事制度》，是最后出版的，因为保存下来的只有福柯为课程准备的讲义。① 书写的风格与演讲的风格之间的差异还是很大的。1975年，一位名叫热拉尔·珀迪让（Gérard Petitjean）的记者在一篇文章中概括了福柯的课程讲演风格，该文也描述了拉康、巴特、德里达、利奥塔等人的讲课风格；那段描述福柯的文字被置于每本课程讲座的前面。② 但珀迪让也有一些误解："没有任何演说效果。讲得清晰且效率高。没有一点即兴发挥。"③ 考察一下没有现存磁带记录的前两次课程笔记——1970—1971 学年的课程和1971—1972 学年的课程的讲稿，再拿它们与那些转录本相比较，就会看到，福柯的讲座并非像他流畅的演讲所暗示的是完全谋划好的。的确，这正如福柯在若干年之后的 1982 年所言：

① 　《刑事理论与刑事制度》［*Théories et institutions pénales：Cours au Collège de France（1971-1972）*］，ed. Bernard E. Harcourt，Paris：Gallimard/Seuil，2015。
② 　热拉尔·珀迪让：《法国大学的大祭司》（"Les Grands Prêtres de l'université française"），Le Nouvel Observateur，7 April 1975：52-57。
③ 　热拉尔·珀迪让：《法国大学的大祭司》（"Les Grands Prêtres de l'université française"），p.55。

我的印象中有些人录下了讲座。这非常好，这是基本权利的一部分。这里的课程是开放的。只是你们可能会有这样的印象：我的所有课程都有讲稿。但其实讲稿比看上去要少得多，我也没有任何的文字记录稿甚或录音。现在看来我需要它们了。因此，如果碰巧有谁拥有（或知道谁拥有）哪次课程的录音……或清楚的转录稿，你们能否发发善心告诉我，这对我很有帮助。尤其是过去四五年的。（HSu 378/395-396）

这些讲座课程提供了一个很宝贵的角度，有助于我们去考察福柯从 1970 年直到去世时研究计划的进展；这很大程度上类似于马丁·海德格尔（Martin Heidegger）所做的讲座课程，其内容收录在后者的《海德格尔全集》中。① 然而，伽利玛出版社的编辑皮埃尔·诺拉在一次谈话中提到，福柯本人对他课程中的材料颇为看轻："其中有大量的垃圾，但获得这些材料的很多工作与方法对学生们可能是有用的。"② 事实上，福柯真的扔掉了这其中的许多材料，他从没有为了出版而去整理这些分析与案例。然而，其中有很多迹象表明，如果他能活着完成他所构想的项目，

---

① 参见斯图尔特·埃尔登：《言语反对数字：海德格尔、语言与计算政治》(*Speaking Against Number*：*Heidegger*，*Language and the Politics of Calculation*)，Edinburgh：Edinburgh University Press，2006。尽管有很多对讲座课程的讨论，但将它们作为整体的最佳解释或见与纪尧姆·贝隆（Guillaume Bellon）：《令人不安的言辞：法兰西学院的巴特与福柯》(*Une parole inquiète*：*Barthes et Foucault au Collège de France*)，Grenoble：Ellug，2012。

② 引自皮埃尔·诺拉：《他极需要被爱》（"Il avait un besoin formidable d'être aimé"），p.83。

他的主要出版物将可能沿着什么方向展开。除 1983 年和 1984 年因生病而受阻外,福柯每年 6 月都会撰写当年的课程概要,发表在《法兰西学院年鉴》(*Annuaire de Collège de France*)上。在这些课程概要中,他在回顾时往往只是强调课程中他认为重要的那些方面,即便他在授课时只做了轻描淡写;或者他会忽视此前被认为是重要的课程内容,例如,《必须保卫社会》的概要就只提到了种族。在全部课程出版之前,这些概要、盗版、磁带录音以及目击证词是我们对福柯课程的全部知识。如今,我们有了更多新获得的材料。其他篇幅较小的材料以各种形式出现,且可能还会有更多,其中很多是有授权的,有些则没有。"死后不出版"的禁令曾经得到忠实的遵守;后来被做了宽宏大量的解释,现在几乎完全被弃置不顾。在巴黎、卡昂、伯克利的档案中有些材料已经开放,但在其他地方有些材料依然没有公开。

对之前看上去的断裂和分裂,新近获得的材料让我们看到了其中的关联并看清了它们之间存在的连续性。因此,这对很多英文文献中常见的关于福柯作品的分期提出了根本性的挑战。这也让我们看到,福柯摸索过的道路比看上去要长许多,他常常是为了回到起点,并从另一个方向出发。他一直对坦白感兴趣,既包括坦白与权力机制的关系,也包括坦白在真相①与主体性的生产中的角色,我们从中都能看到一条连续性的主线。我们对他的工作实践与分析模式有了一些深入的了解,即便还有很多情况尚不

---

① Truth 是福柯使用的一个重要词汇,中文难以采取单一译法,有时指"真理",有时指"真相",或者译为"真"。——译注

清楚，一些重要的文本仍封在档案之中。重要的是，我们还可以看到他某些以合作方式进行的研究，他在法兰西学院的研讨课就开始了多人协作的工作，还有一些是他本打算在伯克利进行的研究。从迄今被转换成文本的录音与视频来看，我们已拥有关于福柯作为教师兼演讲者的实践的虽不完整但相当广泛的纪录。

尽管在福柯去世之后学界对本书中讨论的很多观点有令人感兴趣的发展、发挥、运用与挪用，其中包括生命政治、治理术、性态以及关心自我①，但所有这些都是不同研究项目的话题。本书的目标，则是要尽可能地去重构福柯本人的尝试和努力。这是一本有关福柯的著作，而不是有关福柯派学者的著作；要为福柯研究贡献一份力量，而不是综述有关福柯研究的状况。② 因此，

---

① 对于"care of the self"，常见的译法包括"关照自我""关怀自我""关心自我"之类，本书采用"关心自我"的表述。——译注

② 因此，尽管参考二手文献时他们帮助提供了信息或支持性论点，但并非简单地指出对福柯思想的讨论或发展。我发现有助益的主要作品包括：休伯特·L.德雷福斯（Hubert L. Dreyfus）、保罗·拉比诺（Paul Rabinow）：《米歇尔·福柯：超越结构主义与解释学》（*Michel Foucault: Beyond Structuralism and Hermeneutics*），Chicago：University of Chicago Press，2nd edn，1983；吉尔·德勒兹（Gilles Deleuze）：《福柯》（*Foucault*），Paris：Minuit，1986，trans. Séan Hand as *Foucault*，London：Athlone，1988（下文法语与英语的引用页码都用"/"隔开）；克莱尔·奥法雷尔（Clare O'Farrell）：《米歇尔·福柯》（*Michel Foucault*），London：Sage，2005；马克·凯利（Mark Kelly）：《米歇尔·福柯的政治哲学》（*The Political Philosophy of Michel Foucault*），London：Routledge，2008；科林·库普曼（Colin Koopman）：《作为批判的谱系学：福柯与现代性问题》（*Genealogy as Critique: Foucault and the Problems of Modernity*），Bloomington：Indiana University Press，2013。之前，我曾讨论了更多主题性问题和理论性问题，参见《标绘当下：海德格尔、福柯与一项空间史计划》（*Mapping the Present: Heidegger, Foucault and the Project of a Spatial History*），London：Continuum，2001。

本书始终聚焦于福柯写了什么、说了什么以及做了什么。这不是一本传记，对他人生的纯粹私人层面不予讨论。我曾咨询了一些与他相识相熟的人，但只是了解他的写作和讲学。本书中对他更广泛的生活的讨论，也仅仅是为了考察它们如何影响了福柯的研究工作。本书试图勾画出原初构想的分专题撰写的《性史》计划是如何被放弃的；这如何导致了福柯的治理术以及自我技术研究；在他去世之前，他如何转向按照历史阶段撰写《性史》；以及试图揭示他本人留下的尚未探讨或探讨不足的各种可能性。本书将讨论福柯这段时期研究工作的核心议题，以及他广为人知的和受到忽视的作品中的论点。在提供福柯这十年研究工作的概貌时，本书或多或少试图展示所有这些议题如何以某种方式与更大的计划相关联。那些看上去不相关的作品实际上以重要方式联系在一起，看似在迂回但往往是在做准备性的工作。从最宽泛的意义上说，本书探讨的是一部著作，它就是《性史》。因此，这种探讨是思想史研究的一种常规作业。[①]

与本书相伴的是另一项独立的研究，即《福柯：权力的诞生》，追溯《监视与惩罚》（英译本《规训与惩罚》）的产生过程，后者出自于福柯在法兰西学院最初的讲座课程[②]。在那本书中，我

[①] 我这里的灵感来自西奥多·基谢尔（Theodore Kisiel）：《海德格尔〈存在与时间〉的发源》（*The Genesis of Heidegger's Being and Time*），Berkeley：University of California Press，1993。该书追溯了海德格尔如何以及为何以他的方式撰写《存在与时间》，也包括为什么他未能完成。

[②] 斯图尔特·埃尔登：《福柯：权力的诞生》（*Foucault: The Birth of Power*），Cambridge：Polity，forthcoming 2017。

考察了讲座课程《求知意志》（1970—1971）、《刑事理论与刑事制度》（1971—1972）以及《惩罚的社会》（1972—1973）。[①]

6　　这些课程展开了对不同历史时期的关键主题的探讨：古希腊的测量，中世纪到17世纪的调查，以及18和19世纪的检查。众所周知，在这段时间，我们看到，除了此前对知识的关注，福柯同时也愈益关注权力问题，而且他用一种谱系学的方法来补充而非替代他的考古学分析。所有这些课程，尤其是第三个课程《惩罚的社会》，以其观念创新和历史细节，为1970年到1974年《规训与惩罚》的写作铺平了道路。其他的材料，尤其是1973年利用法兰西学院讲座材料在里约以"真相与司法形式"为题的演讲，也有助于这种解释。

福柯并不只是进行了这项研究。在1973—1974年《精神病学的权力》的课程中，他利用与权力有关的概念创新来重构他1961年的著作《疯狂史》中所做的分析。福柯重返这些早期的主题并再度考察它们，重构它们的聚焦点并阐释了它们的某些盲点。在其他作品中，尤其是1974年在里约所做的一些重要演讲，福柯返回到他1963年的著作《临床医学的诞生》中的主题，并考察了与医院设计、公共卫生以及疾病管理有关的议题。《权力

---

① 《求知意志》以及后续的《俄狄浦斯的知识》见 *Leçons sur la volonté de savoir*：*Cours au Collège de France*，*1970–1971*，*suivi de Le savoir d'Œdipe*，ed. Daniel Defert，Paris：Gallimard/Seuil，2011；trans. Graham Burchell as *Lectures on the Will to Know*：*Lectures at the Collège de France 1970–1971*，London：Palgrave Macmillan，2013；《刑事理论与刑事制度》（*Théories et institutions pénales*）；《惩罚的社会》（SP）。

的诞生》也考察了福柯的政治行动主义，尤其是在监狱情报小组
（*Groupe d'information sur les prisons*）以及有关卫生和精神病院
的研究计划中的体现。这些政治性计划密切地反映了他更多的学
术旨趣。这些计划分别聚焦规训、疯狂和疾病，都应通过权力与
知识的二元棱镜来加以读解，并借由这三个概念加以诠释。正如
福柯在 1973 年所说，"在它们的历史形成中，测量、调查和检
查都是运用权力的手段，同时也是形成知识的规则"（DE#115Ⅱ，
390；EWⅠ，18）。

在这种学术研究与政治参与之间的生产性关系中，福柯把自
己比作一位爆破专家（*artificier*）——一位破坏专家、一位烟火
技师、一位坑道工兵、一位战地工程师。（E 92）他宣称想要把
自己的书当成工具，"像手术刀，像莫洛托夫鸡尾酒（燃烧弹），
或者像矿井，它们在使用之后就像烟火燃尽一样"（DE#152Ⅱ，
725）。这些书服务一种目的："一次围攻，一场战争或破坏。"
他的目的不是破坏事物，而是解决问题，通过障碍，越过或穿过
一堵墙。福柯说道，爆破专家"首先是一位地质学家"，考察"地
层、褶皱、断层"；他们进行一种勘测，认真进行观察，发回报
告。需要什么？能够完成什么？能够实现什么？"说到底，除此
策略便别无他途"（E 92）。这一说法不仅适合他有关疯癫、医
学以及规训的研究，也适合于他有关性态的研究。

因此，本书各章是接续了有关前一时期的那项研究[①]，尽管

---

① 指《福柯：权力的诞生》（*Foucault: The Birth of Power*）。——译注

二者是各自独立的著作。本书的前两章勾勒了福柯 20 世纪 70 年代中期讲座的议题，展示了它们的实质性要点，以及这些要点与作为一种知识和规训的各种性主体之间存在的关联。第 3 章探讨这些如何在《性史》第一卷提出的工作计划中得以体现。该卷中的观点将得到详细的讨论，但我也利用本书之外的既有资料，来表明福柯透过这些观念想要达成什么。本章的最后一部分探讨福柯的计划如何围绕着坦白观念产生了难题，并促使他重新思考其定向。因此，这表明了一般性的规则与规章的问题，特别是政治与伦理的问题，怎样成为福柯人生最后几年的关注点。第 4 章考察有关治理术的作品以及福柯参与的一系列合作项目。第 5 章返回到坦白主题，因为这在 20 世纪 70 年代末和 80 年代初再次成为福柯写作与讨论的一个主要议题。第 6 章追溯了福柯如何透过对古代异教的分析深化他的历史探究；第 7 章展示这一工作如何促成《性史》第二卷和第三卷的出版。最后一章讨论福柯最后的讲座课程及其与阿莱特·法尔热合著的作品。本书并没有提供一个结论，这不仅由于福柯的研究工作如此突然地结束，留下了未完成和未出版的计划，也因为档案追溯仍然是不完整的，而且可以预想还会有他的遗著问世。相反，本书提供的是对福柯最后十年所做的研究的简要总结，展示其旨趣的连续与变迁。

1
倒错者，癔症患者，儿童

福柯入职法兰西学院后，并不只是开设讲座课程。他花了大量正式授课时间来组织一个学术研讨课。福柯想把这个研讨课局限于小部分坚定的参与者，但学院当局不容许他这样做，坚持要求他以开放的形式进行。尽管这样一来限制了他能够推进的研究，但这依然是一个富有成效的工作环境。第一年他们在《公共卫生与法医学年鉴》上发现了一个案例，说的是皮埃尔·里维耶的故事。[①] 在随后进一步的调研中，他们发现了一篇精彩的第一人称的回忆录，以及证人的说明，还包括医疗与法律方面的报告。福柯及其同事在 1971 年的一本小书中发表了这些文献和若干评论。[②] 与年鉴学派有联系的让－皮埃尔·彼得（Jean-Pierre

---

① 《一位杀人狂被判死刑》（"Condamnation à mort d'un aliéné homicide"），载于《公共卫生和法医学年鉴》（*Annales d'hygiène publique et de médecine légale*），1（15），1836：128-205。

② 《我，里维耶，杀害了我的母亲、妹妹和弟弟》（*Moi, Pierre Rivière, ayant égorgé ma mère, ma sœur et mon frère：Un cas de parricide au XIXe siècle*），Paris：Gallimard，1973。更全面的解释，参见《福柯：权力的诞生》。

Peter）是一位关键人士，他做了很多档案工作，包括在卡昂发现了里维耶回忆录的原件。

里维耶并不是福柯和他的同事们讨论的唯一案例。在1975年早期的《不正常的人》讲座课程中，福柯提到了彼得在为他提供分析材料方面所做的工作。（A 94/102）1971年和1972年，彼得在《精神分析新评》（*Nouvelle revue de psychoanalyse*）发表了两篇文章，它们原本都是从福柯研讨课的工作中发展而成。[①] 在第一篇文章《犯罪的身体》（"Le Corps du délit"；原意：犯罪物证）中，彼得简要地提及这样一些人：塞莱斯塔的一位无名女性，她在1817年的阿尔萨斯饥荒时期杀死并吃掉自己的女儿；[②] 牧羊人莱热，他杀死并吃掉一个小女孩；[③] 以及昂丽埃特·科尔尼耶。[④] 这些都是福柯在《不正常的人》中所讨论的案例。[⑤] 法语 *Le Corps du délit* 与拉丁文 *corpus deliciti* 对应，指与一种犯罪的事实及情形相关的证据，而且也指犯罪的对象（例如死尸）。这篇文章刊登在《身体之场》（*Lieux du corps*）上，彼得感兴趣的是犯罪的身体性质，不仅是受害者的身体，而且包括罪犯的身体和药物对其起作用的方式。这篇论文的若干表述预示了福柯将在之后的20世纪70年代的观点，特别是1974年在里

[①] 让-皮埃尔·彼得：《犯罪的身体》（"Le Corps du délit"），*Nouvelle revue de psychoanalyse*, 3，1971：71–108；"Ogres d'archives: Textes presents par Jean-Pierre Peter"，*Nouvelle revue de psychoanalyse*, 6，1972：249–267.

[②] 《犯罪的身体》（"Le Corps du délit"），pp.103，106，107.

[③] 《犯罪的身体》（"Le Corps du délit"），pp.104，105.

[④] 《犯罪的身体》（"Le Corps du délit"），p.104.

[⑤] 福柯也在《我，里维耶》前言中提及了后两者，见该书第14页。

约进行的有关医学的讲座以及《不正常的人》课程讲座，不过，其中也有些段落明确地参照了福柯的《临床医学的诞生》，例如有关医学和空间的讨论。①

第二篇文章包括彼得提交的两份档案文献。这个问题与"食人的命运"（*Destins du cannibalisme*）主题有关。在介绍两个档案文本之前，彼得做了一个简要的评注，然后是复制的"塞莱斯塔事件"和"莱热审判"两个文本。② 第一个案例是 C. C. H. 马克在 19 世纪 30 年代翻译的作品。③ 福柯后来把塞莱斯塔的案例描述为"第一位有记录的畸形人"（A 94/102）。第二个案例是取自艾蒂安 – 让·若尔热（Étienne-Jean Georget）的《刑事审判中的医学检查》。④ 不知有什么充分的理由，彼得复制的文本省掉了若尔热作品的最后两段。它提供的是法律控告、若干采访材料和一些对案例的讨论。正如福柯所描述的那样，莱热"杀死了一个小女孩。他强奸了她，割下性器官并把它吃掉了，挖出心脏后吮吸"（A 94/102）。

---

① 《犯罪的身体》（"Le Corps du délit"），p.91.

② 《食人者档案》（"Ogres d'archives"），pp.249–250，pp.251–258，pp.259–267.

③ 《一起特殊杀婴案的法医检查》（"Examen médico-légal d'un cas extraordinaire d'infanticide"），*Annales d'hygiène publique et de médecine légale*，8（1），1832：397–411；reprinted in C. C. H. Marc，*De la folie*，Paris：J.-B. Bailliere，2 vols.，1840，vol. II，pp.130–146. 这是对某个文本的译本，该文本首次出现于：Johann Heinrich Kopp：*Jahrbuch der Staatsartzneikunde*，vol. IX，Frankfurt，Hermann，1817。

④ 艾蒂安 – 让·若尔热：《刑事审判中的医学检查》（Étienne-Jean Georget：*Examen médical des procès criminels des nommés Léger*），*Feldtmann*，*Lecouffe*，*Jean-Pierre et Papavoine*，Paris：Migneret，1825，pp.2–16.

塞莱斯塔、莱热与科尔尼耶的案例在某种程度上有助于理解福柯所做的工作。他的讲座课程以及后来的著作所依赖的这些细致的、耐心的、文本性的工作，都得到了他在研讨课上所开展的合作项目的支持。在《精神病学的权力》和《不正常的人》讲座课程中有很多这样的例子。福柯的例子可以分为几类，包括畸形人（the monstrous）和倒错者（the perverse），癔症患者与娼妓之类的女性，以及对儿童的持续性焦虑。在《性史》第一卷中，福柯把这些称为性态的三类主体，但在课程中这些例子的呈现还没有明确的焦点。福柯把他这方面的工作视为"档案工作"（参见 PP 239/239）——对一系列案例进行编目，寻找支持性证据，展开档案研究。在他对男性、女性和儿童的许多分析中，福柯利用了一项类似于里维耶文献汇编的技巧：他先是利用医学、精神病学和法律报告展示一个案例的文献证据，然后提出更广泛的问题和原则。事实上，他明确提到将对里维耶文献材料的分析作为一种补充性的分析。（A 19-20/20-21）

畸形人与倒错者

《不正常的人》课程中的初步讨论，集中于此类精神病学专业知识在刑事审判中的作用（A 3-11/1-11），特别是"怪诞"（the grotesque）与心理－伦理（或心理－道德）意义上的"犯罪"对偶物之间的关联。所谓"怪诞"，福柯并不认为它"可以简单地归入辱骂的范畴……也不只是辱骂人的形容词……而是一个历史－政治分析的精准范畴"（A 12/11）。这种怪诞者观念与福柯所谓的"愚比者"（ubuesque）观念有关，后者是由阿尔弗雷德·雅里（Alfred Jarry）的著作《愚比王》（*Ubu Roi*）所派生出来的范畴。[1]Ubuesque 被用来指那些怪诞、荒唐或残忍性格之人，类似于《愚比王》一书中的人物。福柯借用了古罗马帝国历史中的例子（如尼禄），通过怪诞者的概念来考察主权。他还论及了怪诞者与行政权力或官僚权力之间的联系；这不仅见之于巴尔扎克、陀思妥耶夫斯基、库特林（Courteline）或卡夫卡的作品，还有纳粹主义和法西斯主义中的现代官僚制的怪诞。（A 12－13/12－13）不过，福柯仅止步于此，说他既没有能力和勇气，也没有时间去讨论这些话题。（A14/14）尽管如此，这些范畴带来了对于政治怪物（the political monster）[2]的分析，福柯将诸如吸血、食人及恋尸癖等畸形行为与有关这些人物的文学作品相提并论。他时常会返回到这些主题，特别是对于王后玛丽·安托瓦内特与法王路易十六的分析。（A 87－93/94－100）但更一般地讲，这种怪诞者观念将成为课程中所解读的文本的一个指南。（A14－15/14－15）

福柯转而从 1810 年《刑法》的第 64 条的角度，详细探讨疯癫和犯罪之间的关系。该条文宣称如果被告在精神错乱的状态时行动，或存在他们无法抗拒的力量时，就没有犯罪，也没有犯法。精神病学和医学专业知识再次成为法律实施的核心。精神

---

[1]　阿尔弗雷德·雅里：《愚比王》（*Ubu Roi*），Paris：Fasquelle Editeurs，1921。

[2]　畸形和怪物在英文和法文中是一个词 mouster，或 monster。——译注

病学专业知识具有双重功能：它一方面是将犯法（offence）和有罪（criminality）联系在一起，另一方面将犯法者与"犯罪人"（delinquent）的人格联系在一起。第三个作用是由于精神病专家或医生开始拥有法律权力，促成了医生－法官角色的形成。同时，法官也成为某种医生，因为审判并不仅仅是针对一种由法律界定的犯罪的法律主体，而且也针对具有如此定义的性格特征的个体。法官能够为个人规定一系列的改进和康复措施。因此，令人讨厌的惩罚职业变成了治愈疾病的良好职业。（A 22/23）

这种犯罪人格的创造，促成了福柯对"危险的个体"观念的考察，这是他原打算写的另一本书的主题（见第 5 章）。正如在《规训与惩罚》和 1974 年在里约关于医学的讲座中一样，福柯在这里也比较了对待麻风病人和鼠疫受害者的方式。麻风病人受到驱逐，而发生鼠疫时则实行禁闭、观察以及建构知识。这是一个从消极反应到积极反应的转变。对福柯来说，这带来的是积极的权力技术，即规训观念的发明：这意味着行政和政治战略的诞生。[1] 福柯指出这些战略如何可能被认为是一种治理的艺术，用来治理儿童、疯子、穷人等。虽然简短，但这是他第一次在这些术语中确定他的研究对象。[2] 通过"治理"，福柯想要人们理解三个东西：关于权力的法律－政治的理论；国家机器及其附属要素；规训组织。（A 45/48-49）很明显，尽管这三者都很重要，

---

[1]　更为充分的讨论可以参见《福柯：权力的诞生》。

[2]　参见他 1973 年对于这项研究的评论："一种治理过程，一种管理的技术，一种管理的形态……一种行使权力的特定方式。"（DE#139 Ⅲ，584；EW Ⅲ，48）

但福柯这里关注的是最后一项：他称为"正常化 / 规范化"的装置（*dispositif*）[1]，他依据乔治·康吉兰（Georges Canguilhem）的《正常与病态》（*The Normal and the Pathological*）对此进行了概述。（A 29-48/31-52）（在福柯的作品中，"装置"将成为一个重要的技术术语，第 3 章将对此予以充分讨论。）这一缓慢形成的有关正常化 / 规范化的知识和权力，是保卫社会的一种关键方式，这一论点将福柯这一时期的作品与早期以及后来的研究联系在一起。（见 A 311/328-329）在该课程的讲稿中，福柯在第一讲结束时提到他想要建立"有关规范化权力出现的考古学"。但在演讲记录文本中，他只是说想要研究它。（A 24/26）

　　这种"正常化"装置影响到不正常或变态（*anomalie*）的领域。在第二次课上，福柯指出，他"尝试在性态领域"探讨正常化，而这将成为他分析的焦点。（A 48/52；参见 155-156/167-168）然而，通过比较断头台与监狱，最初的一些讨论明显与《规训与惩罚》的分析相关，此外，对"密札"（*lettres de cachet*）的简要讨论也与他研究这类文档的长期计划有关；这项计划他将在 1982 年的著作《家庭的失序》中完成（参见第 8 章）。在这次课程中，不正常（anomalie、anomaly）的概念有三种要素："畸形人"（human monster）、"需要被纠正的人"，以及手淫的

12

---

① 福柯的重要术语 *dispositif*，在英文和中文学界有多种译法，参见本书第 73 页。这里译成"装置"，兼顾其静态与动态特征。当然，在必要的地方也会依据情况，译成"配置""部署"等。——译注

孩子。"畸形人"范畴的形成与法律有关——"畸形"是一个司法观念；但它的存在既违反自然法则，也违背社会法则。它出现在福柯所说的"司法－生物"的领域中。"畸形"既是一种极端的现象，也是一种极其罕见的现象；它是极限的情况，只是在极端情况下才发现的例外情形。对于福柯来说，这种"畸形"把不可能的存在与被禁止的存在结合起来。（A51/56）它本质上被认为是一种混合体。"畸形个体和性变态者联系在一起"（A 56/60）。福柯认为，每个时代往往会有其"受关注的畸形人"，即被强调的特殊类型。在中世纪，它是兽人——有的人头是牛头，有的人脚是鸟脚。这种畸形是一种混合体，是两类物种的混合体。这些畸形超出了分类表，它们扭曲了自然规律，逸出了可能的范围。（A 58-61/62-65）在文艺复兴时期，被关注的畸形人是暹罗双胞胎——一而二，二而一。（A 61/66）但到了古典时代，第三种类型的畸形更受到关注：两性人（hermaphrodites）。（A 62/66-67）

福柯对于两性人问题的讨论尤其细致和有趣。福柯指出，两性人"被认为是怪物，被处死，被烧死，骨灰被扬到风中"（A 62/67）。首先，福柯讨论了1599年安蒂德·科拉（Antide Collas）的案件，科拉被指控为一名两性人。医生证实她有两种性（别），第二性是与撒旦存在关系所造成的。科拉在多尔被活活烧死。福柯声称，科拉是最后几个因身为两性人而被活活烧死的案例之一。随后的一个时期，两性人获准选择自己的性（别），"按照如此确定的性别来为人行事，尤其是穿着该性别特定的服装"。随后，福柯列举了所许可的行为的限制——利用第二性的行为将导致被判处鸡奸罪。这样的案例有很多，其中一个案例是，某位选择男性性别的两性人与一个男人发生了性关系；另一个案例是，两个两性人生活在一起，被认为发生过性关系。（A 62-63/67-68）这次课接着较为详细地讲述了两个稍后的案例：17世纪早期的玛丽/玛兰·勒玛尔西斯（一名"鲁昂的两性人"）的案例以及1765年的安妮·格朗让（Anne Grandjean）的案例。前者出生时为女，长大成男，然后与一个有三个孩子的寡妇结婚。但一项医学检查发现他没有任何男性特征，因此，勒玛尔西斯被判处绞刑，要焚尸扬灰，同时要求寡妇见证并遭受鞭刑。然而，在上诉过程中，一名医生承认了勒玛尔西斯的某些男性化的迹象，因此，勒玛尔西斯被判无罪，但被要求着装成女性，不得与任何人同住，无论男女，违令则处死。（A 63/68）福柯对该案例的兴趣，部分原因在于这名两性人被视为一个怪物/畸形。其中的一个医生——里奥朗——认为"这名两性人是一个畸形，因为两性合一违背了自然的秩序与规则，自然将人分成两类：男性与女性。如果某个人同时有两个性器官，就必然被视为畸形并贴上标识"。因此，为了确定他们的婚姻行为与能力、与谁结婚，做一番检查是非常重要的。（A 66/71）很明显，在这里出现了在科拉的案例和安妮·格朗让的案例中所没有的一种张力。

格朗让受洗成为一个女孩，在14岁的时候，她意识到"自己对同性别女孩所具有的吸引力"。她扮成男孩，搬到了城里，与一个名叫弗朗索瓦丝·朗贝尔（Françoise Lambert）的人结了婚。

13

被人向当局告发后，她受到一位外科医生的检查，后者认定她是女儿身，她因此受到谴责："因为她使用了不是她身上占主导地位的性器官。"她被戴上了铁环，遭到鞭打，打上烙印，但在上诉中被释放了。她的义务是穿上女人的衣服，并要避开弗朗索瓦丝和其他女人。正如福柯所指出的，两个相似案例的不同之处在于，勒玛尔西斯被禁止与任何人一起生活；格朗让只是不能与女性一起生活。这意味着，格朗让被给予一种性态，也被允许有性关系，勒玛尔西斯则受到禁止。（A 66/71-72）福柯透过这两个案例来说明，这段时期对待两性人的态度发生了根本性的转变。两性人不再被视为一种"两性的混合"，而是两性在同一器官和个体中的共存。同时期的《医学词典》认为，所有关于两性人的故事都是寓言：只不过是有些人具有主导的性特征，但生殖器官长得很糟糕，因此他们无法生育（无论是由他们自身还是通过给另一方授精的方式）。所谓的两性人，是伴有性无能的身体畸变。因此，在格朗让的例子中，要强调的不在于她是一个两性人，而在于她是一个女人，却"有变态的嗜好，她爱女人，并且正是由于行为上的而非自然的畸形，必须招致谴责"（A 67/73）。

福柯指出，这一历史表明畸形两性人的法律－自然复合体的解体，因为身体异常只是一种不完美状态，畸形则不再被认为是法律－自然意义上的，而是成为法律－道德意义上的："它是一种行为上的畸形，而非自然的畸形（A 68/73）。"到了19世纪，术语上的困难出现了，如同性恋者——无论是男性还是女性——都被认为是精神上的两性人。（见 HS I 134/101）就此而言，福

14

柯对于19世纪同性恋概念的诞生未加引证的提示，是很重要的。（参见 HS I 59/43；同时参见本书第3章）在这次课上，福柯注意到，出现了基于行为而不是自然的一类人，是从"本身有罪的畸形"到"畸形的犯罪"。（A 69-70/74-75）福柯在1978年重返两性人的问题，汇编了关于艾尔库里娜·巴尔班案件的文本，并在1979年和1980年着手收集相关的资料。这些文本将在第3章予以讨论。

　　需要矫正的个体同样是17世纪到18世纪古典时期出现的一个种类。如果说畸形人按照定义是一种例外现象，那么需要矫正的个体则是一种常见的或普通的现象。正是由于这种常见性，进而形成了一个悖论——它的规则正在其不规则之中。这里的材料是相当粗略的，但我们认为许多用来矫正这些人的技术可与那些在《规训与惩罚》中勾勒的技术进行比较，即"驯兽"（dressage）的观念。福柯认为，这些人是"无可救药的"，因此在矫正技术与这种状态之间存在着持续的紧张关系。像畸形人一样，这种不可救药之人也是19世纪"不正常的人"的先祖之一。（A 53-54/57-58）至关重要的是，随着"性畸形"的出现，范畴之间的界限可能变得模糊了，性畸形"在此前时期基本上是闻所未闻的"，但如今则是"畸形个体与性变态者联系在一起"。（A 56/60）这虽然很自然地预告了有关性态的作品，但与《惩罚的社会》和《规训与惩罚》的联系在这些特定的讲座中是非常明显的："非法的问题和不正常的问题，或者说犯罪的问题与病态的问题，如今联系在了一起，这种联系并不是基于一种新的意识形态，也不是源于一个国家机器，而是根据一种技术，后者决定了惩罚权力的新经济规则的特点。"（A 85/92）福柯还举了两个例子，都可以置换《规训与惩罚》开头的达米安的例子：一个是16世纪暗杀奥兰治的威廉的刺客被处决的例子；一个是在阿维尼翁教皇国执行的死刑案例。（A 77-78/84-85）正如两性人被视为一种行为的畸形而不是自然的畸形一样，这不再是法15 律－自然的而是法律－道德的概念，随着道德畸形人的出现，畸形观念也发生了这样的变化。（A 75/81）此前分析的要点是追溯这种道德畸形人的历史及其可能性的条件。（A 85/92）

福柯将这种现代畸形人的出现回溯到1792-1793年针对路易十六的审判。事实上，福柯认为这位国王是第一位现代型的法定怪物／畸形人，并认为"所有的畸形人都是路易十六的后裔"（A 87/95）。这里对雅各宾派尤其是圣鞠斯特的论证方式做了讨论，他们不是把路易十六视为从内部破坏法律的人，而是将其看成整个社会体的绝对敌人。因此，他需要被摧毁，正如人们会消灭一个敌人或一个怪物（畸形人）。社会体的行动同时也是每个个体的行动，因此实际上是谁杀了国王并不重要。正如圣鞠斯特所言，"人类反对暴政的权利是每个人的权利"。这一讨论继续在玛丽·安托瓦内特的形象中出现，她与路易十六一起被描绘成一对怪兽（畸形）夫妇，嗜血成性同时又卑鄙贪婪。

当时的许多小册子利用了食人、淫乱、同性恋和乱伦的观念——尤其是乱伦的观念——来描述她。福柯认为，正是通过玛丽·安托瓦内特，畸形人的主题得以凝聚。但与此同时，在反雅各宾派的文学作品中，以不同的方式使用怪物／畸形的观念，描述的不是权力的滥用，而是通过造反破坏社会契约的畸形人。流血事件再次变得至关重要，因为人民的革命，他们的弑君行为被视为嗜血食人行为。食人与乱伦——食物禁忌与性禁忌——是畸形人的核心议题，这表现在萨德的文学作品形式中，尤其是在《于丽埃特》中。（A 88-94/95-101）对这种食人行为的讨论也涉及士兵贝特朗、杜塞尔多夫的吸血鬼和开膛手杰克。（A 94-95/102）福柯后来又回到了贝特朗的案例，并为弄错了日期道歉，但更重要的是因为他犯了一个历史性的错误或者说认识论的错误。除了盗墓、亵渎尸体以及可能食人外，当局也惊讶于涉及的女尸比男尸要多得多。这些尸体主要是些年轻女性的尸体。性吸引力的迹象为人们所发现，包括那些已处于高度分解状态的尸体。这促成福柯对不同类型的偏执狂的讨论——破坏偏执与色情偏执，并且注意到吸血鬼与贝特朗之间的差异，后者被福柯称为倒错的吸血鬼。因为贝特朗与吸血鬼不同，他是活人，却掠食死尸，甚至于去吸他们的血。（A 267-271/283-286）

16

值得注意的是，福柯举的一些犯罪案例涉及的是女性的畸形状态或变态。其中一个例子就是在阿尔萨斯发生饥荒时，在塞莱斯塔当地一名无名女子杀害自己的女儿，把女儿剁碎，用一些白色的卷心菜把她的大腿煮熟吃掉。（A 94/102，102-103/110-112，127-128/137-138）这是在让-皮埃尔·彼得的档案工作中复制和讨论的文本之一。[1] 然而，福柯给予了相当多关注的关键

---

① 让-皮埃尔·彼得：《食人者档案》（"Ogres d'archives"），pp.251-258。

例子是昂丽埃特·科尔尼耶的案件，她似乎没有理由地谋杀了邻居的女儿。（A 103-105/112-113，108-109/117-118，114-124/122-134，等等）科尔尼耶成为第 64 条款的适用对象。这个案例在福柯 1975 年的研讨课上也有过讨论（A 311/329），它对于理解犯罪与精神病学的关系非常重要，尤其是对于"本能"的概念，更是如此。[①] 这就导致了一场关于精神病学模型如何逐渐应用于政治体制的讨论。（A 140-145/151-157）

> 这些关于性方面的和同类相食的畸形人物，是全部法医学的结构要点和出发点。这些主题以性侵者和食人者的双重形象，穿越整个 19 世纪。它们经常出现在精神病学和刑罚系统的边界上，并在 19 世纪末推出了那些重大的犯罪形象：法国的（系列杀手）瓦谢，德国杜塞尔多夫的吸血鬼，英国的开膛手杰克。（A 94-95/102）

家庭

伴随着《精神病学的权力》和《不正常的人》讲座课程中对于个体进行分析的，是对家庭观念进行的某些详细研究。福柯的例子似乎属于某个几乎完全失常的家庭，其中的女人不是妓女就

---

① 遗憾的是，福柯与他研讨课的同事并未有呈现这一案例，因为他们有了皮埃尔·里维耶的例子。他所用的文献汇总在马克（Marc）：《疯狂》（*De la folie*），vol. II，pp.71-116。其他的参考文献，参见 A 125 n. 4/135 n.4。

是癔症患者，儿童不是白痴就总是手淫者。然而，尽管这些例子很极端，福柯的分析对他关于集体性的分析仍具有根本性的重要意义。① 他的主张是，规训社会不是家庭的范本，相反，家庭更能与主权（国家）相提并论。这并不是说，家庭是历史的残留物，但不无矛盾的是，家庭是规训体系的重要组成部分。（PP 81–82/80）对福柯而言，家庭是关键，是铰链（*charnière*），是"所有规训系统发挥作用绝对不可或缺的关键节点"（PP 82/81）。家庭与学校、军队、工作之间有着密不可分的关系，在将个人吸纳进规训系统方面起着至关重要的作用：扮演了一种与在主权体系中国王的双重身体相类似的角色。（PP 83/82）在某种意义上，家庭本身并非有功能障碍，相反，家庭是让功能障碍得到观察和控制的场合，它在规训社会中发挥着一种机制的作用："规训权力是寄生于家庭主权的，它要求家庭承担法院的角色去判定正常和不正常、规矩和不规矩，要求家庭交出不正常的、不规矩的成员。"（PP 116/115）

　　家庭无疑是主权装置之一，在那些尤其是围绕着父亲权力的思维方式中有着特殊的作用，但福柯也认为，家庭也在规训型社会中发挥作用，与生产力的经济问题有关。显然，这种角色是不同的，但家庭本身也是如此。它逐渐被"集中、限制、强化"，但它也越来越归结到男人与女人、父母与子女之间的重要关系（PP

---

① 该课程中所提出的很多要点，更为详细的发展见雅克·东泽洛（Jacques Donzelot）：《家庭警察》（*La Police des familles*），Paris：Les Éditions de Minuit，2005（1977）。

17

84/83），归结到核心家庭（见 A 229–239/243–254）。随着城市无产阶级的形成，这些变化某种程度上与阶级有关，也与工作和住房条件有关，还与童工劳动有关。（PP 84–85/83–84）总之，在作为总体性的规训性全景敞视主义社会——在《福柯：权力的诞生》中对这个问题做了详细的讨论——与主权家庭之间，存在一种持续不断的往复关系。（PP 85/84）这些分析首先是有趣的，因为它们总体上宣称："作为一种规训制度，精神病院也是某种真理话语形成的地方。"（PP 95/93）在这一点上，我们看到了权力与知识关系的联系，或者是真理生产中的政治关系。这并不是说其他的规训场合没有这种关系，也不是说它们与家庭之间没有关系，而是福柯认为这里尤其明显而且集中。（PP 96/94）

福柯经常因为在作品中缺乏对女性的关注而受到批评，尽管他的作品对一些女权主义者极有影响。这些课程提供了一些例外情形。他在《精神病学的权力》中讨论了癔症患者，认为癔症是精神病学史上的"重大分水岭"（PP 100/98），在他看来，这是一种有关精神病学权力与规训社会之间关系的历史。然而，福柯的语言有点贬损的意味，他用到的称呼是"有名的、可爱的癔症患者"（PP 253/253），并引用一个案例研究来"消遣"，然后又把它说成"一种狂欢作乐，一种性爱哑剧"。（PP 323–324/322）他主要关注的，是癔症在精神病学权力装置中的进入而非它的出现。事实上，福柯说到，"这个问题从癔症的历史存在的角度提出是无意义的"。相反，他想要研究的是，"癔症在医学领域里的出现，使其成为一种疾病的可能性，以及它

18

的医疗操作，都只有在引入了这种新的临床医学装置（最初是神经学的而不是精神病学的），或者设置了这个新的陷阱之后才可能发生"（PP 306/304）。他主要分析的是让－马丁·夏尔科（Jean-Martin Charcot）和萨尔佩特里尔（Salpêtrière，又译硝石库）医院的工作（巧合的是，福柯后来也殁于这家医院）。福柯感兴趣的是追踪那些癔症患者是如何被理解的，但更重要的，是不同的医学和精神病学的实践是如何针对他们的。他说道："我不会试图从癔症历史的角度来分析这个问题，就像我不会按照癔症的精神病学知识来分析这个问题，而是尝试着分析医生与癔症患者之间的斗争，对抗，相互包围，铺设镜像陷阱，投入和反向投入，争取控制权。"（PP 310/308）福柯也对精神病学权力与癔症患者抵抗之间的关系感兴趣，把癔症患者描述为"反精神病学的真正斗士"（PP 253/254）。这是因为，对于福柯来说，他们是抵抗"精神病学权力和精神病院规训的双重游戏"的"最前沿"（PP 253/253）。他们接受了器官性疾病的身体症状，把自己视为携带真正疾病与症状的载体和场所。（PP 253/253-254）

福柯还讨论了癔症与癫痫之间的关系（PP 311/310），这一分析将在《不正常的人》讲座课程中得到展开，福柯在其中展示了，宗教着魔在某种程度上如何成为一种早期形式的精神惊厥。（A 187-212/207-227）[1]福柯简要地讨论了子宫－癫痫的问题，他认为它们都被夏尔科所推翻，之前则是与基督教的告解、畸形

---

[1]　福柯采用的分析见米歇尔·德·塞尔托（Michel de Certeau）：《卢登的着魔》（*La Possession de Loudun*），Paris：Gallimard/Juillard，1970。

犯罪与神经性痉挛缠绕在一起。（A 208–224）此外，福柯认为，在萨尔佩特里尔医院发生的事件是反精神病学的一个奠基时刻。（PP 137/138）正如他后来在课程概要中所指出的，这并不是一种中立性的医学体验："夏尔科实际上制造了他所描述的癔症发作。"（PP 347/341）① 然而，夏尔科的失败将其痕迹遗留在"质疑－语言－催眠"三种元素以及"药物"中，"在精神病院空间之内甚或在精神病院之外，精神病学的权力至今仍在运作"（PP 290/288）。同样，我们能够看到精神病医学的重要性，尤其是在与女性身体的关系中，在与性态装置的诞生的关系中，便更是如此。福柯有关神经性身体的分析（PP 299–304/297–302），对于理解规训如何总是把其资源指向肉体，以及展示性态问题的出现，是极为重要的。正如他所声称的，神经性身体，以及疯人与精神病科医生之间的冲突，完全是与性有关的。在精神病院的空间里，权力和支配的斗争是显而易见的。"这个身体，不再是神经性的身体，而是性的身体。"（PP 325/323）

> 强行打开精神病院的大门，停止做疯子，而要做病人，最终接触到一个真正的医生交流，也就是神经病方面的医师，向他提供真正的功能症状，就这样，癔症患者让医学俘获了性态，这对他们而言是更大的快乐，但对我们无疑是更大的不幸。（PP 325/323）

---

① 这可以与巴斯德对医院中传染扩散观点的讨论进行比较。

阿诺德·I. 戴维森（Arnold I. Davidson）将此描述为"一种似乎有点神秘的措辞，它是福柯在 1974 年 2 月 6 日所表达的"，但从《性史》来看，"其影响是相当明显的"。[1]

福柯所讨论的另一类重要女性是妓女，在《精神病学的权力》中被简要地提及过，作为经济上－政治上的规训机制的一种例子。（PP 112-113/110-112）他把这一主张与前一年的讲座课程《惩罚的社会》中的分析联系起来，用以阐明资产阶级社会如何同时发现犯罪行为"一方面是一种利益的来源，另一方面是对权力的加强"（PP 112/110）。在 19 世纪之前，"妓女、嫖客和皮条客"的关系已经存在，从那时起，旅馆和妓院周围就有了更紧密的财产关系组织，同时也伴随着关于犯罪的法律规定及其量刑。（PP 112/110-111）这里的论证是，在利益和定罪之间存在一种矛盾同时却又相互加强的关系。因为它是被禁止的，它就会价格高昂，而且它的功能是"把所有从性快感中获取的利润带回到资本主义利润的正常流通中"（PP 112/111）。这种禁止 / 容忍的二元性将会强化监视和促进规训的形成，并为资本主义创造利润。总而言之，"性快感是有利可图的……性快感的利润回流到资本主义的总体流通中……"，而这更牢固地确立了"最终的效果，即国家权力的突触传导（synaptic relays），最终作用于男人的日常快感"。（PP 113/111-112）当然，对福柯而言，这只是规训与生产之间关系的一个例子（PP 113/112），尽管第二个要素在他已

20

---

[1]　阿诺德·I. 戴维森：《性态的浮现：历史认识论与概念的形成》（The Emengence of Sexuality: Historical Epistenology and the Formation of Concepts），p.xx。

出版的如《规训与惩罚》之类的作品中只是轻描淡写，但在这些讲座课程中却更为显眼。①

福柯对儿童的分析更加细致，尽管有些承诺没有实现。例如，他在《精神病学的权力》中提到，在接下来的一年里，将会更详尽地处理"有关儿童的教育学和档案"（PP 239/239），但只有一些问题得到讨论。②事实上，《不正常的人》几乎完全集中在手淫这一主题上，在该课程的最后一节课上，福柯指出，"顽童"是他的谱系学中遗漏的形象，但他没有时间来探讨，只能交代一个梗概。（A 275/291；见 258-259/274）在《精神病学的权力》中，虽然部分程度上涉及手淫问题，但分析的范围更广。这是因为福柯声称儿童在精神病学权力的诞生中扮演着重要的角色，实际上认为它源于有关童年期的精神病学化（PP 199/201）。在这一时期的文献中，福柯发现有一种说法：针对疯癫的治疗越早越好，因此，重要的是不要等到他们长大成人。（PP 124-125/124-125）同样，正如我们已经看到的，源于童年期生活中的事件在分析中尤其重要。（PP 125/125）针对儿童的监控机制——主要是围绕着手淫和他们更一般意义上的性态——提供了和管治正常行为与不正常行为有关的一般性的监控模型。（PP 124/124）

《精神病学的权力》中讨论的一类关键人物是所谓的傻

---

① 参见：DP 326-327/279-280，大多数的分析见 SP。
② 参见：雅克·拉格朗日（Jacques Lagrange）为《精神病学的权力》所作注释：PP 256 n. 14/257 n. 14。当然，正如此前所讨论的，福柯经常考察针对儿童的犯罪（例如 A 94-97/102-104，101-125/109-134）。

子、白痴、疯子。（PP 201–221/201–223）福柯甚至提出了
"对白痴和不正常的人的教育，是纯粹的精神病学权力"（PP
212/215）。为什么白痴儿童如此重要？福柯的回答是：他们被
视为危险的，因为他们在公共场合手淫，犯了性方面的罪，他们
是纵火犯。（PP 218/220）福柯强调，正是从 19 世纪初开始，
有一种明确的观点认为，这样的儿童——尽管他们被贴上了"傻
子"或后来的"白痴"标签——并不是疯子。（PP 201/203）更
一般地说，这种观点认为，在 19 世纪，精神病学中的异常问题
是影响儿童而非成年人的问题——这将生理学和解剖病理学的问
题置于一边。此时，"成年人才能是疯子；而儿童属于不正常的
人"（PP 219/221）。各种各样的问题都可以追溯到儿童身上。

因此，儿童被视为"不正常状态的载体"。围绕着这类白痴
人物，福柯讨论了一系列实际问题是如何被定向的："从骗子到
投毒者，从鸡奸者到杀人者，从手淫者到纵火犯"，整个围绕着
不正常人物展开的广泛领域，其核心是"弱智儿童，虚弱儿童，
白痴儿童"。（PP 219/221）正是透过这些实际的问题，精神病
学变得不再寻求控制和纠正疯狂，而是成为一种针对不正常者的
更普遍也更危险的权力，是"定义谁是不正常的，去控制并加以
纠正的权力"（PP 219/221）。因此，按照他进行的这种分析，
福柯的宣称是重要的。他的断言是："不正常是可能疯癫的个体
条件。"（PP 274/272）

因此，对福柯而言，疯子与不正常的儿童之间的分离是
"19 世纪精神病学权力操作的基本特征之一"（PP 219/222）。

他认为，从这里可能产生三种后果。首先，一系列规训体制从这背后的思想中产生，促成了一种针对不正常的人的一般科学和权力。这可以在学校、军队和家庭的规训／纪律中看到。更广泛的社会控制是从对儿童的处置中产生并发展起来的。（PP 219-221/222-223）其次，在19世纪下半叶，不正常的儿童与成年疯子之间的联系，促成两个关键的概念：本能的观念和退化的观念。在接下来的一年，本能得到更详细的分析（PP 213/215，220/222；A 122-125/131-134；128-129/138-139；260-271/275-287），从在回应中所采取的道德语气看，它是很重要的；而退化，尤其是在莫雷尔（Morel）的作品中，显示了进化生物学如何侵入精神病学，尽管它先于达尔文，而且更接近于在拉马克（Lamark）作品中发现的遗传学特征。在福柯的祖国法国，拉马克是极为重要的人物。在《必须保卫社会》课程中，退化与对生物种族主义话语的一般性分析有关。（SMBD 53/61，225/252）这里的政治问题，是异常向后代的传递：不正常的性情可能使成年人变成疯子。（PP 220-221/222-223）异常与疯狂之间的关系可以这样看："异常导致疯癫，疯癫产生异常。"（PP 221/223）但是福柯指出，这是因为家庭。再其次，精神分析领域从中出现，尽管是以相当粗糙的形式。我们可以在儿童与父母之间、祖先和后代之间的交流系统中，以及在这些本能和退化的问题中，发现它的影响。对于福柯来说，正是在对儿童和异常的概括中，而不是在对成人和疾病的概括中，形成了精神分析的对象。（PP 221/223）

22

手淫儿童是在 18 世纪末开始出现在各种文本中的角色。福柯认为，这是一种经常发生的现象，手淫是一种众所周知的秘密，这个秘密分裂了世界，也在世界各处存在着，因为没有人会对其他人谈论它。在他有关异常的考古学和谱系学中，福柯认为，19 世纪的不正常的人是他前面讨论的三类个体的后继者：畸形者、无可救药者和手淫者。福柯探讨了他这里提到的三种类型与性偏差观念之间的关系。畸形与性态密切相关，手淫和无可救药者观念同样如此。但福柯声称，这三种类型在 17 世纪和 18 世纪是完全分开的，并且强调这是一个关键点。只有到 19 世纪，随着针对不正常个体的技术的出现，一个有关知识和权力的广泛领域才能把它们整合起来。"手淫是一个能够让人依恋的多价的因果关系空间，18 世纪的医生立即将身体疾病、神经疾病以及精神疾病的全部武器库、全部内容都和它联系起来。"（A 54-56/59-60）

福柯认为，关于手淫的话语，与基督教关于肉体的话语不同，也与后来所谓的性的精神病理学（*psychopathia sexualis*/ sexual psychopathology）有明显的区别。（A 219/233）关于手淫的讨论导致了对学校和家庭空间的小心控制，以确保可见性和控制（A 218/232-223，2245-2246）；关于如何防止手淫的手册，详细描述了身体的灾难性后果；出现了用来防止手淫的药物、器具以及绑带的图册（A 220-221/235）；建议的预防技术包括把孩子的手绑在大人身上，或有成年人睡在一旁，或者设置警钟；详细信息包括如何识别勃起或射精的信号、迹象和气味以及关键的检查时间等等。福柯的例子既包括女孩也包括男孩（参见 A 228/242-243 等处）。福柯还讨论了化学溶液、永久性导管、尿道烧灼术、阴蒂切除和阉割。（A 237-238/252-253）他谈到了向手淫者阐明可怕后果的医疗手册，以及依据这些内容打造的一个蜡像博物馆，以栩栩如生的方式来呈现，供父母及其孩子们参观。（A 220-221/235）但除了控制儿童的身体外，这种新的话语把根本批评指向了父母，并把预防责任推给父母。其中的部分重点是针对成人对儿童的诱惑——尤其是那些与儿童密切接触的佣人、女管家、私人教师、叔叔、婶婶、堂兄妹等。（A 228-229/243-244）这种强调，促成了我们所说的核心家庭而不是过去的"大家庭"，新型家庭义务，以及由外部医学知识规定的新健康原则。（A 232-239/246-254）"家庭成为确定和区分性态的源头，而且也是对不正常的人加以矫正的源头。"（A 239/254）福柯提到，他所谓的这种"认识兴趣的乱伦，这种触摸、凝视和监视的乱伦"是现代家庭基础的一部分。（A 234/249；参见 252/266）反对手淫的十字军运动——一种新的儿童运动——构成了一种新型的知识 - 权力装置：它与国家的教育和人口控制策略有关。（A 239-243/254-258）

这些人口控制策略在《不正常的人》最后的两次课中是常见的主题。这两次课讨论了城市工人阶级的正常化、工人阶层家庭的最优分工、乱伦禁令，以及精神病学的认识论的 - 政治的任务背景下本能和性态之间的联系。福柯认识到，禁止手淫是针对资产阶级家庭的；对工人阶级家庭的限制是反对乱伦的危险，努力保护婚姻制度，防止姘居。而反对手淫的十字军运动则鼓励父母将自己的身体与孩子的身体紧密地联系在一起，这里的目标是对身体的分隔，分隔成父母的空间和不同性别孩子的空间。（A 254-256/268-271）随后是对 1844 年海因里希·卡恩（Heinrich Kaan）发表的《性心理疾病》[1]的长篇讨论，福柯依据它确定了精神病学领域中性态与性越轨的出现时间。（A 262-267/278-283）

　　福柯讨论了三种类型的异常：畸形人、需要矫正的个体以及手淫者，他们在夏尔·茹伊（Charles Jouy）的案例（A 275-289/291-304）中联系在一起，后者是他在《性史》中将继续讨论的人物。（HSⅠ，43-45/31-32）在这一点上，我们可以看到这门课程和后来的著作之间存在的一个最为清晰的联系。1867 年，茹伊被指控与年轻女孩发生性关系，当然是为了自慰，但可能包括强奸。因为茹伊被认为所受教育落后，"差不多是乡村里的傻子"（A 276/292）。福柯感兴趣的是这个案例如何成为精神病学专业知识干预的对象，也注意到围绕性态理解的转变。毫无疑问，从早期对这种行为的容忍到对它进行犯罪评估和精神病学评估的转变，这是一系列的标志之一。但需要指出的是，福柯对这一案例的呈现是令人不快的，因为忽略了受害者本人的感受，甚至暗示受害者本人也有责任，或者就是共谋，甚至还试着制造一点幽默。[2]

24

---

[1]　《性心理疾病》（*Psychopathia sexualis*），Lipsiae：Leopoldum Voss，1844。
[2]　福柯似乎发现夏尔·茹伊的名字很有趣：姓氏听起来像 "joui"（性高潮时用语）。

福柯在这里概述了这一"矫正不正常的技术"如何与"其他的规范化过程"相关联,这些过程"与犯罪、有罪或严重畸形无关,而是关联到一些完全不同的东西:日常的性态"。正是在这里,他提出要研究从 18 世纪末到 19 世纪晚期的"性态史、对性的控制的历史"(A 151/163)。福柯将这些主题与精神病学和遗传学联系起来(A 289–299/306–316),然后将这些话语与现代种族主义概念联系起来。现代的种族主义将这门课带回到此前似乎已经抛弃的主题,它是针对不正常的人的社会内部保卫措施,是从精神病学中诞生的(A 299–301/316–318)。这些主题为第 2 章要讨论的 1975—1976 年课程《必须保卫社会》,提供了一种直接的联系。

正常人的建构

众所周知,福柯的作品与乔治·康吉兰的作品有着密切的关系。[①] 康吉兰是福柯的博士论文导师,两人都对尼采感兴趣。(DE # 330 Ⅳ,436)福柯曾为康吉兰的一部著作的英文译本写过一篇导读,福柯引用了后者的话:"不正常,尽管在逻辑上居

---

① 对于康吉兰的影响,参见 Dominique Lecourt:*Marxism and Epistemology:Bachelard,Canguilhem,Foucault*,trans. Ben Brewster,London:NLB,1975;Gary Gutting:*Michel Foucault's Archaeology of Scientific Reason*,Cambridge:Cambridge University Press,1994;Pierre Macherey:*De Canguilhem à Foucault la force des norms*,Paris:La Fabrique,2009。

于次位，从存在论的角度看却是第一位的。"①正如福柯在《疯狂史》中所提出的观点，疯狂之观念能构成我们所以为的理性——明显地表现在笛卡尔的《沉思录》中——我们知道，这种"正常"往往是由不正常来界定的。这种理解显然要归功于尼采在《道德的谱系》中对于奴隶道德的考察。因此，我们可以很轻易地把《不正常的人》称作《正常人的建构》（The Constitution of the Normal）。对于理解福柯的意图，建构（constitution）——法律的、政治的、医学的和生物学的——是一个有用的词。很显然，这里的大量材料不仅与这一时期福柯所从事的《性史》系列工作有关，也与《规训与惩罚》之类研究有关，同样也与20世纪70年代末有关治理术的作品有关。因此，《不正常的人》把发生在不正常人身上的一系列问题整合了起来。

福柯所谓的"正常化（规范化）"装置是他如何理解权力与知识之间关系的例子。通过了解某事物不是什么，而不是了解它是什么，从否定的角度建构"正常"的概念，与之平行的是为了保护这种正常状态（normalcy）而行使的权力。②社会就是如此被保卫的：既有通过知识建立起来的排斥，也有通过权力所管治的包容。这种通过瘟疫城镇（the plague town）所显示的管治机制与治理术，被强加给被选中的个体，对于他们来说，麻风病患者的遭遇只不过是一个引人注目的历史先例。正常（规

① 乔治·康吉兰：《正常与病态》（Le Normal et le pathologique），Paris：PUF，1966，p.180；On the Normal and the Pathological，trans. Carolyn R. Fawcett，New York：Zone Books，1989，p.243。
② 与种族相关的一个类似观点见于 SMBD 52–53/61–62，231–232/259–260。

范，norm）的观念不是一种自然法则，而是依据它在被运用的领域所发挥的作用来界定的。正常（规范）并不只是一种理解的原则，让我们能够比较和对比，相反它是行使权力的一个要素。对康吉兰来说，这是一个争议性的概念，但对福柯而言，这是一个政治性的概念。福柯认为，最重要的是，它同时是一种资格原则和一种矫正原则。正常（规范）不是发挥着排除或拒绝的功能，它"总是与干预和改造的积极技术，与某种规范性计划相联系"（A 46/50）。

然而，为了建构相同者或正常人而排除他人或不正常之人并非没有风险。正如对政治领导、官僚制和行政权力等性质的阐释所表明，运用于管治常态的机制常常被怪诞或异常的要素所沾染。《疯狂史》原版前言中有一个非常相似的观点，引用了帕斯卡的警言："人必定如此这般疯狂，以至于不疯狂是另一种疯狂"，和陀思妥耶夫斯基的告诫："并不是通过囚禁我们的邻居，我们才确信自己的理智清醒。"（DE # 41，159）这些促使福柯写了一部关于他所谓的"另一种疯狂"的研究著作。这些讲座也显示了另一种不正常状态的基本要素，即对"不正常之人"所进行的分类、界定、处理与残忍对待。

从上述讨论中可以推测，《不正常的人》的主题几乎完全是阴森可怖的。开篇作为引子的"怪诞"概念实际上成为贯穿整个课程的格言。正如福柯所指出的，他正在讨论的主题与哥特式小说和萨德都有关系。（A 69/75）疾病、死亡与酷刑笼罩了该年度大部分课程，食人、乱伦、畸形和手淫浮现于各篇章。尽管它

的主题很吸引人，但它常常被人理解为材料、故事和文件的堆积，　26
福柯并未能充分地去处理它们。换言之，在这两门课之间有一个
重要的区别。在做演讲时，《不正常的人》显然是一项旨在为《性
史》初始计划提供素材的工作，但是《精神病学的权力》大部分
内容似乎从来没有打算出版。

2
种族战争与人口

在《不正常的人》结尾，福柯点明了现代种族主义如何成了针对不正常之人的一种社会内部防卫，以及它是如何从精神病学中脱胎而生的。（A 299-301/316-318）这样，福柯将课程返回到此前似乎已放弃的主题上。在最后一次课上，福柯宣称其全年课程贯穿着一种相互联系的探究："基于传统司法惩罚程序逐渐形成的一种有关正常化的知识和权力。"在下一年度的课程《必须保卫社会》中，他将会"通过对从 19 世纪末以来我们用以'保卫社会'的那些机制的研究来追溯这一周期的结束"（A 311/328-329）。

即便在其出版之前，这一课程就已经广为人知，因为前两讲已先于 20 世纪 70 年代出现在意大利，后又在 1980 年被译成英文。（P/K 78-108）这两讲较为详细地讨论了权力关系，与那些基于压制理解权力的模式（福柯提到了黑格尔、弗洛伊德和赖希）不同，福柯反对基于占有权和生产关系理解权力的模式（这为自由主义者和马克思主义者所遵循），也反对基于战争理解权力的模式。他引用卡尔·冯·克劳塞维茨（Carl von Clausewitz）

27

42

的著名格言，随后颠倒过来——"政治是通过其他方式继续的战争"。因此，福柯该课程的焦点是战争。他想要审视权力之间的冲突，或者说斗争问题，如何成为"市民社会的基础，以及如何成为政治权力行使的准则与发动机……其中权力担负着保卫社会的角色"。但福柯关注的显然不是探讨社会战争的那些理论家，如马基雅维利与霍布斯。对福柯而言，这些人都会引人入歧途。相反，他想要考察的是"围绕种族问题，作为权力发挥作用的一种历史准则的战争理论，因为正是种族的二元论使得——首先在西方——对作为战争的政治权力进行分析成为可能"。种族之间的历史斗争以及相伴随的阶级斗争是"两种宏大计划，我们可以借此描绘政治社会内部的战争现象以及力量关系"（SMBD 18-19/18-19）。

有必要说明的是，福柯在强调斗争问题时，无论是阶级之间的斗争还是种族之间的斗争，都批评了马克思主义者——尽管在某种程度上将马克思和托洛茨基排除在外，在讨论阶级斗争时，对于什么构成了斗争则不太关注。（DE#206 Ⅲ，310-311；P/K 208）[1] 福柯在 1977 年指出，权力最终是"阶级斗争……是力量关系的总和"，马克思的很多历史研究都可从这个角度来理解。[2]

28

---

[1]　参见：DE#195 Ⅲ，206；P/K 164；DE#200 Ⅲ，268；PPC 123；蒂埃里·弗尔策尔（Thierry Voeltzel）：《二十年后》（*Vingt ans et après*），Paris：Verticales，2014（1978），p.149。

[2]　《米歇尔·福柯和革命共产主义联盟的四名活动人士（《红色日报》文化栏目成员）进行了未经宣布的采访（1977 年 7 月）》［"Entretien inédit entre Michel Foucault et quatre militants de la LCR，membres de la rubrique culturelle du journal quotidien Rouge（July 1977）"］，*Question Marx*?，2014。

事实上，在《希罗多德》（*Hérodote*）杂志上接受地理学者们访
谈时，福柯指出了马克思关于"军队及其在政治权力发展中的角
色"的论述受到不公正的忽视（DE#169 Ⅲ，39；SKP 182）；
他后来强调自己所感兴趣的是《资本论》的第二部分，一方面在
于它有关资本谱系学的分析，另一方面是由于有关流通的材料。
（CMPP 106–107/100–101）[1] 正如德菲尔所强调，福柯发现马
克思最大的用途是他作为一名历史学家的工作，而不是他所进
行的经济学分析。[2] 他认为，地理学家宣称的隐喻是地理学的隐
喻，实际上也是政治性的、司法性的、行政性的以及军事性的隐
喻。他的对话者回应认为，这类术语中，有些既具有地理学上的
意义也具有战略性的意义，考虑到地理学是"在军队的阴影中发
展起来的"，这就不令人惊讶了。（DE#169 Ⅲ，32–34；SKP
176–177）这一旨趣可视为《安全、领土与人口》中对威斯特伐
利亚和约与 17 世纪末期常备军的发明所做讨论的继续；福柯在
《安全、领土与人口》中讨论了此后的常规战争机器，职业士兵
的出现，要塞和运输的基础结构，以及持续性的战术思考。（STP
308–313/300–306）鉴于《规训与惩罚》中军队和战争人物在现
代惩罚社会的谱系中作为构成要素的作用，我们便不应当因福
柯对战争的强调而讶异。对霍布斯和马基雅维利的拒斥也很重
要：福柯不仅排除了误导此观念的先驱们，也挑战了对他们作品

---

① 福柯说是第二本书，但这并非英文中所理解的第二卷，因为书的分卷方式不同。
他指的是第一卷第二部分。
② 2015 年 4 月 12 日与丹尼尔·德菲尔的访谈。

的通行诠释。（SMBD 51/59，77-80/89-90）

　　因此，战略和战争都是福柯在 1976 年前期所关注的核心。不寻常之处在于，他在接受地理学者们的访谈时反而向他们提出的一些问题。[①] 他认为，战略是理解权力和知识关系的根本，但它与支配／统治和战争的关系更为复杂。福柯想要知道的是，我们需要何种方式来重新思考战略？（DE#178 Ⅲ，94；SKP 19）。在《必须保卫社会》的课程概述中福柯问了类似的一系列问题，书面呈现于课程的结尾处，因此与接受《希罗多德》的访谈问题大致在同一时间。福柯探讨战争是否是社会关系的基础，是否"所有的社会支配、分化及等级化都应被视为其衍生现象"，尤其是，"个体、群体或阶级之间的对抗、冲突及斗争是否最终都源于一般的战争过程"，此外，"一套源于战略与策略的观念能否构成权力关系分析的一种有效且充分的工具"（SMBD 239-240/266）。但重要的是要认识到，这并不必然是一项未来工作的计划，因为有迹象表明，他的回答很大程度上是否定性的。事实上，这些课程讲座似乎是福柯在将理念落到实处，形成逻辑结论并在转向其他道路之前穷尽它们的可能性。这次课程是他休假之前的最后一次，把他最初的研究计划带到接近尾声的阶段。正如将要在第 4 章讨论的，福柯在他休假后的第一次课程中，更加关注推进和平的战略，考察在他所谓的治理术中所运用到的机制为何只是间接地源于战争机制。

29

---

① 　地理学家对这些问题的讨论可见《希罗多德》杂志（*Hérodote*），6，1977：12-23。

　　事实上，甚至早在福柯撰写课程概要时就可以看到一种转变：概要强调战争的重要性，但只是顺带提及了种族的作用。安全、暴力、革命、阶级斗争等问题更加凸显出来。福柯感兴趣的是将他的分析拓展超出特定的机构/制度，来观察整个社会。他指出，规训技术和法律是逐渐关联在一起的。这就是他所谓的"一种'规范化的社会'"（SMBD 34-35/38-39）。这一分析不仅适用于自由民主体制，也适用于极权体制；关于国家种族主义的讨论，既有纳粹主义的形式，也有斯大林主义的形式。福柯以为，这是"一种种族主义，社会将会反对自身，反对其自身的要素及其自己的产品。这是一种内在的种族主义，一种持续不断的净化，是社会规范化的基本维度之一"（SMBD 53/62；参见71/81-82）。我们从这里发现的是以生物学意义上的生存斗争取代了历史战争："物种分化，强者胜选，最适应的种族生存。"（SMBD 70/80）

　　这门课程中制订的计划特别考察历史书写如何成为一种政治30 工具。[1] 这既考虑为了国家或某一特定阶级、种族的利益而写的历史，也考虑按照它的反面所书写的历史。这既是福柯大部分分析的焦点，也解释了他自己的谱系学进路；后者关注的是"知识的反叛……（反叛）针对集中化权力的效应，它与我们这样的社会中一切有组织的科学话语的制度和功能密切相关"（SMBD

---

[1]　参见安·劳拉·斯托勒（Ann Laura Stoler）：《种族与欲望教育：福柯的〈性史〉与殖民地事物的秩序》（*Race and the Education of Desire：Foucault's History of Sexuality and the Colonial Order of Things*），Durham：Duke University Press，1995，p.62。

10/9）。然而，这种对谱系学的强调并不能取代他早前的考古学
方法。后者是前者的补充，一种添加："考古学是分析局部话语
的方法，而谱系学是从描述的局部话语出发，使这些从那里解放
出来的知识玩转起来的策略。"（SMBD 11-12/10-11）在这里，
福柯很明显是想避免就"什么是权力？"提供一种总体性的答案，
而是"去确定在社会的不同层面、在这些极为不同的领域以及在
不同外延中运作的各种权力装置及其机制、效果乃至关系是什么"
（SMBD 13-14/13）。

倒转克劳塞维茨：克劳塞维茨的倒转

在第三次课的开篇，福柯认为主权的法律模式不适合对权
力关系多元性做具体分析，也因此就摒弃了此种路径。（SMBD
37/43）这一点在课程初期就显示出来了，福柯比较了他与霍布
斯的观点："我认为我们与其问［《利维坦》（*Leviathan*）中］
这个核心的灵魂问题，不如试着……去研究外围的和多样化的
身体，这些身体被权力的作用建构成臣民。"（SMBD 26/29）
因此，问题很大程度上不在于倒转克劳塞维茨的原则，而是认
识到克劳塞维茨倒转了什么原则，一个"自 17 世纪和 18 世纪
以来一直流行的既模糊又准确的原则"（SMBD 41/48；参见
146-147/165）。他将这一点——正如他所说的，"大体上但有
点粗略地"——追溯到整个中世纪并直到现代时期开始的国家发
展。战争的实践和制度越来越集中在中央权力的手中；随着时间

的推移，只有国家权力才能进行战争和使用战争手段：建立国家对战争的控制。与此同时，社会体内的私斗也因此被取消了。（SMBD 41/48）战争开始只在边界上进行，在这些大一统国家的外部边界上进行。社会体内部消除了中世纪时期那样的兵戎相见。（SMBD 42/48）

31

然而，福柯指出了一种悖论，这种悖论或在同一时期出现，或比这种转变稍微迟点。一种新的话语出现了，他将其描述为"第一种关于社会的历史－政治话语"，这与直到那时的"哲学－法律话语"不同。这种历史－政治话语是一种"有关战争的话语，把战争理解为一种永恒的社会关系，是一切权力关系与制度的无法消除的基础"。这种话语始于 16 世纪世俗战争与宗教战争的结束，在 17 世纪英格兰政治斗争和资产阶级革命时代得到清晰的阐述。它稍后出现在法国，出现在路易十四统治结束之际。（SMBD 42/49）稍后福柯称这段历史是西方首次出现的非罗马（non-Roman）的历史，因为它挑战了罗马的主权观念。（SMBD 60/69）在两种情形中，在法国的贵族那里，在英国的资产阶级、小资产阶级乃至最后的全体民众那里，这种话语本身就是挑战绝对君主制度的一种手段；但更根本的在于，它挑战了社会处于和平状态的观念。在秩序的表象之下是一场激烈的战斗。福柯提出了一长串对这一论述有过贡献的作家——其中包括爱德华·科克（Edward Coke）、约翰·李尔本（John Lilburne）、亨利·德·布兰维里耶（Henry de Boulainviller）、西哀士神甫（Abbé Sieyès）和奥古斯丁·梯叶里（Augustin Thierry）。他在接下来的授课中详细分析了他们中的许多人。他指出，19 世纪晚期的生物种族主义者和优生论者将重返这些主题。

因此，他反对"哲学 – 法律的理论"，后者宣称政治权力始于战争结束之处："权力、国家、君主制、社会的组织、司法结构并不是出现于军队冲突停止之时。战争并没有得以避免。战争推动国家的诞生：权力、和平以及法律都是产生于战争的鲜血与泥泞中。"（SMBD 43/50）由此可以得出，法律的建立并不是一种绥靖，因为在法律之下战争继续进行。（SMBD 43/50）"这是寻找鲜血的过程，它在法典中已变干涸。"（SMBD 48/56）这些法典、这些宪章，并不是用共识与契约写成的，而是用战争中失败者的血液来写就。但这并不是一切人反对一切人的战争，而是一个群体反对另一个群体的战争；个人要么在这个群体中，要么在另一个群体中；没有中立可言。这是一种二元结构：两个群体、两类个体的范畴、两军对垒。（SMBD 44/51）变得重要的是分异，以及造成这种分异的原因。因此，福柯认为，历史的准则成为一系列残忍的事实，对此我们可以称之为体质 – 生物学的事实："一个种族的身体能力、力量、能量、繁衍，以及另一个种族的软弱，等等。"（SMBD 47/54）正是这些体质 – 生物学方面的差异，以及族群差异或不同的语言，导致两个种族的分裂，它们也是社会冲突的根源。"社会体基本上是围绕着两个种族表达的。"（SMBD 51/60）

福柯要做的不是研究一种"种族主义话语"的历史，而是探讨有关"种族战争或斗争"的历史。在某种意义上，现代种族主

32

义是这种更古老话语的重现。他正在进行一项关于种族斗争的谱系学研究，以便对作为一种当下历史的现代种族主义的历史给出更为一般性的理解。正如该课程记录的编辑者所指出的，当代语境是由如下事件设定的：1968 年发生在捷克斯洛伐克和法国的事件，越南战争，1970 年约旦的黑九月，1971 年葡萄牙反对萨拉查的学生运动，爱尔兰共和军，赎罪日战争，希腊军政府，意大利的法西斯主义，西班牙的佛朗哥主义，柬埔寨红色高棉以及发生在黎巴嫩、秘鲁、阿根廷、巴西和一些非洲国家的内战[①]。第一个"9·11"事件发生在 1973 年的智利，萨尔瓦多·阿连德（Salvador Allende）被由中情局支持的奥古斯托·皮诺切特（Augusto Pinochet）推翻。法国左派正与欧洲共产主义的思想和乔治·马歇（Georges Marchais）的顽固不化的斯大林主义做斗争，用了五年多的时间才实现左翼的部分联合，促成弗朗索瓦·密特朗（François Mitterrand）的当选。学院里也发生了许多变化，尤其紧随而来的 1968 年抗议和反越战活动。

然而，这种据社会生物学角度的旧话语服务于社会保守主义的目的，并且在某些情况下，至少服务于殖民统治的目的。（SMBD 57/64）现代种族主义用为生命而斗争的后进化论的生物学主题来取代历史战争的主题。"它不再是士兵意义上的战斗，而是一种生物意义上的斗争：物种分化，强者胜选，最适应的种族生存。同样，这种二元社会的主题……反过来被一种生物学上的一元论的社会主题所取代。"这带来了国家角色的转变。它的

---

① 见 SMBD 257/284-285。

兴趣不再是一个种族反对另一个种族，而是"种族完整性、优越性和纯洁性的保护者"（SMBD 70-71/80-81）。占优势地位的种族并不说"我们必须保卫我们自己，去反抗社会"，而是说"我们必须保卫社会，去抵御另一个种族、下等种族、对立种族带来的生物学意义上的危险，它们是我们身不由己地去构建的"。因此，这并不只是一种社会团体反对另一个社会团体的斗争；而是一种国家的种族主义，一个贯穿社会自身的种族主义，一种内部的种族主义，一种永久性的净化，它将成为社会规范化的基本维度之一。（SMBD 53/62，71/80）

福柯指出，在一个通过契约形成的社会中，对霍布斯而言，"由此构成的主权因而具有了所有人的人格"[①]。但是，福柯接着问到，建构国家的另一种形式，即那种夺取（以力取得）机制是怎样的呢。（SMBD 81-82/94-95）福柯认为，正如通常所评论的那样，霍布斯的作品应该在国内斗争的背景下来理解，在霍布斯写作该书时这场国内斗争分裂了英格兰（SMBD 85/99），而且也要回溯得更远，早至由征服者威廉率领的诺曼人入侵英格兰，并且由这一事件所确立的权力仪式一直持续到了亨利七世（SMBD 86/99-100）。这一点在诺曼人和撒克逊人的形象上尤其明显，种族分裂被转变成更为普遍的地位或阶级的高低。"冲突——政治的、经济的、法律的——被……非常容易地表

---

① 托马斯·霍布斯：《利维坦》，收入威廉·莫尔斯沃斯爵士（Sir William Molesworth）选编：《霍布斯英文作品集》（*The Collected English Works of Thomas Hobbes*），London：Routledge/Thoemmes Press，1997，vol. III，parts I–II，ch.17。

达、编码并转换成一种话语……即种族对立的话语。"（SMBD
87/100-101）他认为，16 世纪和 17 世纪出现的新形式的政治斗
争——在资产阶级、贵族和君主政体之间——仍然用种族斗争的
词汇加以表达。（SMBD 87-88/101-102）

　　在福柯对关于英国诺曼人 – 撒克逊人冲突的各种诠释的读
解中，他提示说，大部分的文献都把威廉作为合法的继承人，
但他的主权受到英国法律的限制。正如霍布斯所认识到的那
样，如果人们认同了统治者，那么由征服而形成的国家就能像
按约建立的国家一样正常运作。正如温斯顿·丘吉尔（Winston
Churchill）——17 世纪的历史学家、20 世纪政治家的祖先——
所言："威廉没有征服英国；而是英国征服了威廉。"[1] 把撒克
逊人的权力完全合法地移交给诺曼国王是一回事；后来的剥夺、
勒索和权力滥用是另一回事。不是威廉本人，而是这种诺曼化，
这种诺曼枷锁——这一政治体制倾向于贵族制和君主政体——是
中世纪反叛、大宪章等等的目标。这种斗争在 17 世纪国王和议
会之间的斗争中被重新编码。议会被视为"撒克逊传统的真正
继承者"（SMBD 91/105）。例如，平等派认为，诺曼征服是当
代社会和政治制度的根源；威廉及分封的领主同查理及其军官
之间一脉相承。[2] 福柯的观点是，这种贫富二元图式，开始不再

---

① 　温斯顿·丘吉尔：《神圣不列颠人》（*Divi Britannici*），1675，fol. 189-190，引
自：SMBD 91/105。
② 　参见理查德·T. 范恩（Richard T. Vann）：《自由的盎格鲁 – 撒克逊人：一
个历史迷思》（"The Free Anglo-Saxons：A Historical Myth"），*Journal of the
History of Ideas*，19（2），April 1958：259-272。

只是一种表述抱怨或需求，而更多的是被视为一种有关民族性的
事实：“语言，母国，祖先的习俗，共同过去的厚度，古老权利
的存在，古代法律的重新发现。”（SMBD 95/110）这场战争正
是霍布斯所反对的：他的哲学－法律话语是阻碍福柯所说的“政
治历史主义”的一种方式，后者是 17 世纪政治斗争中占主导地
位的话语或知识。（SMBD 96/111）

　　法国的特洛伊神话显示，法国人是法兰克人的后裔，后者
本身是特洛伊人，在普里阿摩斯的儿子法兰克国王的带领下离
开了陷入大火的特洛伊城。（SMBD 101/115）对于福柯来说，
重要的还是种族战争：法兰克征服了罗马人还是高卢人？这
同样强调了侵略这一主旨，与英格兰的情形同样重要（SMBD
104/118），此外，也与诺曼人和撒克逊人的关系一样，法兰克
人和高卢人本质上是不可调和的（参见 SMBD 141/159）。在这
种情况下，不同之处在于，是胜利者、贵族把自己描绘成日耳曼
人，去书写这段历史。他们不仅断言与资产阶级和无产阶级（高
卢－罗马血统）的不同，而且限制了国王的权力。在此后的课程
中，在新的语境中，福柯还将回到这些议题。

布兰维里耶与战争观念的普泛化

　　“直到 17 世纪，战争本质上都是一场一群人反对另一群人
的战争。”福柯认为，“对战争观念的普泛化”是亨利·德·布
兰维里耶思想的特征。布兰维里耶看到了战争关系是如何在所有

社会关系中发挥作用的，社会关系是如何以多种多样的方式划分的，以及战争为何是社会团体之间的一种永久状态，因此，这并不是一种个体主义的霍布斯意义上的一切人针对一切人的战争，而是一个群体针对另一个群体的战争。（SMBD 144/162）有趣的是，福柯似乎在用一个看似无足轻重的人物来阐述他的许多关键主题，但正如蕾妮·西蒙（Renée Simon）所指出的，"我们应该扪心自问的是，这位18世纪的'名人'（这是狄德罗的话）是如何被人们完全抛诸脑后的"①。

布兰维里耶不仅反对在法律上寻找"建构点"，也反对在自然中寻找"建构点"。他的思想既是反法理主义的，又是反自然主义的。这种分析的关键反方是"自然人（the natural human），土著人（the savage）"。这是在两种意义上来理解的。首先，"土著人，无论好还是坏，是法学家或权利理论家所构想出来的在有社会之前就存在并组成社会的自然人，是社会体（social body）借以构成自身的一种要素"。其次，土著人的另一个方面，是经济学家所发明的理想元素，这类人没有历史或过去，只是受他们自己的利益所驱动，他们用自己的劳动产品来交换另一种产品。因此，他所反对的原始人的观念同时既是离开森林以形成契约并建立社会的人，也是进行交换的经济人。（SMBD

① 蕾妮·西蒙所写《序言》（"Introduction"），见亨利·德·布兰维里耶：《哲学作品集》（*Oeuvres Philosophiques*），La Haye：Martinus Nijhoff，1973，p.ix。关于布兰维里耶的一般性论述，参见蕾妮·西蒙：《亨利·德·布兰维里耶：史学家、政治家、哲学家与星相学家，1658-1722》（*Henry de Boulainviller：Historien，Politique，Philosophe，Astrologue 1658-1722*），Paris：Boivie & Cie，n.d.。

173/194）这种双重层面的土著人是属于交换的人类：权利的交换者或货物的交换者。"作为权利的交换者，他们建立了社会和主权。作为商品的交换者，他们构成一种社会体，同时也是一种经济体（economic body）。"（SMBD 173-174/194）

福柯认为，布兰维里耶把土著人（the savage）与野蛮人（the barbarian）①作为对立概念。与土著人不同，野蛮人只能按照其与文明的关系来理解、看待与描述。如果没有一种文明，野蛮（barbarism）或残忍的观念就不复存在，因为后者是外在于文明的。野蛮人总是僭越国家的边界，冲撞城市之墙。与土著人依赖自然的基础不同，野蛮人仅出现在文明的大地上，但二者之间又总是处于冲突之中。因此，与土著人不同的是，正是因为这种与文明的联系，野蛮人具有一种历史。野蛮人不是交易者，而是统治者。野蛮人夺取、占有而不是耕种土地，他们之所行便是抢掠。他们的自由只是基于其他人失去的自由；而土著人放弃一些自由来保证他们的生命、安全和财产；野蛮人从不放弃他们的自由。他们造一个王或选举一位首领，不是为了削弱他们自己的权力或权利，而是为了增强自身，在他们与他人的关系中变得更为强大。正是为了增强他们自己的个人力量，野蛮人才将权力付诸实施。他们的治理形式必然是军事性的，根本不依赖于民事权利的让与契约。（SMBD 174-175/195-196）

福柯认为，布兰维里耶把这种野蛮人观念置于他的历史叙

---

① The barbarian 又可译作"蛮族"。布兰维里耶所论及的土著人和野蛮人是指历史上的定居民族和游牧的蛮族。——译注

事之中，也形成了他研究的四种要素之一：宪法、革命、野蛮和统治。问题是，在野蛮中找到什么是有用的东西："我们必须怎样过滤掉野蛮人的统治来实现立宪革命？"这就涉及如何在历史话语领域、历史－政治领域中探索：各群体的战略地位、各利益相关方、贵族或君主权力斗争的各种中心、资产阶级斗争的各种中心。（SMBD 176/197）因此，问题不是一种简单的革命**还是**（or）野蛮的对立问题；而是革命**与**（and）野蛮的问

36 题，是"革命中的野蛮经济学"。当代人所说的革命还是野蛮的对立［福柯这里提及并参考了《社会主义或野蛮》（*Socialisme ou barbarie*）杂志］，因此是一个伪问题，真问题是革命与野蛮。（SMBD 176–177/198）[1] 福柯认为，通过这种推导，布兰维里耶引进了金发碧眼之兽（the blond beast）或野蛮人的形象，侵略或暴力征服的历史事实，对土地的征服和对人的奴役，以及一种极其有限的皇权。尽管福柯认为这种推导有多种结果，但他主要关注的只有三种；它们在政治上和认识论上是最重要的，并且与三种明确分化的政治立场相对应。（SMBD 177/199）

　　第一种是最有生命力的、绝对的过滤器，借此所有野蛮的痕迹都被掩盖了。以日耳曼人入侵后的法兰克为例：完全否认了贵族来自莱茵河另一边的出身。法兰克人的入侵被认为是一个神话、一种幻觉、一个布兰维里耶作品中的创造而遭摈弃。相

---

① 为了支持这一点（SMBD 190 n. 9/213 n. 9），福柯引用的是罗伯特·德斯诺斯（Robert Desnos）：《对即将发生判断的描述》（"Description d'une révolte prochaine"），*La Révolution surréaliste*，3，15 April 1925：25。

反，法兰克人被认为是一小群奉命抵抗罗马人入侵的同盟者。因此，不是入侵或征服，而是移民和联盟。他们后来的统治地位——特别是国王的地位——是由于内部的而不是外部的干预、征服和统治。贵族的权力不被认为是由于军事入侵和野蛮人的入侵所造成，而是由于内部篡权的结果。贵族是政治骗子而不是野蛮人。（SMBD 177-180/199-202）这种解释的例子有杜博神甫（Abbé Dubos）和雅各布-尼克拉斯·莫罗（Jacob-Nicolas Moreau）。

第二种最接近布兰维里耶，旨在把一种日耳曼人的自由从贵族特权中分离出来。换句话说，它将君主制的罗马绝对主义与由法兰克人和野蛮人带给他们的原始自由对立起来。野蛮人并没有造出一个小的贵族阶级，而是创造了人民的共同体。这个想法支持民主而不是贵族统治；是一种士兵 - 公民的平等主义理解。"没有需要追随的权威，没有理性的或建构的权威。"在这种理解中，贵族统治是绝对主义的同谋；他们支持国王，后者支持封建主义。"当然，贵族统治与绝对君主政体终有一天会翻脸，但我们不能忘记他们在根源上是孪生姐妹。"（SMBD 180-181/202-203）在这方面，加布里埃尔·博内·德·马布里神甫（Abbé Gabriel Bonnet de Mably）与让-保罗·马拉（Jean-Paul Marat）是福柯所提供的典范。

在福柯看来，第三种最微妙，尽管它具有最大的历史成就，但它在被明确提出之时所产生的影响却较小。其核心要点是两种类型的野蛮（barbarism）之间的区别：日耳曼人的坏野蛮以及高

37

卢人的好野蛮，只有后者才真正拥有自由。这带来了两种关键的推导：一方面把自由与日耳曼加以分离；另一方面是把罗马和绝对主义加以分离。它在罗马高卢人那里发现了自由的要素，而布兰维里耶及其他的解释认为这些都是由法兰克人带来的。罗马人的政府当然也拥有一种绝对集权化的权力，但也有一些高卢人和凯尔特人的原始自由的遗存。因此，自由是与罗马的绝对主义相兼容的；这是一种高卢人的现象，但首先是一种城市现象。尽管这些城镇因法兰克人的入侵而被摧毁，但它们又重建起来，成为抵抗封建势力的据点。福柯认为，这显然是第三等级理论的根源，因为城镇的历史、城市机构的历史成为历史分析的核心，这在历史上是首次。第三等级不是简单地由国王的让步形成的，这个等级有一段历史，有一种极为清晰表达的城市权利，在某种程度上带有罗马人权利的印记，但是基于一种古老的自由，也就是说基于古代高卢人的野蛮状态。（SMBD 181-183/204-206）许多作家都对这一解释做出了贡献，尤其是奥古斯丁·梯叶里。

福柯的总体观点是，布兰维里耶建构了"一种历史的和政治的话语，这种话语的对象领域、相关要素、分析概念与方法都是密切关联在一起的"。在18世纪，这一历史话语为一系列的历史学家所共同持有，尽管他们在"各自的命题、假设以及政治构想"中相互尖锐对立，但却在"一个共享的认知框架"中进行思考。当然，这并不意味着这种认知框架要求他们以同样的方式思考；相反，这是一种允许他们以不同的方式思考的条件，而这种差异是与政治相关的。"这种话语在战术上的可逆性，是这种话语构成规则同质性的直接功能。认知领域的规则性以及话语构成模式的同质性,都可在超话语(extra-discursive)的斗争中使用。"(SMBD 185/207-208)这些话语内部的变化,以及他们所反对的诉诸"高贵土著人"①的卢梭式法理主义,被用来解读法国大革命。(SMBD 186-189/208-212)福柯认为,重要之处在于,从种族历史的角度,对(法国大)革命、对革命中的政治斗争和社会斗争有几种解释。(SMBD 188/211)

因此,正是历史的话语,而不是权利的话语,也不是政治理论的话语,把战争作为政治关系的主要分析工具。政治理论(涉及契约,土著人,草原或森林的居民,自然状态,一切人反对一切人的战争等等)是不充分的。在大革命中,这种战争因素并不是被完全消除,而是被减少了、受到限制、被文明化并得到安抚。19世纪的历史话语有一种终归宁静的模式或者说一种永久和平的模式,这并不是在一种平衡的意义上而言的(如18世纪所发现的),而是在一种和解的意义上来说的。(SMBD 193/215-216)问题在于战争观念如何从一种社会存在(existence)的条件转变为一种社会存续(survival)的条件;战争是如何被重新赋予了一种消极角色,一种外部性角色;不再是社会的建构因素,而是社会的保护者和捍卫者。这是因为在此时出现了一种社会的观念,内在地把战争用于保卫社会,应对产生并存在于社会体自身的危险。对福柯而言,这是"社会战争这一观念从历史学

38

---

① Noble savage,通常译为"高贵的野蛮人"。——译注

到生物学、从构成要素到医学的巨大转变"（SMBD 194/216）。

这其中的一个关键发展是民族观念的转变。在 18 世纪，有关民族的观念被认为是一直存在的，但它与国王的身体相联系。并不因为有一群人居住在一片领土上，有着相同的语言、习俗和法律，就存在着一个民族。相反，个人并没有结成联合体，而是个别地"与国王的真实的、活生生的肉体性身体（la personne）有某种关联，这种关联既是法律上的也是身体上的。正是国王的身体（le corps），在与他的每一位臣民之间的身体性的、法律性的关系中，构成了民族的实体"。当民族（国家）之间的战争爆发时，这种民族的概念就会被贵族所使用。为了研究这一转变，福柯引用了西哀士神甫的三个著名的问题："什么是第三等级？是一切。迄今它在政治秩序中是怎样的？什么也不是。它想成为什么？成为某物。"①（SMBD 194/217）西哀士对于民族（国家）另有一种定义。② 这是一个由两部分组成的定义：一方面，它是一种司法状态或条件（un état juridique），有一种普通法和一个立法机关（仅仅是指制定法律的能力：它不一定需要国王，甚至也不一定需要政府）；另一方面，它是一群由某种利益聚集在一起的人，他们会有一些共同的东西，比如风俗、习惯以及最终的语言。（SMBD 195－196/218）对西哀士来说，人民和民族（国家）之间没有区别——这意味着民族（国家）是由普通人和国王或贵

---

① 西哀士：《第三等级是什么？》（*Qu'est-ce que le tiers état?*），Paris: Société de l'histoire de la Révolution Française，1888（1789），p.2。

② 参见西哀士《第三等级是什么？》（*Qu'est-ce que le tiers état?*, p.67）："民族先于一切事物之前存在；它是一切的根源。它的意愿总是法律性的，它是法律之本身。"

族组成的。事实上，西哀士在某一点上又回到了与阶级有关的种 39
族问题上："那些非我族类的人不是我的同胞；若某贵族非我族
类，他就是只狼，我会开枪。"①

　　在 18 世纪，这种对于贵族统治相关的观念在政治上的重新
解释，这种对民族的重新塑造，这种民族观念，使一种新的历史
话语成为可能。这种对民族的理解成为国家权力的核心。它是国
家的正面的、建构的核心。"民族是国家，至少在轮廓上是如此。
它是一个国家，是说它是在一群人中正在诞生、正在成形，正在
寻找其存在的历史条件的国家。"（SMBD 200/223）从民族的
整体性到国家的普遍性的过程中都有一条直线；这开启了一条通
道，这里力量关系不再是战争关系，而是一种完全的民事关系。
福柯重申，在布兰维里耶的作品中，一个社会体内部的民族之间
的冲突通过中介制度（经济、教育、语言、知识等）而成为可能，
但福柯认为，在这种情况下，没有借口说这不是战争。在 19 世
纪的情形中，问题完全是另外一回事；问题是针对国家普遍性的
一种内在紧张关系。（SMBD 201/224–225）可产生的问题在于
如何在不诉诸军事用词的情况下来理解这些内部斗争。经济的和
政治的斗争能否通过恰当的经济政治术语来理解？或者说，与此
相反，我们是否必须回到 18 世纪的历史学家试图描绘的战争的
基础上来？（SMBD 202/226）

---

① 引自约翰·哈罗德·克拉潘（J. H. Clapham）：《西哀士神甫》（*The Abbé
Sieyès*），Westminster：1912，p.199。

关涉生死的问题

福柯因此将战争作为一种对历史过程进行理解的网格，但这种战争被理解为种族之间的战争。在法国大革命时期，这种战争观念最终在历史分析中因民族普遍性原则而被消除了。然而，种族的主题并没有消失，而是如已经暗示的那样，再生为一种国家种族主义。它是再生的，因为无论是在一般的情形中还是特定的条件下，权力都控制着生命，控制着作为活生生的人、作为人口中的一部分的人，在某种程度上讲，这是国家权力向生物学的延伸。（SMBD 213/239-240）君主能直接夺取生命来防御对他身体的攻击，或者当外部敌人的威胁太大时，他可以让人民冒着死亡的危险去保护他。这一点的象征就是剑。（SMBD 214/240）19 世纪和 20 世纪的发展是，若有必要，可以借由死亡，借由保卫作为整体的社会体，来保护生命。君主有权使人死或让人活（make die or let live），现代国家则可以使人活或让人死（make live or let die）。（SMBD 214/240-241）

福柯认为，现代令人恐怖的死亡权力是一种权力的对应物，后者通过精确的控制和全面的监管调节来管理生命。（SMBD 215/241-242）结果是，政治变得越来越科学化：医学化和数学化。出现了一种针对个体身体的学科——一种解剖政治学（an anatomo-politics），以及一种对于社会体的管理——一种对于人

（SMBD 218–219/245）

人口是一个政治的、经济的、科学的、生物学的问题。可以把人口有效地构想成复数意义上的身体。当规训作用于个体的身体时，身体的集合性就消失了，而新的权力技术则作用于集合起来的复数身体，即一个集合体，一个新种属。（参见 SMBD 216/242–243）这可视作《规训与惩罚》为一方与《必须保卫社会》和《求知意志》为另一方的二者之间的过渡，并一直持续到福柯有关治理术的作品。福柯认为，这可理解成两个系列：

> 身体—有机体—规训—制度，属于一个系列；人口—生物学过程—管理机制—国家，属于一个系列。（一方面）是一种有机的制度总体，也可以说是一种制度的有组织规训；另一方面，是一种生物学的和国家主义的总体：由国家进行的生命管控。（SMBD 223/250）

福柯特别强调，制度与国家之间在这里并没有明确的区分：规训往往溢出它们的制度背景；国家被卷入各种规训之中。（SMBD 223/250）同样，在福柯的作品中，在对规训与推行规范化的生命权力这两种权力的理解上，也不存在对立的情形。它们并不彼此独立，或者一个承续着另一个，而是知识／权力发挥作用的两种结合模式。[1]

性态问题之所以有趣，原因在于，它处于身体与人口、规训 42

---

[1]　见 SMBD 251–252/278–279。

与管理之间的十字路口。（SMBD 224/251-252）规范的建立是核心要义，借此可以对个体的身体进行测量和规训，可以对社会体进行测量与管理。（SMBD 222/250）福柯承认，所有的诠释都依据某种规范，并依据这种规范进行测量：即便是否符合规范之处是按照它在后果上不是什么来界定的。（参见 A 46/50）对一个人群的人口统计学特征的理解可能促成人们展开控制出生率和延长生命的运动：这是"制造生命"（make life）的权力。（SMBD 219-220/246）这种权力的极端形式是制造生命，制造畸形人，制造无法控制的和具有普遍毁灭性的病毒。（SMBD 226/254）相反的一面是让人死亡的权力。国家种族主义是透过新的管理程序对旧的血缘机制进行的一种再编码。例如，基于宗教的旧式反犹主义在国家种族主义的新标题下卷土重来。种族的整体性与纯洁性受到威胁，国家机器被用来对付身体已经浸染上毒素的种族。犹太人被认为是存在于所有种族中的种族。（SMBD 76/89）

断裂或隔离是种族主义的基础，亦即，在那些必须活与必须死的人之间的一种对立或隔离。"人类的生物学连续统"（SMBD 227/254-255）是被种族的幽灵所打破，种族被区分，被分成不同的等级，身份良好或低劣，等等。人种被细分为被视为种族的亚群体：人类的连续统被分割了，即是说，能够进行计算与进行排序。福柯的观点是，现代阶级话语根源于种族战争，这正如现代种族主义一样。因此，他挑战了认为种族主义是基于民族主义的观点，也挑战了认为阶级是种族主张之基础的观点。现代种族主义强调生物性，但以另一种方式做了表述：为了生存，为了活命，你必须准备好屠杀你的敌人；一种战争的关系。作为一种战争关系，这与早期的种族战争并没有差异，福柯花了大部分时间对后者进行过解释。但是，当在生命权力中叠加数学与医学的机制后，这就可以按完全不同的方式来构想。在我之活命与他人之死之间，生命权力能够建立一种关系，这种关系并不是战争式的关系或冲突式的关系，而是一种生物学的关系："低劣的物种越趋于消失，不正常的个体越被消除，人种中的退化者越少，我——不是作为个体而是作为人种——就越能活下来，变得更强，更有活力，也就能够繁衍更多后代。"他人之死不仅能够使得我个人更为安全，而且他人、坏人、低等种族或退化者或不正常者之死，会使得总体的生命更为健康与纯洁。（SMBD 227-228/255）

福柯认为，"如果推行规范化的权力想要行使古代君主那样的生杀权力，它就必须借助种族主义。反过来，如果一种君主权力，或者说一种掌握生死的权力，想要通过推行规范化的工具、机制与技术发挥作用，它就也必须借助种族主义"（SMBD 228/256）。这适用于间接死亡——使之冒死亡的风险——很大程度上就像它适用于直接的杀戮一样。尽管不是达尔文主义的，但这种生物学意义上的权力却是基于进化论的，它使得一种有关殖民关系、战争的必要性、犯罪、疯狂现象与精神疾病、阶级对立的思想等成为可能。与殖民主义的联系是其核心：这种形式的现代国家种族主义首先是随着殖民地大屠杀发展的。关于政治敌人的议题是生物学上的推断。但在 19 世纪末的这种转变中，重要的不再只是通过灭除另一个种族的方式来保证一个种族的安全，而是要重新改造这个种族。（SMBD 228-230/256-258）在纳粹主义中，二者是结合在一起的。优生学与医学技术／数学技术都伴随着血缘痴妄和种族纯洁性的理想。福柯指出，在这种体制中，存在着对生育与遗传学的直接控制，调控、安全与保障也都强加于纪律井然的社会之上；但与此同时，古老的君主生杀权力仍然遍布整个社会。这不仅限于国家，也不仅限于党卫队或冲锋队，而最终也针对所有人，因为借助告发，每个人都可以针对其邻居运用这种权力。（SMBD 231/259）

现如今，尽管摧毁其他种族是纳粹主义的核心，但另一方面，德国种族本身面临死亡，一种绝对的和无所不在的死亡风险。整个德国人口都面临死亡，福柯提示，这是纳粹服从的根本义务之一。只有全部人口面临无所不在的死亡风险，才能将他们构成为一个高级的种族，在面对这些要么全部被消灭要么完全被征服的种族时获得再生。因此，在纳粹主义中，我们既看到生命权力绝对普泛化，也看到君主杀人权利的普泛化。两种机制：一种"经典的、古老的"，一种新的、（规训和生命管控）双管齐下式的。"一个种族主义的国家，一个残忍的国家以及一个自我毁灭的国家。"与"最终解决方案"相应的是1945年的"四月号令"，它号召摧毁德国人民自己的生存条件。"对于其他种族的最终解决方案，也是［日耳曼］种族的终极性自杀。"（SMBD 231-232/260）

福柯想要指出的是，这种情况已较为普遍地进入所有现代国家，但课程接近尾声，他并没有真正很好地论证该观点。他简要地考察了生命权力的主题如何没有被社会主义所改变，而是被后者重新利用——当然得到了发展与改良——但并没有从根本上受到批评。福柯注意到德雷福斯事件期间法国社会主义政党的反犹太主义,以及更早在巴黎公社时期的类似情况。[①] 同样,在社会主义国家,国家也控制着生命、风险和生育。它的种族主义并不是种族性的,而是进化论的、生物学的种族主义,它建立在对精神病患者、罪犯和政治对手的处理之上。比这种苏维埃模式更普遍的,是在阶级斗争中使用类似的语言。针对敌人斗争的观念,消灭资本主义社会的敌人,考虑与阶级敌人进行身体对抗,所有一切都是利用了种族主义观念。如果纯粹是在经济上予以消除,剥夺他们的特权,就不需要种族主义了;但如果诉诸对抗、暴力、冒生命危险以及寻求杀戮,那么就要依赖于种族主义。社会主义每次都诉诸斗争的语言,福柯认为,这里面存在一种种族主义的模式。(SMBD 232-234/260-263)因此,福柯用没有结论的问题结束了这个年度的课程:

> 如何才能使生命权力发挥作用,同时行使战争权利、谋杀的权利和死亡的功能,而不变成种族主义者?这在那时是问题,我认为这在今天仍然是问题。(SMBD 234/263)

---

① 参见安·劳拉·斯托勒:《种族与欲望教育:福柯的〈性史〉与殖民地事物的秩序》(*Race and the Education of Desire*:*Foucault's History of Sexuality and the Colonial Order of Things*), p.87。

45

3
求知意志与坦白权力

求知意志

在完成《规训与惩罚》的当天，福柯便开始《性史》第一卷的写作，这一非凡之举，有多种原因。[①] 首先，也是最为明显的，乃是个人天性使然，在完成一项主要工作后，直接开始进行另一项工作。其次，福柯在 1976 年 8 月完成该卷的两年之前就为该书写了一些草稿。他在一次访谈中披露，该书的形成并非一蹴而就："有一些连续性的草稿"，包括他放弃的一些手稿，还有就是一种方法上的大反转，"那只是一场游戏，因为我并不确定"。（DE#206 Ⅲ，312-313；P/K 210）最后，福柯是从最后一章开始第二本书的写作[②]，该章讨论了种族、国家、死亡的权力和管理生命的权力。这一章非常接近 1976 年 3 月 17 日《必须保卫社会》

---

① 1990 年 3 月 25 日与丹尼尔·德菲尔的访谈，引自詹姆斯·米勒（James Miller）：《福柯的生死爱欲》（*The Passion of Michel Foucault*），pp.240-241。

② 詹姆斯·米勒：《福柯的生死爱欲》（*The Passion of Michel Foucault*），p.241。

的最后一讲。在开始该章之后的 18 个月，福柯在某次课程中详细阐释了其主题，可以看出其论证更多是从历史的角度入手。[1]

在福柯的学术生涯中，包括在《疯狂史》中，很早就暗示有一个关于性史的计划。事实上，迪迪埃·埃里蓬（Didier Eribon）指出，福柯在 1965 年完成《事物的秩序》后，就告诉热拉尔·勒布伦（Gérard Lebruin），这是他下一步的计划："这几乎是不可能做的。人们将永远不能够发现那些档案。"[2] 福柯分别于 1964 年在克莱蒙特-费朗（Clermont-Ferrand）、1969 年在万塞纳（Vincennes）讲授了有关性史的课程（C 26/30；C34/41），他很明确地思考了呈现这一研究的可能方式（参见 DE#197 Ⅲ，229-230；P/K 184-185）。尽管如此，福柯要以一种能够用最终产品可被人们承认的形式来呈现材料，尚需十年的时间。它先是出现在 1975 年 5 月 8 日的伯克利讲座中——这是福柯首次访问伯克利，受利奥·贝尔萨尼（Leo Bersani）与法语系的邀请[3]，然后出现在同年 11 月 11 日在哥伦比亚大学举行的

46

---

[1]　最后一章的早期草稿或许可以解释施加勒（Stoler）关于福柯在课程中返回该书主题的观点；而不是按照最后手稿及其出版之前所讲授课程的精确编年顺序。参见《种族与欲望教育：福柯的〈性史〉与殖民地事物的秩序》（*Race and the Education of Desire：Foucault's History of Sexuality and the Colonial Order of Things*），Durham：Duke University Press，1995，pp.x，xi.。

[2]　引自迪迪埃·埃里蓬：《米歇尔·福柯传》（*Michel Foucault*），Paris：Flammarion，3d edn，2011，p.428；*Michel Foucault*，trans. Betsy Wing，London：Faber，1991，p.270；这之后法文与英文的引用以"/"来分开。

[3]　参见迪迪埃·埃里蓬：《米歇尔·福柯传》（*Michel Foucault*），p.503/311 及凯斯·甘达尔（Keith Gandal）、斯蒂芬·科特金（Stephen Kotkin）：《福柯在伯克利》（"Foucault in Berkeley"），*History of the Present*（《当下的历史》），1，1985：6，15。

"精神分裂文化"（Schizo-Culture）研讨会上几乎同样的论文中，很快又在圣保罗演讲了这一主题。[①] 福柯在演讲开始时说："我已经着手写一部书，它是我有关疯狂史著作的续篇。"他再次指出，他无法找到这种"性压抑的历史"的文献，但如今意识到，这"很可能只是因为这样的文献并不存在"，他的注意力需要放到别处：问题并不是没有文献，而是压抑假设是误判的。（FL 154）

该书 1976 年 12 月面世，以论战式的两章开头，突出了透过压抑路径进行解释所存在的问题。[②] 第一章利用了斯蒂芬·马库斯（Steven Marcus）的作品《另一类维多利亚时代的人》（*The Other Victorians*），该书考察的是 19 世纪英格兰的性态及色情

---

① 该文本没有任何已知的法文版，档案记录也不完整。这一出版的讲座是哥伦比亚版本，如今还有其他在该次活动中发表的论文：《我们并非受到压制》（"We are Not Repressed"），载于《精神分裂文化：1975 年事件》（*Schizo-Culture：The Event* 1975），eds. Sylvère Lotringer and David Morris，Los Angeles：Semiotext(e)，2013，pp. 144-160。该演讲是福柯用英语发表的，福柯在场。打印稿为《福柯论婴儿期性态》（"Michel Foucault on Infantile Sexuality"），Sylvère Lotringer Papers and Semiotext(e) Archive，Fales Library and Special Collections，New York University，MS 211，Series III，Box 24，Folder 19。两页丢失了并被重新输入（pp. 21-22）。这一版本的伯克利档案是对伯克利讲座的翻译与部分摘要，被标记为 "transcription and summary by Jacques Favaux（雅克·法沃记录、整理）；translation by John Leavitt（约翰·莱文翻译）"（BANC 90/136z 1：8，p. 23）。只包括讲座倒数第二部分的选段，以及由法沃对最后几页的概要。伯克利与纽约之间的差异是可忽略的——一个译本的注释被删除了；另一个打印上了又被删除掉。我很感激西尔韦尔·洛特兰热讲述这一文本如何发表的，这违背了福柯的愿望（私人书信，2015 年 5 月 10 日）。巴西讲座见：BANC CD 964，967-970。
② 对其当代的接受情况，参见让-弗朗索瓦·伯特（Jean-François Bert）：《米歇尔·福柯的〈求知意志〉：相关评论（1976-1979）》（*La Volonté de savoir de Michel Foucault：Regards Critiques 1976-1979*），Caen：Presses Universitaires de Caen/IMEC，2013。

文学。[①] 福柯这一章的标题是："我们是另一类维多利亚时代的人"或"我们是另类人，维多利亚时代的人"。这里的要点是，与维多利亚时代的人一样，尽管我们以为自己的性态受到限制和约束，但在实践上却是完全不同的。尤其是，在这一章和第二章（"压抑假设"），福柯挑战了在西方社会中性是受压制的观点。在某种程度上，这是威廉·赖希（Wilhelm Reich）也是赫伯特·马尔库塞（Herbert Marcuse）所持的观点（参见 DE#297 Ⅳ，198），把性压抑视为资本主义策略的一部分。[②] 另外一个目标是乔司·万·于塞（Jos van Ussel）1967 年一本有关性压抑历史的著作，它在 1972 年被译成法语。（参见 A 39/42；221/235-236；FL 154）[③] 福柯认为这种观念的特征是：

> 性态被小心地禁闭起来；它转到家庭内部，受到婚姻家庭的监护，完全被纳入严肃的繁衍后代的功能中。对于性的话题，人们一般都保持缄默。合法而又具有生育能力的夫妇去制定法律。（HS Ⅰ 9-10/3）

福柯对某种马克思主义生产方式观点的批判在开篇数页就做

---

① 斯蒂芬·马库斯：《另一类维多利亚时代的人：19 世纪中期英格兰性意识与色情文学研究》（*The Other Victorians：A Study of Sexuality and Pornography in Mid-Nineteenth-Century England*），New York：Basic Books，1966。

② 在这期间的访谈中，福柯认识到，压制在《疯狂史》中是隐含地使用的，他花了一些时间将自己从中摆脱出来（DE#192 III，148-149；P/K 118-119）。

③ 乔司·万·于塞：《性压制的历史》（*Histoire de la répression sexuelle*），Paris：Laffont，1972。福柯错误地将它引用为"van Hussel"。

了阐明。他自己的观点挑战的是"一个广泛被接受的论点",并"反对支撑它的全部经济与所有话语'利益'"。他的历史分析将提供"一种对于某些历史上的重要时刻和某些理论问题要点的图绘"(HS Ⅰ 16/8)。福柯认为,在其他各种论述中提出的问题需要在一个更为复杂的探讨中进行理解。"压抑假设"认为,"禁止、拒绝、审查、否认"是某个"宏大机制"的一部分;福柯想要把它们重新配置成"在话语实践、权力技术、求知意志中发挥局部作用和策略作用的部件,而这些部件是无法归结为它们的"(HS Ⅰ 21/12)。因此,福柯的目的是书写关于它们出现的历史解说,提出对于标准故事的各种质疑,这些质疑是"历史的……历史-理论的……历史-政治的"质疑。(HS Ⅰ 18/10;21-22/13)

福柯反对与资产阶级社会联系在一起的"性压抑时代"的说法,他的主要论点是,它们并未受到检查,也未被禁止讨论,恰恰相反,存在着"一种真正的话语爆炸"(HS Ⅰ 25/17)。这并不意味着,所有的事情都是按照同一种方式被言说出来,而是存在着福柯所谓的——以《知识考古学》中语言明确政治化的方式——一种对于陈述的管治,一种"约束性的经济学"(HS Ⅰ 26/18)。这种经济学是"关于语言和言说的政治学的一部分——它一方面是自发性的,另一方面它又是经过商定的——它伴随着古典时期的社会再分配"(HS Ⅰ 26/18)。在现代,"对性的管治"并没有"一种严格的禁令,而是存在透过有用的和公开的话语对性进行管控的必要性"(HS Ⅰ 35/25)。历史地看,"在权力运作的领域中"，有关性的特定话语不断增加（HSⅠ 26/18）；福柯提出的关键例子是"在特伦托会议之后天主教牧领与补赎圣礼的发展"（HSⅠ 27/18）。

在福柯的这部作品中，这是一个关键点，正如他所指出，即便在中世纪晚期教会出现了大动荡，并且"语言可能被净化，但坦白的范围不断扩大，肉体的坦白也持续增多"（HSⅠ 27/19）。反宗教改革运动是重要的例子。"'把性变成话语'的计划很早之前就在禁欲主义的修道传统中形成了。到 17 世纪，它成为每个人都要遵守的规则。"（HSⅠ 29/18）福柯还提到，"改革派的牧师也为把性转变成话语制定了规则，尽管是以一种更为谨慎的方式进行的。下一卷《肉体与身体》（*La Chair et le corps*）将会展开讨论这一观念"（HSⅠ 30 n.1/21 n.4）。因此，考虑到下一卷的承诺，本卷对该议题的讨论比较有限就可以理解了。但那本《肉体与身体》从来就未面世，因此我们需要基于讲座材料去分析福柯在这方面的思考。这些问题将会在本章稍后论及，并在第 5 章从不同的历史视角来探讨。

福柯发现，这种言说的冲动在回忆录以及文学作品中像在牧师禁令中一样多，这可以从萨德侯爵那里和一本名为《我的私密生活》的书（HSⅠ 31/21）中看到。[①]《我的私密生活》被马库斯称为"英国维多利亚时代这类作品中最重要的文献，但在他写

---

① 　《我的私密生活》（*My Secret Life*），Grove Press，2 vols.，1964（1890）。

作的年代，谈论它的人完全没有读过它"①。福柯认为，"这位匿名的英国人比他的女王更有资格作为现代性态史中的核心人物，现代性态史在很大程度上是与基督教牧领制度一起形成的"（HSⅠ32/23）。福柯这里提到的当然是维多利亚女王，但正是另一个吸引人的分析，表明了一个匿名人物如何再次取代了一位君主。关键在于，取代一种"对于性的审查"的，是"生产有关性的话语的装置，愈来愈多的话语，能够在它自身的经济中发挥作用，并产生效果……一种技术……一种政治的、经济的和技术的刺激，刺激人们去谈论性"（HSⅠ33/23）。然而，它并不是按照语言本身的生产与控制来发挥作用的。"对性的管治"不仅发生在话语中，而且存在于权力关系的领域中。这具有的意涵远远超越了对性的狭窄关注，即便性处于其核心处：

> 在18世纪，权力技术的重大革新之一就是出现了作为政治经济问题的"人口"现象：富裕人口、手工劳动者或者有劳动能力的人口，人口增长和人口所用资源之间的平衡。各个政府发现，它们对付的对象不是臣民，也不是"人民"，而是"人口"，以及它的特殊现象及其各种特定的变量：出生率与死亡率、预期寿命、生育率、健康状况、发病频率、饮食形式和居住模式。……性即处于这一有关人口的

---

① 斯蒂芬·马库斯：《另一类维多利亚时代的人：19世纪中期英格兰性意识与色情文学研究》（*The Other Victorians：A Study of Sexuality and Pornography in Mid-Nineteenth-Century England*），pp. 97，77；详细的讨论在第3章和第4章。

经济与政治问题的核心处，因此，就有必要去分析出生率、结婚年龄、合法生育与非法生育、性早熟与性关系的频率、提高生育率或者节育的方式、不婚生活的后果或禁令的影响、避孕措施的影响——人口统计学家所知道的这些众所周知的"重要秘方"，在大革命的前夕的乡间就已广为人知了。（HSⅠ35-36/25-26）

在此，福柯预示了随后的讲座课程中会详细讨论的一些主题，但他也把对性的管治同他在1976年初的课程中探讨的对种族的管治和种族主义联系起来。（HSⅠ37/26）然而，与前面的课程相比，福柯这里更倾向于讨论制度与实践而非个体的生活。

例如，以18世纪的中学为例。总的看来，人们会有这样一个印象，认为在这些机构中对性是难以启齿的。但只要看看学校的建筑设置（*dispositifs*）、各种纪律规则以及所有内部组织就够了：始终存在关于性的问题。建筑者清楚地认识到这一点。学校的组织者也一刻不停地考虑它。（HSⅠ39-40/27-28）①

福柯所讨论的重要例证是一个特定的个案，即夏尔·茹伊的

①　对于*dispositifs*罗伯特·赫里（Robert Hurley）这里用的是layout（布局）。福柯深化了他有关学校的例子，然后添加在医学中作为"性话语"的另一个例子（HSⅠ42-43/30-31）。

故事，之前在《不正常的人》中已进行过讨论（以及本书的第1章）。这本书与课程讲述相比，细节较少，并没有提及是否存在强奸的行为发生。福柯只是把这一事件描述为："在一个田野边，来自一个小姑娘的几次爱抚，这就像他之前做过的那样，他也看见身边的乡村顽童这样做过；在树林边，或者在通往圣尼格拉斯路旁的壕沟中，他们常常玩所谓'干酪奶'（curdled milk）的游戏。"（HS I 43/31）福柯的观点是，重要的是在如何处理这些事件时所发生的转变："这一切都无关紧要；这种每天发生在乡村生活中的性事，这些无关紧要的乡间乐事，从某个时间起，不仅成为集体不容忍的对象，也成为司法行动的对象、医学干预的对象、仔细的临床检查对象，也是全部理论解释的对象。"（HS I 44/31）不过，他这样做都可能忽视了涉及的相关他人。

福柯的部分观点是，尽管这许多有关性的讨论可以追溯到中世纪，但这里有一种转向。在中世纪，对于"肉体与补赎实践的主题"有一种"明显一致的"话语，但是此时这种话语激增，"在人口统计学、生物学、医学、精神病学、心理学、道德、教育学以及政治批判等领域出现了一种多样话语的爆炸"（HS I 53/38-39）。正是由于这种原因，一种张力仍然存在："现代社会的特点不是把性置于阴影之下，而是在强调性是**秘密**的同时一直热衷于谈论它。"（HS I 49/35）

焦点不再放在异性恋的、单一配偶的夫妻身上，他们"往往起着一种规范的作用，更为严格，可能也更为缄默"。相反，"受到监控的是儿童之性、疯人之性、罪犯之性，那些不

喜欢异性的人的性快感，幻想、迷恋、轻微狂躁或暴怒"（HS
Ⅰ53/38-39）。更早时期的人物如浪荡子（Libertine）被边缘化
了，而新人物诸如性倒错者（HSⅠ54/39）变得更重要。这一范　　　50
畴是非常特定的——福柯在他的讲座中已经讨论了这些个体的案
例——又可以加以拓展来容纳一个更大系列的想象。

> 这一小批人是从过去的浪荡子中产生的，尽管与之存
> 在某些亲缘关系，但并不相同。从18世纪末至今，他们游
> 走于社会的间隙；他们受到并非都是来自法律的追捕；常
> 常被关闭起来，但并不总是关在监狱之中；或许是病态的，
> 但却是耻辱的、危险的受害者，深为一种奇怪的罪恶所害，
> 这种罪恶有时被称为邪恶，有时叫作犯罪。他们是过分懂事
> 的儿童，是早熟的小女孩，是身份模糊的中学生，是可疑
> 的仆人或教师，是残忍的或狂躁的丈夫，是孤僻的收藏家，
> 也是莫名冲动的闲逛者；他们出没于惩戒委员会、教养院、
> 劳改农场、法院、疯人院；他们把自己的恶行告诉医生，把
> 病情告诉法官。这无数的倒错者们，与罪犯相近，与疯人相
> 似。在这个世纪中，他们不断地被贴上"道德癫狂"、"性
> 器神经症"、"遗传本能失常"、"变性"或者"心理失衡"
> 的标签。（HSⅠ55-56/40）

为了探讨这些问题，福柯以概要的形式勾勒了一系列较为特
定的问题：

· 古代针对近亲婚姻与通奸的禁令，何以会转变成对乱伦与儿童的"独处习惯"的现代医学处理；

· 一种"对边缘性态的新围猎……一种对各种倒错的合并以及一种对于个体的新说明"；

· 持续的观察与检查——一种"关于健康与病理的技术"；

· 19世纪空间与社会仪式所特有的"性渗透的装置"；

· 一种越出夫妻之外的性扩散，因此通过检查与处理，它"产生并固定了性的繁杂性"，表明现代社会是如何倒错的。（HS I 57-65/41-47）

在这样的过程中，福柯对某些性角色做了一些说明性的评论。他在第一卷中对两性人进行的评论是相当克制的，例如，我们可以看到这样的宣称，即"关于性的禁令本质上具有一种司法性质。这些禁令所依赖的这种'自然'也是一种法律。在很长时间里，两性人都是罪犯，或者罪犯的后代，这是因为他们在解剖学上的结构，甚至他们的存在本身，迷惑了区分性别与规定两性结合的法律"（HS I 52-53/38）。同样地，福柯有关同性恋的讨论是说明性的而不是综合性的：

鸡奸——古代民法或教会法中的鸡奸——是一种被禁止的行为；鸡奸者只是一种司法主体。19世纪的同性恋者成了一种人格：一种过去，一种历史，一个童年，一种性格，一种生活形式；还是一种形态，具有轻浮的体态和神秘的心

理。他所有一切都受到他的性态影响。……当同性恋从鸡奸
行为转变成一种内在的双性体、一种心灵上的雌雄同体时，
它便成为性态的诸多角色之一。过去鸡奸者是一种堕落；现
如今同性恋者也成为一类人。（HSⅠ 59/43）

从一种个体行为转向一种类型的描述，这种转变具有重要意
义。但福柯在这方面的主要观点是表明早期作品的错误。他坚持
这样的假设，即"关于一个性压制愈益强化的时代的假说必然会
被抛弃"。这有两个原因：发生了一场"各种异常性态的明显可
见的大爆炸"，也是因为"一种与法律非常不同的装置，即便它
还局部地依赖于各种禁止手段，但经由一种互联机制的网络保
证特定快感的不断增加，也保证了各种不同的性态不断变多"
（HSⅠ 67/49）。

福柯的问题构想围绕着两种知识形式展开。一种是关于繁衍
的生物学，"它依据一种普遍的科学规范而不断发展"；另一种
是性医学，它依赖于"另一种完全不同的构成规则"。（HSⅠ
73/54）二者都与本卷的名称"求知意志"的问题有关，也与真
理／真相问题相关：

因为，没有什么误解不是基于一种与真相的基本关系。
回避它，阻止接近它，遮蔽它：这些局部的策略如此之多，
让人觉得它们是叠加在一起的并在最后选择绕开，它们赋予
基本的认知诉求以一种矛盾形式。选择不去认知，也是求知

意志的一种特例。（HS I 73/54）

这场语言游戏是很重要的，它涉及知识/认识（*connaissance*）——误解的知识或失败的知识，涉及对知识（knowledge）的认知（recognize）以及求知（*savoir*），也与认识（know）有关。但求真意志也是如此，至少早在福柯第一次的巴黎课程中，这一点就已经为人所知了。

在这一卷中，这两种科学认知中的后一种，是用萨尔佩特里尔医院夏尔科的医学认知作为例证的。

> 这（指这所医院）是一部巨大的观察装置，可以进行检查、询问以及实验，但它也是一台煽情的机器，可以进行公开展示，在这里，拥有仪式性的危象表演剧场，用乙醚与硝酸戊酯精心准备，由对话、触诊、治疗手法和体态构成的游戏；医生用一个姿势或一句话激发或消除那些体态。在这里，存在着进行观察、组织、刺激、记录以及报告的科层人员，他们聚集成一个庞大的观察金字塔和档案金字塔。（HS I 74-75/55-56；参见 DE#206 III，319-320；P/K 218）

权力实践与认知程序之间的联系，以及它在《规训与惩罚》中所讨论的检查与观察中的运用，提供了若干具有启发性的说明。但我们现在知道，这一点以及相应的分析是在多大的程度上依赖《精神病学的权力》中对歇斯底里症更为详细的讨论，并且可以想象，在计划出版的这项议题的著作中会有怎样的内容。本章后面将会对此做出一些说明。歇斯底里症本身只是在已出版的第一卷中简要提及。（HS I 75 n.1/56 n.1；201-202/153）

　　生物学与医学共同建构了一门性科学（*scientia sexualis*），福柯把它与性爱艺术（*ars erotica*）进行了对比，后者可见之于"中国、日本、印度、罗马以及阿拉伯-伊斯兰世界"（HS I 76/57）。这是一个非常大胆的——也正像他后来意识到的——却也是无法证实的主张，即"在历史上有两大产生性真相的程序"（HS I 76/57）。① 下面这种最初被福柯置于西方传统之外的现象，在他晚期有关古希腊的作品中可以发现：

　　　　在性爱艺术中，真相源自快感本身，而快感被理解为一种实践，也积累成一种经验，理解快感不是依据一种允许与禁止的绝对法律，也不是以实用性为标准，而首先是就快感本身而言；按照其程度、特别的质量、持久的时间以及在身心上的反射来认识快感。此外，这种知识也必须逐渐返回到性实践本身之中，以便从内部产生作用，并放大其效应。（HS I 77/57）

　　性科学则被描述为"唯一在数个世纪发展了讲述性真相的文明"的产物。这些"带来了一种权力-知识形式，它与性启蒙艺

53

———————

① 　参见 DE#216 III，411-412，其中有对佛教和其他非西方传统中坦白观念的一些简要思考。

术和性秘术完全不同：这就是坦白"（HS Ⅰ 178/58）。因此，这是普遍的宣称：某种称为"性态"（sexuality）的东西的出现是"与缓慢发展的话语实践相关的，这种话语实践便是性科学"（HS Ⅰ 91/68）。

因此，这是福柯在这项工作中想要探讨的重要议题之一。"让我们提出一个这项研究工作的一般性假说。在 18 世纪出现的社会——我们喜欢称之为资产阶级社会、资本主义社会或者工业社会——并没有以一种在根本上拒绝承认的态度来面对性的问题。相反，它用一整套机制来生产有关性的真相话语"（HS Ⅰ 92/69）。这其中存在一整套的程序与实践。在该章结尾处，福柯认为，性爱艺术并没有因性科学的出现而完全消失，也不是完全地与科学本身格格不入。福柯所举的两个例子是着魔与出神，二者在《不正常的人》中都已经得到讨论。（HS Ⅰ 94-95/70）但总的来看，他认为，代替这种压抑分析的是，我们应当探讨"一个有关话语、知识、快感以及权力的微妙网络"（HS Ⅰ 96/72）。

性态的装置

为了对此进行探讨，福柯引入了第一卷中最重要的概念创新，即 *dispositif*（**装置**）的概念，它引发了诸多的混淆与争执。既有的英文翻译对此也基本上没有什么帮助，大多将它译成"部署"（deployment），也有的译成"机器"（apparatus）、"展布"（layout）、"设置"（device）、"构念"（construct）以及"组织"（organization）。该词在此前的课程讲座以及《规训与惩罚》中有一些重要的用法，但到这里，它已经承担了一种更为重要的角色。它不再只是一种机器或机制，而是替代了更早时期的**知识型**（*episteme*），即一种形成知识的规则集合，它如今包含了权力、实践以及行动之间的关系。正如福柯从知识的研究转向了权力–知识，因此，也从知识型转向了**装置**（*dispositif*）。因此，性态装置决定着我们如何思考性（HS I 205-206/155；参见207-208/156-157）；它提供一种语境、框架甚或说一种结构，个体的行为实例、知识片段以及抵抗行为在这里面找到自身的位置与意义。福柯对此最好的描述来自该书出版之后不久的一次访谈：

> 我试图用这一术语来描绘的，首先是一种完全异质性的组合，其中包括话语，制度，建筑形式，管理决策，法律，行政措施，科学陈述（*énoncés*），哲学的、道德的以及慈善的命题——简言之，大量说出来的和未说出来的。这些都是装置的要素。装置本身是一种能够在这些要素之间建立起来的关系体系……我所说的装置是知识型（更一般的情形），然而就其一般形式而言，装置既是话语性的，也是非话语性的，其要素非常具有异质性。（DE#206 III，299，300-301；P/K 194，197）

54

该书的第4章，题目是"性态装置"（the *dispositif* of Sexuality），分为四节，其中有一些重要的讨论。福柯提供了一份凝练的历史叙述，一些重要的方法规则，一些与其对权力的理解有关的重要说明以及一个他如何在此后开展研究的纲要。福柯指出，他会"提出某些有关目标、方法、考察领域以及暂时能够被接受的分期的一般性设想"（HS I 105/80）。因此，若不旁征博引相关文献，就难能公正地说明这些见解的丰富多彩之处。

相反，本节将试图概述一些最重要的论断。首先，来看看目标。福柯想要概述的是一种权力分析，而不是一种权力理论（HS I 109/82），然后将其付诸具体的研究。但要做到这一点，他就需要摆脱在理解权力时常见的法律话语中的几个要素，即：

1. 否定的关系
2. 对规则的坚持
3. 禁忌的循环
4. 审查的逻辑
5. 其装置的划一性（HS I 110-112/83-85）

他认为，权力的形成出现在一个特定的历史时刻，但我们今天已经走出了那种局势。福柯对这种过渡提出了一种简要的历史论证，认为"中世纪发展起来的那些庞大的权力制度——君主政体与国家及其机构"，是建立在先前存在的庞杂权力的基础上，但同时又反对这些庞杂的权力。这很大程度上基于《刑事理论与刑事制度》中探讨的主题。这里引人注意的是，福柯所谈论的很多都是中世纪晚期，或者我们可以称之为近代早期。

55

> 但这就是权力的语言，这就是它对自身的呈现，而且，在中世纪建构的或者说根据罗马法重构的一整套公法理论，都见证了这一点。法律不只是一种被君主灵活使用的武器，它也是君主制度的表现方式和可以被人接受的形式。在中世纪之后的西方社会，权力的行使一直在法律上有明确的表达。（HS I 115/87）

罗马法的使用直接将此追溯至不早于 12 世纪，或许是 14 世纪。福柯提到一种可以追溯到 18 世纪和 19 世纪——也就是法国大革命时期的传统，它批评绝对主义的权力观，在此也是该书仅有的一次提到布兰维里耶。但"旧制度"（acien régime）并不是一种中世纪的君主制。它是一种绝对主义的现代君主制，真正建立起来是在 17 世纪，事实上福柯称之为"绝对君主制的权力"（HS I 115/87）。正是在这里，促使福柯写下最经常为人引用的一段话：

> 从根本上看，尽管时代与目标都存在差异，但权力的呈现仍然受到君主制的纠缠。在政治思想与政治分析中，我们仍然未能砍掉国王的头颅。（HS I 117/88–89；参见 DE#192 Ⅲ，150；EW Ⅲ，122）

换言之，我们需要打破法律与君主（主权）模式来理解现代权力的运作机制。（HS I 118-119/90）棘手之处在于如何审查性，似乎权力是通过压制来接近和塑造性。"通过什么机制、策略或设置呢？"（HS I 119/90）为了区分，福柯提出还有一种关于性的"技术"，它比纯粹的禁止更为复杂，也更为积极："既不通过法律来思考性，也不通过国王来思考权力。"（HS I 120/91）

在这一章的第二节，福柯利用了年初讲座课程中提出的分析，但没有使用他在那里所提供的历史背景："因此，我们是否应该把这个公式颠倒过来，说政治是通过其他手段进行的战争。"（HS I 123/93）然后他提出了几个关于权力的重要命题，这些命题后来在社会科学的研究中已经习以为常，因为人们很难认识到在四十年前它们被提出来时所面临的挑战。权力不是被占有的而是被运用的；在其他关系中，权力关系是内在就有的，而不是外在性的；权力来自下层；"权力关系既是意向性的，也是非主观性的"（HS I 123-124/94）；以及"哪里有权力，哪里就有抵抗，然而，或更确切地说，抵抗从不在权力之外"（HS I 125-126/95）。已出现了一整个行业在理解和运用这些洞见，但是福柯自己的表述仍然是最好的导引。

福柯认为，有需要遵循的四种规则，可以把它们理解成"注意事项"，而不是"方法律令"。（HS I 129/98）

1. 内在性规则——"在知识技术与权力策略之间，不存在外在性"，二者结合成权力－知识（HS I 130/98）；

2．持续生变规则——不是谁拥有权力，谁被剥夺了权力，也不是谁有认识的权利，谁没有，"权力－知识的关系并不是静态的分配形式，它们是各种'转换的矩阵'"（HS I 131/99）；

3．双重调节规则——行动之间的关系："人们必须思考战略与战术的双重调节作用，一方面战略通过可能的特殊策略来调节，另一方面策略通过使它们发挥作用的总体战略来调节"（HS I 132/99-100）；

4．话语多价性规则——不是一种简单的关系，不是一致的或稳定不变的关系，"话语传达并生产权力；话语增强权力，但也破坏权力和暴露权力，使之变得脆弱，也有可能阻碍它"（HS I 133/100-101）。

这一年的下半年，基于从马克思那里获得的洞见，福柯在巴西的一次讲座中宣称："如果我们想要分析权力，我们就不应一般地谈论权力，而是应当讨论各种权力，并努力把它们置入它们特定的历史与空间之中……社会是各种不同权力的群岛。"（DE#297 IV，187；SKP 156）在第四章第三节中，福柯开始更详细地论述这些命题与概要如何会在该卷以及随后预计的研究中付诸实践。他认为，"我们可以区分出自18世纪以来的四种重大的战略套路，它们发展了与性有关的知识与权力的特定架构"（HS I 137/103）。

1．女人身体的歇斯底里症化；

2．儿童性的教育学化；

3．生育行为的社会化；

4．倒错快感的精神病学化。（HSⅠ137-138/104-105）

这四种套路是非常重要的，因为在计划中有关坦白的这一卷之后，它们将成为《性史》计划中其余各卷的重点。正如福柯所加以解释的：

> 在整个 19 世纪，人们对性的关注不断强化，从中浮现了四种形象，他们是知识优先关注的对象，也是知识探索的目标与锚固点：歇斯底里症的妇女、手淫的儿童、马尔萨斯式的夫妇以及性倒错的成人。他们分别对应了那些以各自方式介入并利用妇女、儿童与男人的性的战略。（HSⅠ139/105）

对福柯来说，关键在于，性态并非一直存在的东西，也不是被管理、控制或认识的东西，而是**被生产出来的东西**。权力并不试图去支配它；知识也不试图去揭露或掀开它。

> 性态……是对一种历史装置的命名：它不是藏在下面、难以把握的现实，而是一个巨大的表面网络，其中，身体刺激、快感增强、话语煽情、知识建构以及控制与抵抗的强化，彼此联系，与知识和权力的若干主要战略相互连接。

（HS I 139/105－106）

这种装置并不是唯一的，因为在它之前存在联姻的装置，这
种联姻装置是与这些问题相关的不同模式。但这不是简单地用性
装置来取代联姻装置，而是说性装置是围绕着它形成的，"补赎
实践，然后是良知审查实践和精神指引实践"是"（性态）构成
的核心要素"（HS I 141－142/107）。成为问题的是"肉体"："身
体，感觉，快感的性质，最隐秘的色欲（concupiscence）活动，
微妙的乐趣形式或默认形式。"（HS I 142/108）坦白及其与肉
体和身体的关系问题下面将会进行讨论，但这是一项关键性的论
断："'性态'是生产出来的，它从一种原本专注于联姻的权力
技术中产生出来。"（HS I 142/108）所有这些重要的形象在此
时出现了，其中一些福柯已经在早期课程讲座中进行了讨论，有
些则打算在随后的各卷中进行讨论：

> 于是，这些新的角色出现了：神经质的妇女，性冷淡　　58
> 的妻子，冷漠的甚至怀有凶杀执念的母亲，那些性无能、施
> 虐、变态的丈夫，患歇斯底里症的或神经衰弱症的少女，
> 早熟而早衰的儿童，以及拒绝结婚或冷落妻子的同性恋青
> 年。这些组合性的人物形象在变质婚姻与反常之性态共同作
> 用下出现，它们纳入了后者令人不安的因素，但它们也为
> 联姻体系提供机会去主张其在性态秩序中的特权。（HS I
> 146/110－111）

但在他转向这些不同的个体之前，福柯心中有一个重要的计划："这种性态装置的整体历史中的一个基本点。"它"是与古代基督教'肉体'技术一起产生的，依赖的是联姻体系以及管理它的规则；但今天它起着一种相反的作用，倾向于支撑古老的联姻装置"。因此，这两种装置——联姻与性态——之间的关系需要加以讨论。这一研究的对象是基督教牧领制度，其中，它们相对的地位被翻转了："在基督教牧领制度中，联姻法则规范了正在被发现的肉体，一开始就把它强行纳入一个司法框架之中；随着心理分析的出现，性态通过让身体与生活充满欲望而把它们交给联姻规则。"（HS I 149-150/113）

该章最后一节阐释了分期，指出了一些重要的历史转折点与断裂点。福柯概述了这个可能的经济学故事（HS I 150-151/114），但强调了他认为更重要的其他事件——尤其是中世纪基督教的遗产，也包括教育学、医学以及人口统计学：

> 我们必须试着追溯这些过程的年代表：各种发明，手段的变化，以及（对先前技术的）革新……使用它们的时间，它们传播以及它们产生影响（服从与抵抗）的年代表。毫无疑问，这些多样化的日期与我们通常确定在 17 世纪到 20 世纪的大压抑周期不相吻合……［其形成节点］应当在中世纪基督教的悔罪实践中寻找，在拉特兰会议以及 16 世纪以降获得长足发展的禁欲主义、精神训练以及神秘主义对要求信徒进行的强制性的、毫无保留的、定期的告解中寻找。

先是宗教改革然后是特伦托会议形成的天主教教义，标志着　59
所谓的"传统肉体技术"中发生的一种重要的变化与断裂。
（HSⅠ152-153/115-116；参见 158/119）

福柯概述的两种装置，存在一种不平衡的运用，由此对于性
压抑有助于发挥劳动潜能的观点再次提出一种挑战。这些装置的
应用主要不是针对年轻的成年男人，也不是针对劳动阶级。（HS
Ⅰ159/120）福柯指出工人阶级一度能够躲开性态装置，尽管无
法摆脱联姻装置。（HSⅠ160/121）问题的关键并不是统治阶级
把性态装置强加给工人阶级："相反，在我看来，他们首先试图
强加给自身。"（HSⅠ162/122）

死亡权利与生命权力

该卷的最后一章非常接近于《必须保卫社会》的最后一讲，
二者之间的主题是重叠的。这在本书第 2 章中进行了分析：这里
的讨论只关注后续论述和补充的问题。然而，依据课程来看，这
最后一章将揭示一个更大的论点，并提供支持有关种族论的证据。
福柯认为，凌驾于个体生命之上的君主权力，其象征就是剑，当
然也是一种古老的权利，源于罗马人的父权（*partia potestas*）（HS
Ⅰ177/135）；到霍布斯等人把它置于契约基础之上时，它就已
经陷入一种受限制和被缩减的形式。在现代权力中，国家试图
透过控制生与死来保卫这个社会体。（HSⅠ178-179/135-136）

实际上，福柯认为，"再也没有比 19 世纪以来的战争更血腥的了，同样，以前的政权也从未有过对自己的人民进行如此规模的大屠杀"（HS Ⅰ 179/136-137）。这在某种程度上是因为测量与管理的使用，一种政治上的与数学上的控制，它被运用在两个方面：身体的解剖政治学与人口的生命政治学。（HS Ⅰ 183/139；DE#297 Ⅳ，193-194；SKP 161-162）本卷中对于生命政治的讨论非常多地受惠于这些早期的讲座；这个打开的人口问题将占用他数年时间。正如福柯在 1976 年 12 月 1 日的讲座中所指出的，人口并不只是"许多人的一种集合，而是活生生的人的集合，被各种过程与生物规律所贯穿、命令与统治。人口有出生率、死亡率，人口也有年龄曲线、代际金字塔、预期寿命、健康状况，人口可能会灭绝，或者相反在增长"（DE#297 Ⅳ，193；SKP 161）。

在同一时期，福柯对雅克·吕费耶（Jacques Ruffié）的《从生物学到文化》（De la biologie à la culture）①进行了评述，题目是《生命史与生命政治学》（Bio-historie et bio politique），福柯认为，吕费耶是"新体质人类学的最杰出代表之一"（DE#179 Ⅲ，96）。福柯从吕费耶那里得出的一个结论是："尽管种属不是用一个原型而是用多样变化的集合体来定义的，但对生物学者而言，种族是一个统计学的概念——一种'人口'。"（DE#179 Ⅲ，96）总之，吕费耶的著作不仅支持了福柯自 1974

---

① 雅克·吕费耶：《从生物学到文化》（De la biologie à la culture），Paris：Flammarion，2 vols.，1976。

年提出的生命政治学，也有助于福柯的一项生命史计划，这种
历史"不再是随着时间发展的有关人类物种的统一的神话史"
（DE#179 Ⅲ，97）。

正如课程讲座所阐明的，性态问题在福柯看来在政治上极其
重要的原因在于，就像医学一样，它被置于身体与人口的交叉
点上；也处于规训与管理的交叉点上。（DE#192 Ⅲ，153；P/K
125；HS Ⅰ 191-192/145；SMBD 224/251-252）"性既是进入身
体生命的途径，也是进入物种生命的途径。"（HS Ⅰ 192/146）
这里的例子是反对手淫与乱伦的运动，它使得权力渗透进家庭心
脏之中。（A 219-256/231-271）很明显，他利用了此前一年讲
授的课程，他认为，"自法国大革命之后世界上的成文宪法，制
定与修订的法典，所有这些持续不断的嘈杂的立法活动不应该给
我们造成错觉：它们其实是让这一本质上推行规范化的权力能广
被接受的形式"（HS Ⅰ 190/144）。在这里，福柯把他有关规训
的研究与他有关战争的研究明确地联系在一起，并指向未来有关
治理术、人口管理的研究：

> 战争不再以必须要保卫君主的名义进行；它们是以所有
> 人的生存的名义进行的；于是有人以所有人生存需要的名义
> 而煽动全体居民相互残杀。大屠杀已变得生死攸关。作为生
> 与死的管理者，也是身体与种族的管理者，如此多的政体发
> 动了如此之多的战争，致使如此之多的人遭到杀戮……生存
> 问题不再是主权、司法的事情，而是人口、生物学的问题。

> 如果种族灭绝真的是现代权力的梦想，这不是因为古老的
> 杀人权力在今天的回潮，而是因为权力被置于生命、人种、
> 种族以及大规模人口现象的层次上，并在这里得以行使。(HS
> Ⅰ180/137)

61　　福柯认为，这种转变的有趣之处在于，可以称之为一种从多血质（sanguinity）向性态的转变，之所以说是多血质的，是因为它有一种工具性的角色（流血）和一种象征性的角色（净化血统，区分血统）；转向性态，是因为权力机制被指向身体、生活。种族主题在两个方面都有体现，但却是以不同的方式。（HS Ⅰ194/147）我们已经从**一种血的符号学**转向**一种性态的分析学**。这样就形成了一种对比："我们发现，如果说在法律、死亡、犯罪、符号以及君权（主权）的左右还有某种东西，那就是血；而性态则是在规范、知识、生命、意义、规训与规则那一边。"（HS Ⅰ195/148；亦参见 DE#179 Ⅲ 96）现代的、生物学化的、与国家相联系的种族主义之所以形成，是因为"在身体、行为、健康以及日常生活层面"进行的一系列干预程序，"从保护血的纯洁性和确保种族获胜的神秘关注中找到自己的特色与理由"（HS Ⅰ197/149）。福柯在1977年的一次访谈中宣称，该卷的最后一章在文献中经常被忽略，这种情况持续了一段时间，直到讲座课程发表后，才得以在部分程度上纠正。福柯认为，尽管这一卷篇幅不大，但他怀疑人们会不会读到最后一章。他补充道："不管怎样，它是本卷的基础。"（DE#206 Ⅲ，

323；P/K 222）尽管最后一章作为该卷的结论比不上该讲座作为该课程的结论那么合逻辑，但这或许有助于解释这种忽略。[①]

正是在该章结尾处，福柯把它与该卷的核心概念创新联系在了一起：

> 我们不应当把性态（sexuality）的历史归诸性（sex）的能动性；相反，是要说明"性"（sex）在历史上是如何从属于性态的。我们不应当把性置于实在的一边，也不应当把性态放到混乱的观念与幻想一边；性态是一种非常现实的历史形象；正是它引发出了作为其运作必不可少的思辨要素——性的观念。我们不要认为，对性说是，就是对权力说不；相反，我们遵循的是性态的一般装置所设定的路线。如果我们想要通过各种性态机制的策略性逆转，用身体、快感以及知识的多样性与抵抗的可能性来反对权力的控制，我们就必须摆脱这种性的权威。反对性态装置的支撑点不应当是性欲望，而应当是身体与快感。（HS I 207-208/157）[②]

[①] 安·劳拉·斯托勒提出了一个类似的要点，参见《种族与欲望教育：福柯的〈性史〉与殖民地事物的秩序》（*Race and the Education of Desire：Foucault's History of Sexuality and the Colonial Order of Things*），pp. 91-92。

[②] 对于欲望和快感之间关系有助益的说明，参见《同性恋知识》（"Le gay savoir"），该文载于 让·勒比图（Jean le Bitoux）：《同性恋问题访谈》（*Entretiens sur la question gay*），Béziers：H&O，2005，pp.45-72。

在这里，福柯正在打开他未来诸多研究的大门。很明显，
风险是很高的，事情也是具有欺骗性的："这种装置的反讽之处
在于：它让我们相信它那里有我们的'解放'。"（HS I 211/159）

未来几卷

尽管福柯在他讲座中已经汇集许多从档案中获得的例子，但
第一卷却很少提及具体的个人，而且与文献研究方法也背道而驰。
这些材料似乎是为未来几卷准备的。相反，我们看到的是对于既
有解释的批评，若干方法上的与理论上的说明，某些相当简要的
历史概括。有必要说明的是，该卷的写作方式采用的是与其他作
品相当不同的风格。福柯提供了许多有关未来研究的方针、说明
以及框架，而不是像在其他主要作品中那样信心十足地做出论断。
他在 1979 年的一次访谈中宣称："第一卷不是阐述一个理论。
它是一系列假设、方法，或者如果你喜欢，是未来分析的游戏规
则。"① 除《知识考古学》外，福柯在该卷中对他正在采用的研
究方法的讨论比在其他作品中更为明确，更少历史具体性，还开
了很多的期票（promissory notes）。

当然，这些说明中最重要的一点是，这是六卷本中的第一卷。
正如前文所提到的，该卷本身包含了未来几卷的若干提示，但在

---

① 弗兰克·摩尔特（Frank Mort）、罗伊·彼得斯（Roy Peters）：《福柯忆往：
米歇尔·福柯访谈》（"Foucault Recalled：Interview with Michel Foucault"），
New Formations，pp.9–22，12。

它出版之前的一个月，具体点说，是在 1976 年 11 月 5 日，《世界报》（*Le monde*）便已为"米歇尔·福柯的六卷本"刊登了广告。[①] 在一篇文章中，福柯提供了今后作品的概要：

> 我的计划是追溯"性科学"的谱系学⋯⋯从基督教的肉体问题开始，我将探讨产生有关性真相话语的所有机制，探讨围绕这种机制而组织起来的一种快感与权力的混合体制。鉴于不可能全面探讨它产生的原因，我将会分别研究它的一些最重要的策略：关于儿童，关于妇女，关于性倒错，关于生育控制⋯⋯我希望这部"性科学"碎片化的历史同样具有像权力分析框架那样的价值。（DE#181 Ⅲ，104-106）

福柯这里不仅明确指出该卷的基本主题——性和真理/真相与权力之间的关系问题，也列出了以后各卷的特定议题。该卷最初几版在封底上已经列出了未来几卷的书名：

1.《求知意志》（*La Volonté de savoir*）

2.《肉体与身体》（*La Chair et le corps*）

3.《儿童十字军》（*La Croisade des enfants*）

4.《妇女、母亲与歇斯底里症》（*La Femme，La mère et l'hystérique*）

[①]　戴维·梅西（David Macey）：《福柯》（*Michel Foucault*），London：Reaktion Books，2004，p.116。

5.《性倒错》（*Les Pervers*）

6.《人口与种族》（*Populations et races*）

福柯在第一卷的论述过程中也明确地交代了这项计划：

> 因此，在本卷之后的各种不同研究中，我们必须去分析
> 的是性态装置。它基于基督教的肉体观念而形成，它借由发
> 展的四大战略是在 19 世纪展开的：儿童的性化、妇女的歇
> 斯底里症化、对性倒错者的界定及对人口的管理——所有这
> 些战略都通过家庭进行，我们不应当将其视为一种禁止力量，
> 而应视为一种性化的主要因素。（HS I 150/113-114）

正如他在几页之后所勾勒的，某些有关性的新技术的科学知
识模型的发展有着特定的目标：与"儿童之性"有关的教学法，
"针对女性的性生理学"的医学，关于"自发的或计划的生育控
制"的人口统计学（HS I 154/116），以及性倒错的医学与优生学
计划（HS I 156/118）。因此，未来的几卷与科学知识模式以及权
力运作模式相关。最初计划的更专题化的方法在第一卷的分析中
获得依据。正如该章（指《性史》第一卷第四章）所表明的那样，
福柯认为基督教告解实践对于理解精神分析之诞生与性态话语之
出现至关重要，他已打算去分析后者把肉体与身体迥然分开的理
解。同样，性态的四个构成主体是手淫的儿童、歇斯底里症的妇
女、性倒错的成人以及马尔萨斯式的夫妇。这些是余下各卷的议

题。它们表明，福柯最初的计划是以每年出版一卷的频率出版六卷本的系列；[①] 尽管迪迪埃·埃里蓬认为，它们甚至会以更快的节奏出版：每三个月一卷——"续卷……被设定好了，档案也准备好了。在他的桌子上，有大量针对计划中各卷的文档，待以时机进行最后的加工，福柯此时的文章——优美、精确，构思也是一丝不苟地进行——将利用内部的资料来美化它。首先，福柯的手稿几乎都是难以辨认的手写体，布满附注与画掉的字。"[②]

前面章节中对那些讲座的分析已然表明，这时福柯对勾勒的后续的几卷已做了大量的工作，完工程度各有不同。我们阅读从早期到 20 世纪 70 年代中期的讲座课程的一种方式是，将其可以看作原计划各卷内容的全面论述的可见部分。一些以手稿的形式存在；另一些则是笔记"卷宗"、案例文档以及成文章节。《不正常的人》的编者马尔凯蒂（Marchetti）与萨洛莫尼（Salomoni）认为，"我们称为'卷宗'的是由米歇尔·福柯分类并由丹尼尔·德菲尔所保留的笔记集"[③]。德菲尔认为，福柯在这些文档中将会做笔记并按主题进行归档，而不是按照编年体的方式进行。[④] 一些课程讲座明确地利用了这些材料。在《不正常的人》课程讲座中尤其如此。正如编者们所言，该课程"不仅提供了对于这些卷宗与手稿的一种非常清晰的线索，而且容许我们去重构被遗漏的

---

① 参见戴维·梅西：《福柯的生活》（*The Lives of Michel Foucault*），New York：Vintage Books，1995，p.353。

② 迪迪埃·埃里蓬：《米歇尔·福柯传》（*Michel Foucault*），pp. 437/274–275。

③ 见 A 317 n.*/334 n.*。

④ 2015 年 4 月 12 日与德菲尔的访谈。

东西"①。计划中有关坦白的第二卷是全部讨论中最为重要的一卷，本章下一部分将会详细地进行讨论。事实上，直到去世之前，福柯还在不停地思考与谋划一部与预告的这一卷密切相关的著作。

第三卷到第六卷的材料情况的线索则各不相同。当然，《儿童十字军》可能已经运用了《精神病学的权力》与《不正常的人》中的大量分析。前者更广泛地探讨了童年与精神病学的问题；后者主要关注反对手淫的运动。除了这些可能使用的材料有迹可循外，其余的我们知之甚少。马尔凯蒂与萨洛莫尼指出福柯建立的一个有关手淫（onanism）的卷宗，这促成了他在《不正常的人》与《性史》第一卷中的工作，但他们认为，这一分析在讲座课程与该卷中"似乎都是相当有限的"②。他们尤其认为，这一陈述"主要依赖于（有时缺少必要的核对）1835 年利奥波德·德朗德（Léopold Deslandes）的《论手淫》（Onanisme）"③。此外，1982 年有关《密札》的著作中的一些材料谈论了父母与子女的关系。（DF 157–173；参见第 8 章）

在福柯的讲座中，很少有可能用于《妇女、母亲与歇斯底里症》的细节材料。福柯经常因在作品中缺乏对女性的关注而受到批评，在实际出版的几卷《性史》中，几乎完全没有讨论到女性，当然，对古代婚姻的探讨属于例外。尽管他的课程绝没有替代这样一卷或完全回应这些批评，但它们对福柯有关该主题的思考提

65

---

① 见 A 317/333。

② 见 A 322/338。

③ 见 A 322/338。

供了某些线索。我们在第一章讨论过，在《精神病学的权力》中有关歇斯底里症的讨论，但并没有太多超出对这一女性问题的关注，除了一些分散的有关家庭的论述外，很少有探讨母亲的内容。很有可能的是，福柯将在这样一卷中详解他有关卖淫的简要论述。在德菲尔看来，福柯在1975年1月研究了萨尔佩特里尔医院的夏尔科档案，这大约是在他《精神病学的权力》讲座课程有关歇斯底里症的演讲一年之后，在《性史》第一卷出版大约两年之前。（C 45/57）这似乎表明，他对计划的第四卷已经预想了更为具体的处理方式。1975年的讲座课程从1月6日开始，关注的是一种更为特定的主题，即"对于刑罚事务中精神病专业知识转变的分析，从犯罪畸形的主要案例（主要是昂丽埃特·科尔尼耶的案例）到'不正常的'犯罪者的诊断上"（A 311/329）。诸如昂丽埃特·科尔尼耶这样的犯罪个体的案例，似乎会出现在该卷而不是下一卷，但这至少是可以想象的。

福柯有很多材料可以用来写作《性倒错》。马尔凯蒂与萨洛莫尼讨论了福柯正在汇编的一个有关"畸形人"（the human monster）的卷宗，认为这可以分成三个主题：关于"司法 – 自然上的与司法 – 生物学上的畸形人"、"道德畸形人"以及"犯罪精神病学的首批畸形人"[1]。《不正常的人》大部分内容应当会在有关性倒错的那一卷中找到归宿，很明显福柯有大量的材料可以使用。起初，有关两性人的材料似乎很可能出现在这一卷中，但福柯后来设想了另一卷来处理这一议题。1978年，在《艾尔

---

[1] 见 A 320–322/336–338。

库里娜·巴尔班》这部回忆录的编辑说明中，福柯谈及"像她这样的奇怪命运的问题，尤其从 16 世纪以来已经在医学与法律上引发了许多问题，将会在《性史》有关两性人的那一卷中进行处理"（HB 131/119）。马尔凯蒂与萨洛莫尼指出，在福柯的文稿中有一篇有关两性人的手稿，它原本"似乎是有关畸形人卷宗的延伸。然而，它不久就独立成篇了"[1]。他们认为，勒玛尔西斯与格朗让的案例（在《不正常的人》和本书第 1 章进行了讨论）"来源于保存在一箱文件中的许多资料、文献以及录音转换文本，这些是我们可能查阅到的……它们明确地表明一个文本选集的出版计划"[2]。《艾尔库里娜·巴尔班》这部回忆录并没有提供像皮埃尔·里维耶汇编那样的"详尽文献"。HB（131/119）之所以如此，恰恰是因为福柯设想撰写这么一卷，但这一卷从未出现，这一事实让这种缺乏更令人遗憾。

在来年的一次讲座中福柯返回到这些例子，这次讲座后来被重编成这部回忆录的英译本导言，在 1980 年出版。[3] 该导言宣称，现代西方社会已决定每个人都需要单一的真实的性别。福柯认为，这一观念是与"事物的秩序"相冲突的，"在这种秩序中，我们可能认为最为重要的是身体的事实与快感的强度"（DE#287 IV，116；HB viii）。福柯认为，事实上，对医学与法律的研究表明，这种单一性并不总是符合实际情况，也并不总是存在这种要求。

---

① 见 A 324/339。

② 见 A 325/340。

③ 在 DE（#287）中的版本属于后来的法语版，它包括另外一些句子，用异体字进行了标明。

同一时期在意大利发表的一次访谈中，福柯提示，现在"在解剖学的性别、司法的性别以及社会的性别之间存在严格的一致性"。这些性别必须符合并归入这两种范畴之中，福柯认为，在19世纪之前，在这些理解之间存在一个"相当大的移动边界"（DE#237 Ⅲ，624）。福柯并不认为，过去的情况是完美的，他也提到了有些人被处决，但两性人在社会中采取何种角色似乎有更多的选择因素。对于性别的选择原本是由父亲或教父所做出的，但这种选择也会由本人在结婚时再次做出。这种选择决定了一个人的世俗地位 / 状态。对此的限制是这样一种律令，即不能不做一种选择。这样做面临着被贴上鸡奸者标签的风险。福柯认为，由于"关于性态的生物学理论，法律上的个体观念以及现代国家行政控制的形式"，这由此转向一种对于"真正"性别的现代定位。（DE#287 Ⅵ，116；HB ⅷ）

　　一本有关两性人的选集的角色发生了变化，从《性倒错》的一部分或它的资料来源变成了新添加的一卷，在1979年它又再次被提到，将作为第三卷置于有关坦白的那一卷之后。[①] 从可见到的材料来看，无论是其原初形式还是修改的形式，《性倒错》都可能是一本伟大的著作。已经有了一些非常令人着迷的文献资料，而且福柯已经持续在这一领域耕耘，他毫无疑问将以一种更有风格的方式呈现它，并揭示更深层的故事。米勒宣称，"至少有一个人拥有有关性倒错这一卷的部分手稿……但他没有给我　　67

---

① 弗兰克·摩尔特、罗伊·彼得斯：《福柯忆往：米歇尔·福柯访谈》（"Foucault Recalled：Interview with Michel Foucault"），*New Formations*，p.12。

看，理由很正当：福柯明确地要求他承诺永远不给任何人看"①。然而，另一个关于《性倒错》情况的不同说法来自阿诺德·I. 戴维森，他在 1976 年与福柯探讨了这一议题，他还提到"他不久就重新构想了性史计划的议题，从来就没有提供太多的历史细节来支持他有关性倒错的论断"②。

有关这些被标为性倒错的或畸形的个体的研究是与福柯其他几项计划相联系的。其中之一是对于"危险个体"概念的考察纲要。该议题在 1973 年的课程（SP 182，参见 190 n.2）、1975 年的研讨课（参见 C 45/57）中提及，成为 1976 年研讨课的焦点，此次研讨课考察的是"犯罪精神病学中'危险个体'的范畴"，把这一点与 19 世纪晚期"社会防卫"与公民责任的主题联系起来。（DE#187 Ⅲ，130；EW Ⅰ，64）③ 在 1977 年 10 月多伦多的一次讲座中，福柯几乎完全回到这一主题上，这次的讲座是"19 世纪法律精神病学中'危险个体'的概念"，他对危险的观念做了相当细致的检讨：

> 畸形的犯罪，是一种反自然并且毫无道理的犯罪，它是一个交
> 汇点：一方面，在医学证明中，疯癫终归都是危险的；另一方面，

---

① 詹姆斯·米勒：《福柯的生死爱欲》（*The Passion of Michel Foucault*），p.6。米勒并未回想起是谁告诉他这一点的（私人通信，2015 年 2 月 12 日）。
② 阿诺德·I. 戴维森：《性态的浮现：历史认识论及其概念形成》（*The Emergence of Sexuality*：*Historical Epistemology and the Formation of Concepts*），Cambridge：Harvard University Press，2002，p.57，参见 p.218。
③ 这是从 SMBD 再版课程概要中遗漏的一段。

在法庭中，如果不确定犯罪动机就没办法惩罚这种犯罪。杀人狂躁症的古怪症候在这两种机制的结合点上得到描述……通过这种方式，危险人物的主题被嵌入精神病学以及司法的制度之中。渐渐地，在19世纪和20世纪，刑罚实践及随后的刑罚理论往往把危险个体作为惩罚性干预的首要目标。19世纪的精神病学也逐渐试图找出可能标志危险个体的病理学特征：道德疯狂、本能错乱以及退化。（DE#220 III，454；EW III，189）

或许如果在1977年福柯仍然以为自己将完成有关性倒错的这一卷，那么他将围绕着危险这一概念重构某些分析。在之前讲座中提到的案例，包括科尔尼耶与塞莱斯塔，重新在这里出现。

因此，在法律精神病学领域似乎出现新的范畴——诸如1840年左右的恋尸癖，1860年左右的盗窃癖，1876年的露阴癖——以及法律精神病学的行为附加物，如变童恋与性虐狂。如今存在着，至少在原则上存在着一种精神病学的和犯罪学的**连续统**（*continuum*），它允许我们在刑罚范围的任何层次上以医学的术语来展示问题。精神病学问题不再限于某些重要的犯罪；即便必须接受一个否定的答案，也需要在犯罪的全部领域中提出这个问题。（DE#220 III，456；EW III，191）

1983年，福柯在与乔纳森·西蒙（Jonathan Simon）一次有

68

趣的讨论中，重提这些问题，表明他对这些材料的兴趣并未消失。① 然而，继续推进这一主题还有着另外一个因素，这就是"声名狼藉者的生活"的观念。1977 年 1 月，福柯以此为标题发表了一篇论文，它被作为"同名文集作品的导论收录在'道路'（Le Chemin）中"②。德菲尔认为这一导论可能写于 1975 年。③ "道路"（Le Chemin）是伽利玛出版社的一个系列，在杂志当期的封底上，福柯即将出版的著作被列在了上面。在这篇导论中，福柯指出，被纳入这本书的所有文本"基本上源于同一个一百年，即从 1660 年到 1760 年，它们都有同样的来源：监禁所与警察局的档案，向国王递交的请愿书和国王的密札"（DE#198 Ⅲ，243；EW Ⅲ 164）。这部作品最终面世了，与阿莱特·法尔热合编，这就是 1982 年的《家庭的失序》。我们将在第 8 章讨论它。它被置于一个新主题"平行生活"（Parallel Lives, *Les vies parallèles*）之下，这个系列于 1978 年开始，但只有两卷。第二卷是《亨利·勒格朗的爱情圈》（*Le Cercle amoreux d'Henri Legrand*），福柯没有做直接的编辑工作；④ 第一卷与《名为阿莱希娜·B. 的

---

① 米歇尔·福柯与乔纳森·西蒙 1983 年 10 月 27 日的讨论，见 BANC CD 961。

② 《声名狼藉者的生活》（"La vie des hommes infâmes"），*Les cahiers du chemin*，29, 15 January 1977：12–29, p. 12 n.1. 该注解被从 DE（#198 III, 237–253）文本的复本中删除了，它有一个编者注，描述了这一计划是如何随着时间变化的。参见莫里斯·弗洛朗斯小组（Collectif Maurice Florence），《追求的生活》（"La vie poursuivie"），*in Archives de l'infamie*, Paris：Les Praries ordinaires, 2009，pp.34–37。

③ 莫里斯·弗洛朗斯小组（Collectif Maurice Florence），《追求的生活》（"La vie poursuivie"），p.45 n.13。

④ 《亨利·勒格朗的爱情圈》，eds. Jean-Paul and Paul-Ursin Dumont（让－保罗、保罗－于尔森·杜蒙编），Paris：Gallimard，1979。

艾尔库里娜·巴尔班》（*Herculine Barbin dite Alexina B.*）一样，
福柯是署名编辑。

　　对于原本构想的《性史》计划的最后一卷《人口与种族》
（*Populations et races*），有关的线索是同样复杂的。虽然福柯在
《不正常的人》中不断地论及与人口控制相关的议题，但在随后一
年的课程中该主题得到更为详细的讨论。人们很容易把《必须保卫
社会》的一些部分视为该卷的梗概，但很可能该卷的计划比课程讲
座有着更为宽泛的视野，也更加关注生育的科学研究以及对种族
的生物学化的诸多关注之间的联系。这些主题在他 1969 年的万塞
纳课程中进行了探讨，福柯在 20 世纪 70 年代初参加堕胎权斗争
很可能也是重要的。[①] 当然，福柯在他追溯治理术的历史时，继续
探讨了有关人口的问题。关于治理术我们将会在第 5 章进行讨论。

　　在所有这一切背后还隐伏着另外一本书。福柯在《不正常的
人》中首先探讨的是犯罪事务中的精神病学专业知识的角色，他
在上一年度的《精神病学的权力》中曾集中论述这一主题。福柯
感兴趣的是，从历史角度和当代角度看这种专业知识在审判中的
使用。在《不正常的人》中，福柯首先是引述了当代的事件（一
个是 1955 年的，一个是 1974 年的），然后才迅速转向对促成它
们的历史的考察，因此，在某种意义上，福柯有关该议题的作品，
与《规训与惩罚》一样，可以理解为一种关于当下的历史。但在
1975 年的一次访谈中，即在《规训与惩罚》6 月出版面世之后不

69

①　万塞纳讲座与卫生信息小组（the Groupe Information Santé）的工作在《福柯：
权力的诞生》都有相关讨论。

久，福柯提到另一本著作："我目前正准备一本有关刑罚事务中精神病专业知识的著作，我将出版一些卷宗，其中一些将会回溯到 19 世纪，其他的一些更为现代，它们都是非常令人惊诧的。"（DE#156 Ⅱ，746；P/K 45）这是他当时在巴黎研讨课上的一个话题，前述有关妇女的讨论提到过。（A 311/329）他在该项目上推进多远不太好说，但并不能轻易地将它纳入《性史》计划之中，尽管毫无疑问二者之间有相当多的重叠，尤其是与关于性倒错者（Les Pervers）那一卷或者说有关妇女的那一卷，此外它也以另一种方式讨论了坦白的问题。从福柯的评论中看，对它的构想似乎更像是那部巴尔班的回忆录；虽与整个《性史》系列有关，但却是一部松散的档案资料汇编。马尔凯蒂与萨洛莫尼认为，"该作品以已准备妥当或者说基本上已做好出版准备的卷宗形式在讲座课程中出现过几次"[1]。马尔凯蒂与萨洛莫尼较为详细地讨论了这一汇编，指出三个主要的部分："当代专家意见"，比较早的 19 世纪初期的解释，以及从 19 世纪后期到当代的材料。他们认为这一研究为《不正常的人》之前的三个讲座课程以及《规训与惩罚》和《性史》第一卷提供了一定依据，而且也把之前的研究与他们认为可预期的后续研究联系了起来。[2]

在《性史》第一卷中还预告了另一本书。在关于拷问与坦白这对"黑暗双胞胎"之间关系的讨论（见下文）之后，有一个注释加以说明："希腊法已经把拷问与坦白连成一对，至少对奴隶

---

[1] 见 A 317/334。

[2] 见 A 319/335–336。

是如此。罗马帝国的法律扩大其应用范围。这些问题将会在《真理的权力》（*Pouvoir de la vérité*）中再展开讨论。"（HS I 79 n.1/59 n.2）英译本完全忽略了注释的最后一句，即便正文中福柯随后便很快称之为"真理的政治史"（HS I 80-81/60）。保罗·韦纳（Paul Veyne）提到这本计划中的有关真理与权力的关系，尤其是与神裁法之间关系的著作，并回想起"福柯为该项研究写了个长篇手稿，在他去世的一两年前，他还说过他将要对此做更进一步的推进"①。此处所提到的是 1973 年的"真相与司法形式"的讲座（DE#139 II，538-553；EW III，1-16），但它对该主题的研究在范围上和时间上都超越了这项工作本身。对此，下面几章将会进行讨论。

　　然而，有必要认识到，这些课程只是对可能要出版的几卷著作提供了线索。除了最后一章是重要的例外，《性史》第一卷中的内容很少依赖这些讲座课程，很可能福柯期望把很多新的资料纳入随后的几卷。这些承诺的各卷没有一卷出版；已有的草稿显然被毁掉了，而且比任何要出版的新书都早了好几年。德菲尔认为，福柯在 1975 年与伽利玛出版社签署了一个五年期的独家合同，以资助一部名为《我，里维耶》（*Moi，Pierre Rivière*）的电影，因此，他决定下一本书"将篇幅很小，而且在接下来的五年不会写另一本书（很多人将此读解为他思想中的一次危机）"

---

① 保罗·韦纳：《福柯：其思其人》（*Foucault：Sa pensée，sa personne*），Paris：Albin Michel，2008，pp.56-57；*Foucault：His Thought，His Character*，trans. Janet Lloyd，Cambridge：Polity，2010，p.33。

70

（C 50/61）。^①另一个不同的故事讲述的是1980年他与皮埃尔·诺拉围绕后者创办《争鸣》（*Le Débat*）的争论，福柯被认为缺少对于弗朗索瓦·密特朗的支持。"结果是一次与诺拉的激烈争吵。福柯甚至威胁要解除与伽利玛出版社的合同，在别的出版社出版《性史》接下来的几卷。"^②然而，福柯之后的主要作品，包括《艾尔库里娜·巴尔班》这部回忆录，以及五年后《性史》的第二卷和第三卷都是在该出版社出版的。^③《家庭的失序》是由茉莉亚（Juilliard）出版社出版的，放入诺拉与雅克·雷维尔（Jacques Revel）联合编辑的档案系列中，随后也由伽利玛出版社再版。

此外，德菲尔提示，甚至在第一卷问世之时，福柯就向他吐露不再打算写随后的几卷。"他设想改变自己的写作模式：那种遍布皮埃尔·里维耶文献之中的匿名言论迷惑住了他。这就是他想利用在《卫生年鉴》（*Annales d' hygiène*）中发现的阿莱希娜·B.的材料来处理的雌雄同体或者说真实性别的问题。"（C 49/62）这个说明很重要，但它仍然产生了有趣的问题。根

---

① 然而，某些接近福柯的人并不认为这是一场危机。例如，参见吉尔·德勒兹：《哲学与权力的谈判：1972—1990》（*Pourparlers 1972—1990*），Paris：Les Éditions de Minuit，1986，p.115；*Negotiations 1972—1990*，trans. Martin Joughlin，New York：Columbia University Press，1995，p.83（并参见 pp. 143/105，147—148/108—109）、《福柯》（*Foucault*），p.101/94，以及克劳德·莫里亚克：《马塞尔叔叔：凝止的时间（第10卷）》（*L'oncel Marcel：Le temps immobile 10*），Paris：Bernard Grasset，1988，pp. 221—222。
② 戴维·梅西：《福柯》（*Michel Foucault*），pp.132—133；《福柯的生活》（*The Lives of Michel Foucault*），pp.423—424。参见皮埃尔·诺拉：《他极需要被爱》（"Il avait un besoin formidable d'être aimé"），*L'Evénement de jeudi*（《星期四事件》），18—24 September 1986，p. 82。
③ 迪迪埃·埃里蓬：《米歇尔·福柯传》（*Michel Foucault*），pp.468—470，292—293。

本性的问题在于，如果里维耶的案例在书写样式上已经如此令他着迷，为什么他随后写的两本著作——《规训与惩罚》与《性史》第一卷——与这种陈述模式有如此大的不同？又为何二者（尤其是后者）如此少地利用个人案例文献？我们从他的课程中得知，这些个案文献是他与研究同事们广泛收集的。除了这些问题，我们从德菲尔的其他说明中以及更多的其他证据中知道，福柯在接下来的很多年里，一直继续推进原初计划的第二卷的议题，并就身体、肉体以及坦白的问题进行研究。

71

坦白的权力

当然，在第一卷与 1984 年出版的《快感的享用》和《关心自我》之间，福柯彻底改变了其计划。后面的章节将会讨论，在意识到第一卷的某些论断存在某种误导后，福柯转向了更遥远的历史研究，向前追溯这一主题，先是到早期基督教，然后又回到古代。这项工作的基础是坦白问题。① 福柯在 1975 年的《性史》

---

① 福柯在法语常用的词汇是 *aveu* 一词，它还可译成英语 avowal（坦白）、admission（认可）、acknowledgement（承认）等，在法语中，它还具有"良知审查"（*l'examen de conscience*）之意，先于真正坦白行为之前进行。在法语中，*aveu* 往往出现在法律语境中，既包括民法也包括刑法，它涉及一种司法坦白（juridical confession）。在法语中，*confession* 的主要意涵往往在宗教语境中，指的是天主教的告解（the Catholic confession）。而在英语中，confession 既在司法语境中使用，也在宗教语境中使用，avowal 这个概念指的是较为一般意义上的承认、坦白（admission/acknowledgment）。福柯1981 年在鲁汶讲座中所详细解释的，正是这种较宽泛意义上的承认，尤其是对做错事的承认。很明显，"坦白"（avowal）所指涉的内容是超越"坦白"（confession）范围的。本书的中译是在宗教语境下将其译为"告解"，其他场景译为"坦白"。——译注

中首次勾勒这一计划时，明确提到了该主题的重要性。他认为，坦白早于 18 世纪，在中世纪便可以见到。[①]福柯时常强调，性态**是**被谈论的对象，而非受制于禁忌与沉默。"在西方，性态不是你所隐藏的东西，而是你坦白的内容。性态在一定程度上被坦白技术所捕获后，它在特定的时刻或特定的情景中必须保持沉默。"（FL 163；参见 A157/169）这就需要有一种自中世纪以来的坦白史，它应当包括：研究司法坦白（judicial confession），尤其是宗教法庭下的这种坦白；悔罪告解（penitential confession）；对违犯（摩西）第六诫和第九诫的罪行告解。[②]福柯认为，至少前两个是晚近的发展。（FL 163-164）福柯将此追溯到 1215 年的拉特兰会议，并讨论了他曾在更早的讲座课程中勾勒的某些重要方面。

我们看到，至目前为止，有关身体、坦白和着魔（possession）的最广泛讨论，是在 1975 年 2 月 19 日和 26 日《不正常的人》的课程中。《刑事理论与刑事制度》课程更仔细地探讨了相关议题，尽管其关注点有很大不同。本书第 1 章已提到，福柯认为，三种类型的反常与性偏差观念有关。最明显的例子是手淫的儿童。为

---

①　詹姆斯·伯诺尔（James Bernauer）提到在 1980 年 3 月一次与福柯的谈话中，福柯说是伊万·伊里奇（Ivan Illich）建议他将坦白议题作为一种研究对象。引自伯诺尔：《米歇尔·福柯的狂喜思想》（"Michel Foucault's Ecstatic Thinking"），该文收入詹姆斯·伯诺尔、大卫·拉斯穆森（David Rasmussen）所编：《最后的福柯》（*The Final Foucault*），Cambridge：MIT Press，1987，p.48。伯诺尔说，这句话只是顺带提及，没有继续跟进（私人通信，2015 年 5 月 3 日）。

②　在新教传统中，这些将成为第七诫与第十诫。关于宗教法庭，尤其参见：A 198-199/213-214。

了理解针对这种行为的禁令，福柯用大段篇幅回溯基督教的告解与悔罪程序，以及身体观念与肉体观念的分离，进而追踪这如何促成了精神病学。（A 158-180/171-194）同样地，这触及很可能会在计划的第二卷和第三卷中进行探讨的主题。福柯在该课程中的目标——很明显这也是一个非常初步的框架——不是书写有关压制或审查性态的历史，而是通过补赎仪式书写"性态的坦白史"（A 158/170-171）。坦白与"对性态的其他阐明形式"并存。（A 157/169）福柯这里对于资本主义作用的批判相比他在《性史》第一卷中所做的是不那么明显的，他还认为，历史学家对该问题在中世纪的情形并没有予以充分探讨。（A 157/169-170）

　　儿童的性欲身体在18世纪出现有它的史前史，可追溯到特伦托会议、对与通奸有关的摩西六诫（七诫）的解释、奥古斯丁的《忏悔录》（*Confessions*）等等。手淫作为一种罪出现，与私通、通奸、乱交、强奸、调戏、鸡奸、乱伦和兽交有关。（A 172/185）这些讨论促使福柯得出结论，认为这一发展是与"身体的政治解剖学，肉体的道德生理学"相伴而行的。（A 180/193）福柯追溯了这如何带来一种有关手淫的教育医学，如何使欲望观念与本能观念联系了起来。它们共同把性态这个问题带回到反常／变态的领域。在追溯这一问题时，福柯探讨了身体与色欲（concupiscence）、肉体问题、猎女巫运动、着魔以及宗教法庭的关系。（A 187-212/201-227）性态这一主题继续贯穿始终。与恶魔之约的本质是从僭越的性行为的角度加以讨论的——"梦魔强奸熟睡的妇女"，在巫魔夜会上；另一方面，

72

着魔的问题被描述为一种入侵（invasion），一种对身体的渗透／侵入（penetration）。（A 193/208）在巫术与着魔之间，福柯画了一条明显的界线；对于前者福柯利用了自己更早时期有关这一话题的作品。对后者而言，法国小城卢丹（Loudun）的着魔事件是福柯主要的例子——要点是突出身体观念的差异。在个体身体的层面，以惊厥的方式呈现出来的内心斗争夹在医学和天主教之间。（A 198/213）在简要地引入癔症之后，福柯指出卢丹、卢尔德（Lourdes）与萨尔佩特里尔之间的一致性。在这个三角形里，着魔、治疗、癔症与信仰以各种方式相互联系起来。所有这些主题，表明教会权力与医学权力之间的斗争，有助于我们理解性态在医学领域中的出现。（A 210/226）在这次讲座课程的下一讲中，福柯指出他在这里已经勾勒了一种有关"基督教肉体话语"的谱系。（A 219/233）

73　　在《不正常的人》中开始讨论这一问题之时，福柯指出"两三年"之前他已经对补赎（赎罪）仪式中坦白（告解）的出现进行了讨论，并从中世纪追溯到 17 世纪的发展。（A 158/171）福柯对那时更详细的讨论概括了两点："告解原本不是补赎仪式的一部分"，这种情形是后来出现的，并且是直到稍晚近才成为"必要的与强制性的"（A 158/171）；此外，"从中世纪到 17 世纪，坦白的有效性及其在补赎实践中的角色已经发生了相当大的变化"（A 158/171）。尽管这与《求知意志》讲座课程中考察的"神裁法折磨考验"（ordeal test）有关，尤其是课程的第二讲，在第三讲和第九讲又再次提及，但它主要参考的是《刑事理论与刑事制度》，在该课程的第二部分包含着对这些议题的实质性讨论。这里的焦点不是性态问题，而是司法程序中更广意义上对真相的调查、证明与验证的问题。[①] 福柯随后所有关于告解和坦白的讨论都与这一最初的框架相联系，并且其中的要素似乎是韦纳所提到的一本有关"真理/真相与权力"的著作的内容。[②] 在《精神病学的权力》中，福柯已经简要地讨论了精神病学中的坦白，其中提到承认自己的症状对病人而言越来越重要："是的，我听到了声音！是的，我有幻觉！""是的，我认为我是拿破仑！""是的，我胡言乱语！"（PP 276/274）福柯指出，它基于"这样的假设和宣称，即如果一个人承认疯了，他就能摆脱它"，这就与宗教中的告解/坦白联系了起来。（PP 276/274；参见 175/177）坦白在后续的课程以及《规训与惩罚》中仍然是一个议题，然后在《性史》中成为一个主要的焦点。

　　第一卷中的宣称是所有这些工作和之后更细致讨论的明确概括。福柯认为，这至少可以追溯到中世纪，告解或坦白是"我们获得真相生产所依赖的一种主要仪式"。需要分析这样几个话题：

> 1215 年拉特兰会议颁布的补赎圣事法规，以及随后告解技术的发展，在刑事审判中指控程序的衰落、罪状考验（誓言、决斗和上帝的判决）的取消以及审问和调查方法的进步，

---

① 　《福柯：权力的诞生》中讨论了所有这些议题。
② 　保罗·韦纳：《福柯：其思其人》（*Foucault*），p.56/33。

> 皇家政府愈来愈多地介入违法案件的审查（*enquête*）以致
> 牺牲了私下和解的做法，加之宗教裁判所的建立：这些共同

74

> 促进了坦白（*l'aveu*）在世俗权力秩序和宗教权力秩序中发
> 挥核心性作用。（HSⅠ78/58）

因此，该观念是福柯此时研究工作的一项重要议题，在接下来的十年一直如此。"坦白（*avowal*，*l'aveu*）一词及其被指定的司法功能的演变，本身就极具特色：从坦白是一种由他人赋予某种状态、身份与价值的保证，到坦白成为某个人对自己的行动和思想的承认。"当个体制造有关自己的"真相话语"时，"真相坦白便由权力铭刻进个体化的程序核心之中"（HSⅠ78–79/58–59）。

> 不管怎样，除了各种考验的仪式（*rituels de l'épreuve*），
> 除了权威与传统给予的保证（*cautions*），除了见证以及观
> 察和演示的研究程序之外，坦白在西方也已经成为了最受重
> 视的生产真相的技术之一。从此，西方社会成了一个特殊
> 的坦白社会。坦白的影响无远弗届：在司法上，在医学中，
> 在教学中，在家庭关系中，在恋爱关系中，在最平常的关系
> 中，在最庄重的仪式上。人们坦白自己的罪行，坦白自己
> 的罪愆，坦白自己的思想和欲望，坦白自己的过去和梦想，
> 坦白自己的童年，坦白自己的疾病和不幸。人们还努力准确
> 无误地说出难言之隐，以公开或私下的方式向自己的父母、

教师、医生和爱人坦白。至于无法向他人启齿的快感和痛苦，大家会自我独白，或者写进书中。大家坦白，或者被迫坦白。当坦白不是出于自愿，或者是出于某一内在命令，那么它就是被迫的，即大家把它从隐蔽的心灵中或肉体中强行驱赶出来。中世纪以来，拷问就像阴影一样伴随着坦白，当坦白者想回避时，拷问就会助其回答：这是一对黑暗双胞胎。像最温柔的慈爱一样，最血腥的权力也需要忏悔。西方人已经变成了坦白动物（une bête d'aveu）。（HS I 79–80/59）①

第四次拉特兰会议通过第 21 条教令，名为 "*Omnis utriusque sexus*"。实际上，奥斯卡·D. 沃特金斯（Oscar D. Watkins）有关基督教补赎的详尽研究便止步于此，因为"拉丁教会的现代制度由此发挥效力"②。该教令以如下规定开篇：

> 每位信徒，不分男女，应该在达到能辨别善恶的年龄后，一年一次在他本堂神甫面前，诚实地承认他所犯的一切罪恶，并尽全力做完所规定给他的补赎……否则，当他活着的时候，他必受革逐出教的处分，死后不得享受教会的殡葬仪礼。……如果有人因正当缘故，愿意到另一个神甫面前告罪，他应该先求得自己神甫的准许；否则，那另外的神甫即无权

75

---

① 在赫里的译本中，源于该重要文本的某些词或句子被省略了。
② 奥斯卡·D. 沃特金斯：《补赎的历史》（*A History of Penance*），London: Longman，2 vols.，1961，Vol. II，p.748。

宽赦他的罪。①

因此，教会对于个体拥有了广泛的权力，有逐出教会的权力，有允许或不允许接触其他神甫的权力。后续的发展包括1227年纳尔博纳会议（the Council of Narbonne），要求超过十四岁的人进行坦白；以及图卢兹会议（the Council of Toulouse），要求那些未能免于异端怀疑的教徒每年做三次告解和三次领圣餐仪式。②彼得·隆巴多（Peter Lombard）稍后把告解变成了圣礼，这一决定得到特伦托会议的认可。③特伦托会议结束于1563年12月4日，乃是罗马天主教赖以重组之基础。会议颁定的《教义问答书》（the Catechism）把告解/坦白定义为："对个人罪愆的仪式控诉，借钥匙之助获得宽恕。"④这里的钥匙是天堂的钥匙；是耶稣给予其使徒的权力："我要把天国的钥匙给你，凡你

---

① 拉丁语文本（"Concilium Lateranense IV"，XXI）见于奥斯卡·D.沃特金斯：《补赎的历史》（*A History of Penance*），pp.733-734，以及玛丽·弗劳尔斯·布拉斯韦尔（Mary Flowers Braswell）：《中世纪的罪人：英国中世纪文学中的人物塑造与坦白》（*The Medieval Sinner：Characterization and Confession in the Literature of the English Middle Ages*），East Brunswick：Associated University Presses，1983，p.26。沃特金斯（pp.748-749）与布拉斯韦尔（p.26）都提供了译文，我在一些场合已进行了讨论。
② 杰里米·坦布林（Jeremy Tambling）：《坦白：性态罪、主体》（*Confession：Sexuality, Sin, the Subject*），p.38。
③ 参见《特伦托议会的法令》（*Canons and Decrees of the Council of Trent*），trans. Rev. H. J. Schroeder，Rockford：Tan，1978，pp.92-94。
④ 《特伦托教区牧师会议的教义问答，由教皇庇护五世颁布》（*Catechism of the Council of Trent for Parish Priests，Issued by Order of Pope Pius V*），trans. John A. McHugh and Charles J. Callan，Rock-ford：Tan，1982。

在地上所捆绑的，在天上也要捆绑；凡你在地上所释放的，在天上也要释放。"① 从这一点来看，基督教的基础是关注个体而不是群体，强调的是个体祈祷者与圣礼制度，但很多权力在牧师的手中。②

　　克劳德·莫里亚克回忆了 1976 年 12 月 30 日的一次谈话。当时他告诉福柯，对他有关坦白的论述自己并不完全赞同。福柯回应道："但它是该书（指的是《性史》）的核心！"③ 很明显，从福柯的概述来看，这一观念的重要性部分原因在于它所具有的用途。他指出，18 世纪的坦白机制如何在反对儿童手淫中展开——儿童必须向家人、向家庭医生或者向性态领域的专门医生坦白。福柯提到但没有详述的是："同样的坦白技术继续在 18 世纪末的医学中普遍出现。"当然，对理解其影响至关重要的是它在精神病学方面的运用。"在 19 世纪的精神病学中，性坦白成为'治疗'手术的柱石之一。正是这种坦白实践，被弗洛伊德带入精神分析技术之中。"（FL 164）同样我们可以预料到，福柯这一时期的研究很可能仔细考察过宗教法庭的作用，当后者开始审视普通人的犯罪时，如亵渎神明、重婚罪或迷信，就会发现小的告解 / 坦白是如何真正地实践的。④

　　因此，"对于过去的六个或七个世纪而言，性态与其说是你

① 《马太福音》（16：19）。
② 斯蒂芬·哈里泽（Stephen Haliczer）：《忏悔室里的性态》（*Sexuality in the Confessional*），New York: Oxford University Press, 1996，p.21。
③ 克劳德·莫里亚克：《标志、会议和约会：凝止的时间（第 7 卷）》（*Signes, rencontres et rendezvous：Le temps immobile 7*），Paris：Bernard Grasset，1983，pp.194-198（引自 p.195）。
④ 斯蒂芬·哈里泽：《忏悔室里的性态》（*Sexuality in the Confessional*），p.3。

所做的事，不如说是你所坦白的事，借此一套有关辩论术、表白与坦白的技术形成了；沉默的责任毫无疑问是与它们相对立的"。坦白是关于性态的技术的首要特征："性态是必须在围绕某种权力关系组织起来的一种仪式性话语内所谈论的东西。"（FL 164；参见 157/169）我们发现，这种坦白观念在第一卷中得以展开，例如，福柯在该卷中比较了两个文本：一个是宗教性的，一个是世俗性的：

> 讲述一切……不仅包括完成的行为，也包括感官触摸，一切不洁的目光、一切淫秽的话语……一切顺从的想法。①

> 你的叙述必须细致入微、多多益善，只要你不掩盖情节，我们便可以判断你所描述的激情与人的做派和性格之间的关系。即使是最细微的情节，也会极大地帮助我们理解你的故事。②

第一个取自 18 世纪利格里的圣阿方索·玛丽亚·德·里古利（Alfonso de'Ligouri）对于第六 / 第七教令的评注；第二个引自萨德（Sade）的《索多玛的 120 天》（*120 Days of Sodom*）：

---

① 阿方索·德·里古利：《第六诫的戒律》（*Préceptes sur le sixième commandment*），1835，p.5，引自 HS I 30/21；参见 A 204/220。

② 多纳西安－奥尔芬斯·德·萨德（Donatien-Alphonse de Sade）：《索多玛的 120 天》（*120 Days of Sodom*），ed. I. Pauvert，pp.139-140，引自 HS I 30-31/21。

坦白是一种话语仪式，其中说话的主体与叙述的对象是一致的。它也是一种在权力关系中展现的仪式，因为人们在坦白时至少要有一位说话的对象，这个说话对象不仅是对话者，而且是要求坦白的权威，他规定、评价和干预坦白，以便进行审判、惩罚、宽恕、安慰与调和；在坦白仪式中，真相必须通过扫除障碍与阻力来确证自身。最后，在坦白仪式中，唯一的陈述活动是独立于它的外在后果的，这种陈述活动在陈述主体那里引起了内在的变化：它宣布他是无罪的，它让他赎罪并变得纯洁，它让他减少了自己的错误，它让他获得自由，它允诺他获得拯救。（HS I 82－83/61－62）

坦白理所当然地发生了变化，福柯指出，"新教教义、反宗教改革运动、18 世纪的教育、19 世纪的医学"使之脱离了其特定的参照。（HS I 84/63）"然后，坦白的程序向四处传播，它们的限定条件各种各样，范围也不断扩大：一种性快感的庞大档案馆逐渐形成了。"（HS I 85/63）

关键是"性坦白"如何"在科学形式中建构的"，福柯指出了五个方面的原因：

1. 坦白与检查及其他知识实践的联结，把"坦白程序置入一个科学上可接受的观察领域"。

2. 通过因果理解，宣称性是"任何事情或者说一切事情的原因"。

3．"性态固有的潜伏性原理"——不再只着眼于坦白者想要掩饰的内容，而是揭露连坦白者自己也一无所知的秘密。

4．坦白的解释，坦白的听者的关键角色，即给坦白提供科学的验证，这是一种解释的角色；坦白不再是"一种证据（*une preuve*），而是一个符号"。

5．坦白效果的医学化——不再是"错误或罪愆、过度或僭越，而是被置于正常与病态的规范体制之下（后者只是此前范畴的转置）"。（HS I 87–90/65–67）

从这些讨论中，我们可以看到先前关于知识、陈述、调查、检查、考验、仪式以及真相生产的论断与有关权力的新论断的一种混合。

在《不正常的人》的编者们看来，《肉体与身体》以手稿的形式存在，福柯在讲授这一课程时已经使用了它。这表明福柯早在 1975 年之前就写下了它，但是它在多大程度上存在，现在尚不清楚。《不正常的人》课程中有关坦白的讨论并不总是令人信服，似乎讲得通的是，很可能正是对《肉体与身体》所用材料的分析，使得福柯放弃了最初的计划，进而更多从历史而不是主题的角度去探讨。在现存的讨论中，福柯涉猎面极广，利用了广泛的材料，纵览了数个世纪，因此，那些泛泛而论的论断在更详细的考察面前是站不住脚的。福柯的论点似乎依赖于相对较少的材料，且主要是二手的解释，尤其是亨利·查尔斯·利亚（Henry

Charles Lea）的著作，而不是一手的文献资料。[①] 如果福柯确实
依赖了更为广泛的手稿，那么我们尚且无法知晓他所起草的手稿
的范围与细节。福柯在 1977 年 8 月和 1978 年 1 月，再次动手写
作该书；在前一时期查阅了教会早期教父的著作，在后一时期，
据德菲尔说，福柯想"关注基督教有关肉体的观念。它将是一个
有关色欲的谱系学研究，探讨西方基督教的坦白实践和特伦托会
议之后良知引导的发展"。（C 53/64，53/66）[②] 色欲是指强烈的，
尤其是性态的欲望或淫欲，该词源于拉丁语 *concupiscere*，意思
是贪求（to covet）。德菲尔说，这个 1978 年版的手稿被销毁了，
并告诉该讲座课程的编者，福柯已毁坏了 1975 年所使用的手稿。
（C 53/66）[③] 然而，1978 年前后形成的一个较短片段得以保留。
（见第 7 章）[④]《不正常的人》课程所用的材料，以及 10 月和
11 月间在圣保罗的四个演讲的质量不好的录音，是我们现有关

78

---

① 亨利·查尔斯·利亚：《关于拉丁基督教中私密告解与赎罪券的历史》第三
卷（*A History of Auricular Confession and Indulgences in the Latin Church*，3 vols.）
Philadelphia：Lea Brothers and Co.，1896，参见编者注（A 181 n. 11/195 n. 11）以
及他们的讨论（A 325-330/340-344）。

② 参见 DE#206 III，313；P/K 211 首次提到德尔图良，但在这次访谈的稍后时
期他提到包括欧里庇得斯与斯多葛派的古典资源（DE#206 III，316；P/K 214）。
一项讨论，参见：RC 43，以及杰瑞米·凯瑞特（Jeremy R. Carrette）：《福
柯与宗教：精神的身体性和政治的精神性》（*Foucault and Religion：Spiritual
Corporality and Political Spirituality*），London：Routledge，2000。

③ 见 A 325/340。

④ 关于 1978 年的残篇，参见菲利普·舍瓦利耶（Philippe Chevallier）：《米歇尔·福
柯与基督教》（*Michel Foucault et le Christianisme*），Lyon：ENS Éditions，2011，
pp.149-150。舍瓦利耶在 20 世纪 70 年代末还获得一篇源于这段时期的按字母排序的
简要书目索引——他认为"1975？-1978？"是它的日期（pp.8，77 n.59）。

于 1975 年曾经存在的材料的线索。[①]

　　此外，甚至在 1975 年就有暗示表明福柯之后工作的走向，如"灵魂治理的技术"（A 217/231）；"有关个体治理的基督教技术"（A 217/232）。很明显，福柯并没有放弃这一主题，因为在后来的讲座中他不断地回到坦白问题，包括在他论述治理术的讲座中对基督教牧领的分析，以及《对活人的治理》和《做错事，说真话》的课程中。关键是，在这些讲座中，福柯并不是从中世纪晚期的坦白开始他的研究，而是追溯到教会初期的教父们那里。福柯在 1978 年 4 月认为，起点是从基督教的第一个世纪开始，至少从奥古斯丁开始。（DE#233 Ⅲ，555）随后的几章将会更详细地讨论这些主题，但已经很明确的是，在坦白主题上进行的工作占用了福柯好些年的时间，未出版的《肉体的坦白》——即便它与《肉体和身体》处理的是不同的历史时期——很可能理解是整部《性史》系列的关键之所在。

计划系列之外

　　福柯在 1976 年的前三个月讲授了《必须保卫社会》的课程。他在 1976-1977 年休了一次假，由于他的课程大多数是从每年的 1 月到 3 月间进行，这就让他可以有 21 个月的在外时间。1978 年初，返回法兰西学院后，福柯似乎就改变了方向。然而，

---

① 见 BANC CD 964，967-970。

这段时期具有重要意义。1976年春在蒙特利尔、伯克利以及斯坦福的一些讲座之后，他接着花了几个月去完成《性史》第一卷，该卷在1976年8月完稿递交出版社。（C 49/61）[1] 由于他似乎对所做工作不满意（从这次课程中的表述中可以看到），他这次花时间去完善他已经认为是有缺陷的项目，或许令人感到奇怪。德菲尔在福柯的年表中表明，即便在这时他也并没有去撰写未来的几卷。（C 49/62）相反，看上去他至少投入一部分精力是用于一系列有关联但又有区别的议题。在1974年8月，即完成《规训与惩罚》的那一刻，福柯在一封信中，坦承自己对一直研究的题目感到厌烦，而"政治经济学、战略学、政治学"将会是他新的关注。（引自C 45/56）同样地，在1976年4月，他指出"他的下一本书将会探讨军事制度"（DE#174 Ⅲ，89）。[2] 我们首先能在《必须保卫社会》课程里看到这一点。在该课程中，福柯认为，如果说过去的五年已经针对规训进行了讨论，那么，"在接下来的五年，将会讨论战争、斗争、军队"（SMBD 21/23）。如果这一点得以实现，到1981年为止福柯将会一直在探讨这些议题，但是我们当然知道，事实并非如此。尽管在1981年，他确实再

79

---

① 5月的伯克利讲座与斯坦福讲座的议题不清楚；3月的蒙特利尔讲座（IMEC D215）为：《监狱的替代品：社会控制在扩散还是在缩小？米歇尔·福柯访谈》（"Alternatives à la prison: diffusion ou décroissance du contrôle social? Une entrevue avec Michel Foucault"），*Criminologie*，26（1），1993：13-34；trans. Couze Venn as "Alternative to the Prison: Dissemination or Decline of Social Control"，*Theory*，*Culture and Society*，26（6），2009：12-24。

② 关于该主题，也参见 DE#186 Ⅲ，123-124；DE#200 Ⅲ，268；PPC 123；DE#229 Ⅲ，515；SKP 145-146；DE#297 Ⅳ，189-190，191-192；SKP 157，159-160。

次提到，战争是他未来研究的主题："战争以及其中的战争制度的问题可以说是社会的军事维度。"（WDTT 246/246）

因此，如果说福柯在 1976 年就已经为随后的几卷准备了大量的材料，那么他何以放弃这一计划呢？现有文献给出了各种理由：他的思想经历了一次危机；不想把随后几卷交给伽利玛出版社出版；或是基于其个人经历和对日期和因果关系的模糊把握而做出更离奇的解释。接下来的几章将会提出一个更为温和的观点，更多地基于文献的证据，尽管如此，它将让人觉得更为有趣，也更具有启发性。福柯给了一些提示，主要是在一些访谈中。在 1977 年初，在他出版第一卷之后不久，他参加了一次弗洛伊德学派杂志《奥尼卡？》（*Ornicar?*）的访谈。[1]

格罗斯瑞查德（A. Grosrichard）：现在该谈这本《性史》了，我们已经有了第一卷，你宣称会有六卷。

福柯：是的，我首先想说的是，我非常高兴接受你的采访。某种程度上，这就是我为什么按照这种形式来写这本书的原因。到目前为止，我把东西包装好了。我没有放过任何引文、任何参考文献，抛出了一些有点分量的鹅卵石，大多数情况尚无答案。这些促成了该书的计划，一种格吕耶尔奶酪，带着能够被填充的洞。我不想说，"这就是我所认为的样子"，因为我仍然不是非常确定我所提出的想法。但

---

① 该杂志的名称取自一句有助记忆的法语："*Mais où est donc Ornicar?*"（但是奥尼卡在哪里呢？）

是我想看看能否将它说出来，能说到什么程度，当然，有可
能会让你非常失望。此外，在我已经写的东西中有哪些不确定
之处当然也是不确定的。这里没有诡计，没有花言巧语。我不
能确定在接下来的几卷中将会写什么。总之，这就是为什么我
想听这种假设话语的效果。在我看来，这是我第一次遇到愿意
玩我在书中建议的游戏的人。（DE#206 Ⅱ，298）①

80

1977 年 1 月，在发表的一篇访谈中，福柯承认，关于《性
史》系列会如何呈现，该计划的焦点有所不同："对我而言，该
计划全部要点在于对权力理论的再阐释。如果不能稍微感到有必
要重新研究一下这种权力问题的话，我不确定书写有关性史的纯
粹乐趣能让我有足够的动力去开始这一（至少）六卷本系列。"
（DE#197 Ⅲ，231；P/K 187）

1977 年 3 月，在与伯纳德-亨利·列维（Bernard-Henri
Lévy）的一次访谈中，福柯被问到何以推动这样规模的计划。
福柯的回应很是有趣："何以言这种规模？并非如此，只是这样
的限定罢了。我并不想要写通览不同时代与不同文明的有关性行
为的编年史。我想要追溯一条更微妙的线索：该线索贯穿很多
个世纪，把性与我们社会对于真理/真相的探求联系在一起。"
（DE#200 Ⅲ，256；PPC 110）这表明了福柯想要从计划的多卷
本系列转身离开的倾向，虽然这种转变此时尚未发生，正如他针

---

① 这一公开的交流被 P/K（194—228）忽略了。

对列维有关性贫困或性苦难问题发问时所给予的回答："在接下来的几卷具体研究——关于妇女，关于儿童，关于性倒错者——中，我将会分析这种痛苦的形式与条件。"（DE# 200 Ⅲ，258；PPC 112）然而，在后来的访谈中，福柯指出他认识到自己关注点的转移，此时他把这一问题表述为"非真的经济学（the economy of untruth）。我的问题是真理/真相政治学。我花了好长时间才意识到这一点"（DE#200 Ⅲ，263；PPC 118；参见 DE#216 Ⅲ，404）。尽管权力仍然与真理/真相一样重要，但这里已经迈出一小步，《性史》第一卷关于方法那一节开篇的概念界定："不是从压制或法律的角度而是从权力的角度分析某种有关性的知识的形成。"（HS Ⅰ 121/92；参见 FL 167）福柯在较早时期肯定就有疑虑了。在 1977 年 9 月为第一卷德语版所写的序言中，福柯宣称："目前，接下来的几卷只能暂时做些预告"（DE# 190 Ⅲ，136）；并且提到"我知道，出版第一卷是不谨慎的，因为这就像照明弹，它将不断地暗示后续几卷的出版"（DE#190 Ⅲ，137）。[①]值得指出的是，德语版的系列标题为"*Sexualität und Wahrheit*"，译成英文为《性与真理/真相》（*Sex and Truth*），而非《性史》，据福柯说，前者是原书名（DE#206 Ⅲ，

81

---

① 该序言也出现在意大利语译本（*La volontà di sapere*），trans. Pasquale Pasquinoand Giovanna Procacci，Feltrinelli，Milano，1978，pp. 7–8。该序言在意大利语译本中为：《〈求知意志〉意文版序言》（"Preface to the Italian edition of *La volonté de savoir*"），trans. Lorenzo Chiesa，*Pli*：*Warwick Journal of Philosophy*，13，2002：11–12。

312；P/K 209），但被出版商拒绝了。[①]

这些要点与疑虑是很明显的，尤其是当它们来自年假的半路上。一年之后的 1978 年 4 月 20 日，即《安全、领土与人口》课程结束之后不久，福柯在日本做了一次讲座，他更明确地提到，该系列不会像原本计划的那样出版："我非常轻率地承诺，将会有六卷。我当然不指望我会走到尽头，但我仍然一直相信，我将会继续关注这一有关性史的问题。"（DE#233 Ⅲ，553）又一年之后，在 1979 年 5 月 29 日的一次访谈中，弗兰克·摩尔特与罗伊·彼得斯问福柯："你在《求知意志》中勾勒的总体计划还在进行吗？"他们获得一个有趣的回应："好吧，你们将会看到，我可不想写这五卷或六卷书。如今我正在写的第二卷是关于天主教告解室的，第三卷是有关两性人的。"[②] 然而，福柯此时已经将自己的工作转向一个似乎不同的方向上，尤其是在接下来的两个学年的课程中，福柯对他所谓的治理术的历史进行了细致的探讨。

———————————

① 彼得·马斯（Peter Maass）、大卫·布洛克（David Brock）：《米歇尔·福柯的权力与政治学》（"The power and politics of Michel Foucault"），*Inside*（*Daily Californian*），22 April 1983：7，20–22，p.22。

② 弗兰克·摩尔特、罗伊·彼得斯：《福柯忆往：米歇尔·福柯访谈》（"Foucault Recalled: Interview with Michel Foucault"），*New Formations*，p.12。

4

4
从基础设施到治理术

82

福柯的合作项目

在《必须保卫社会》课程一开始，福柯就感到不快。讲座成为表演，自己也被当成了专家，而这样做并非他所愿，他还觉得这种准备工作妨碍了他要进行的研究。他预想的可能性是：是否"我们能三四十人聚在一个房间中。我可以大致告诉你们我在做的事情，同时与你们进行某些交流，与你们讨论，回答你们的问题，诸如此类，同时我也将尝试重新发现交流和沟通的可能性，这是常规的研究或教学实践的一部分"（SMBD 4/3；参见 BB 155 n.**/150 n.*）。正如埃瓦尔德与方塔纳所指出的，"他想要主持一种研讨班，以便能够完成真正的集体工作。他做了各种努力来举办这样的研讨会"①。福柯是严于自我批判的，这表明他觉得自己所取得的成就是多么微不足道（SMBD 5-6/3-4），但至少

---

① 载于 SMBD viii/x；参见迪迪埃·埃里蓬：《米歇尔·福柯传》（*Michel Foucault*），p.407/258。

4

82

从其合作研究的角度来看，这似乎是过于消极了。在两项最广为人知的成果中，其中一项是关于皮埃尔·里维耶案件档案的出版，这占用了福柯在巴黎的研讨课数年时间；另一项是《福柯效应》（*The Foucault Effect*），这是一部在他死后面世的文集，但也收录了研讨课上他的同事们的一系列论文，尤其是20世纪70年代末之后的论文。但从福柯的合作项目看，也取得了不少其他方面的成果，尤其是在20世纪70年代中期，他是研究团队中的领导者、推动者和参加者。福柯课程中经常采用的材料在他与他人共同展开的工作中能够找到最详尽的表达。这些材料几乎都没有译成英文；一些甚至不是用法语发表的。因此，除了报告、杂志、期刊与书籍外，本章的讨论广泛考鉴了存档在当代出版纪念协会（IMEC）的材料。

此处考察的这些合作项目为他的课程提供了有价值的背景与一种较为一般的脉络，尤其是对于治理术、规范化以及和平机制之类技术的关注。这些议题浮现于20世纪70年代早期的作品之中，由制度性教育与探索研究中心（Centre d'Études, de Recherche et de Formation Institutionnelle，简称CERFI）实施，该中心是一个由菲利克斯·加塔利（Félix Guattari）在1967年建立的群体，是对1965年的制度研究与探索团体联合会（Féderation des Groupes d'Études de Recherches Institutionnelles，简称FGERI）的正规化。开展的一系列研究项目涉及城市基础结构、公共设施及相关议题，合作者有吉尔·德勒兹、加塔利以及弗朗索瓦·富尔凯（François Fourquet）。第一项成果是一

83

本由利昂·穆拉德（Lion Murard）和弗朗索瓦·富尔凯署名的
合著作品《权力的设施》（*Les équipements du pouvoir*），该书
包括了与福柯、德勒兹以及加塔利的讨论。[①] 设施指的是基础设
施或公共设施，诸如道路、运输系统与制度。在《福柯：权力
的诞生》中，我对此进行了较为全面的分析。它是一种生产性
研究过程的开始，最终形成了三卷本的报告，总的题名为《公
共设施的谱系学》（*Généalogie des équipements collectifs*），在
1975 年和 1976 年间出版。其中，第一卷是由安妮·屈埃尔里安
（Anne Querrien）所撰，是一项对小学的研究；第三卷作者为弗
朗索瓦·富尔凯，书名为《国民经济核算中公用事业的历史》
（*Histoire des services collectifs dans la comptabilité nationale*）。
这两卷随后都作为《研究》（*Recherches*）的专刊再次出版，或
者由相关出版社出版成书。[②] 第二卷是福柯所牵头的有关医院的
研究，后来经实质性修改与扩展修订，以合著《治疗机器》［*Les
machines à guérir*，属于《现代医院的起源》系列（*aux origines*

---

① 弗朗索瓦·富尔凯、利昂·穆拉德：《权力的设施：城市、地区和公共设施》
（*Les équipments du pouvoir*：*Villes，territoires et équipements collectifs*），Paris：
Union Générale d'Éditions，1976；最初是 1973 年《研究》中的一个议题。
② 安妮·屈埃尔里安：《公共设施的谱系学：小学》（*Généalogie des équipements
collectifs*：*L'école primaire*），Fontenay-sous-Bois：CERFI，1975；L'ensaignement
1. L'école primaire，*Recherches*，23，1976。弗朗索瓦·富尔凯：《公共设施的谱
系学：国民经济核算中集体服务的历史》（*Généalogie des équipements collectifs*：
Histoire des services collectifs dans la comptabilité nationale），Fontenay-sous-
Bois：CERFI，1976；《权力的账目：国民核算和计划的历史》（*Les Comptes de
la puissance*：*histoire de la comptabilité nationale et du plan*），Paris：Recherches，
1980，《新城公共设施规划》［*La programmation des équipements collectifs dans les
villes nouvelles（Les équipements d'hygiene mentale）*］，Paris：CERFI，1972。

de l'hôpital moderne）] 于 1976 年出版，并于 1979 年再版。它源于 CERFI 的工作、福柯的独立研究及另一项由布鲁诺·福捷（Bruno Fortier）牵头的研究项目。福柯所编辑的另一项相关研究题为《生境政治（1800 — 1850）》[*Politiques de l'habitat（1800-1850）*]，完稿于 1977 年；最后一个项目与巴黎的"绿色空间"（green spaces）有关。

这些是这一时期的重要合作项目，它们以不同的方式与福柯在法兰西学院的工作联系在一起，但并不是他所参与的仅有的一些项目。其他方面还包括一项由罗伯特·卡斯特尔（Robert Castel）实际牵头的研究团队，福柯本人只是名义上的负责人。这是"对医学的抵制和健康概念的简化"的研究。该项目 20 世纪 70 年代末实施，卡斯特尔及其研究团队——最初包括让·卡朋蒂埃（Jean Carpentier）、让 - 马里·阿利奥梅（Jean-Marie Alliaumé）以及雅克·东泽洛等人——分析了医学何以超出与疾病相关的狭窄定义，并开始涉及更为广泛的问题，包括精神健康、福祉和公共卫生。[①] 其工作假设是，抵制医学不只是"一种简单的拒绝"，而是旨在反对这种"新干预手段的扩散"。[②] 因此，精神病学和精神分析是他们的主要议题，因为他们发现健康不仅仅是对疾病的简单"逆转"方式。[③] 虽然最终的报告没有沿循最

84

---

① 见 IMEC D.2.4.a/FCL2.A04–03.01，p.1。

② 见 IMEC D.2.4.a/FCL2.A04–03.01，p.2。

③ 见 IMEC D.2.4.b/FCL2.A04–03.02，p.18。

初的意图，但它包含了一系列概括性主题的论文。^①

  福柯还参与了他在其他大学作为访问教授的研究项目。这其中最广为人知的作品是在佛蒙特大学完成的文集《自我的各种技术》（*Technologies of the Self*），但还有一本是在 1981 年鲁汶天主教大学完成的，第 5 章将对其简要讨论。在福柯临去世前不久，他还计划依据他 1983 年后期有关直言的讲座，与伯克利的学者开展一个合作项目。这一点将在第 8 章讨论，但值得指出的是，其主题之一是战争机制如何在和平时代继续进行。这与《必须保卫社会》课程的主题密切相关，福柯当时指出了战争本身会如何改变，从聚焦于战斗转变为"战斗之前就已开始并在战斗之后继续进行的战争"（SMBD 141/159），他认为这一点源于布兰维里耶（也参见 SMBD 146-147/165）。因为尽管"必须保卫社会"明确地围绕着战争的问题进行，但它也含蓄地描述了在和平时期必须采取的策略。这类主题将继续在 20 世纪 70 年代后期的"治理术"课程中进行，本章的后半部分将对此进行讨论，但它们也是福柯期望在 80 年代所返回的议题。

---

① 《对药物的耐药性和健康概念的传播》（*Résistances à la medicine et démultiplication du concept de santé*），CORDES/Commisariat Général du Plan，November 1980，IMEC D.2.4.d/FCL2.A04-03.04。东泽洛源于此的论文被翻译成《工作中的快感》（"Pleasure in Work"），载于格雷厄姆·伯切尔（Graham Burchell）、科林·戈登（Colin Gordon）、彼得·米勒（Peter Miller）编：《福柯效应：治理术研究》（*The Foucault Effect：Studies in Governmentality*），Chicago：University of Chicago Press，1991，pp.251-280。

医院与规范化

第二卷《公共设施的谱系学》（*Généalogie des équipements collectifs*）是福柯所牵头的项目。为了该项目，CERFI 的计划超出了医院和学校这类机构，更广泛地关注卫生规则和"确定卫生机制的国家权力"[1]。最终报告题名为《规范化设施的谱系学：卫生设施》（*Généalogie des équipements de normalisation：Les équipements sanitaires*），所有这些都被认定为"在米歇尔·福柯的指引下"（sous la direction de Michel Foucault）——在他的引导下，或者由他进行编辑。[2] 该卷分为三个部分，其中只有一部分与福柯直接相关，此便是《十八世纪的医疗机构》（*L'institution hospitalière au XVIIIe siècle*）。其他两部分是关于精神病学和精神健康的，一部分由伽塔纳·拉马什-瓦德尔（Gaëtane Lamarche-Vadel）与乔治·普雷利（Georges Préli）撰写，另一部分由富尔凯与穆拉德撰写。[3] 福柯承担的那部分划分成两部分，分别是他撰写的一篇名为《18 世纪健康的政治学》的论文和一篇未具名的 70 页文本，后者的内容涉及医院、疾病、公共卫生与城市空

85

---

① IMEC D.2.3/FCL2.A04−04.

② 《规范化设施的谱系学：卫生设施》（米歇尔·福柯指导）（*Généalogie des équipements de normalisation：Les équipements sanitaires*），sous la direction de Michel Foucault，Fontenay-sous-Bois：CERFI，1976。

③ 第三部分以较长的形式出现在 1975 年《研究》第 17 期中，缩减的第二版载于弗朗索瓦·富尔凯、利昂·穆拉德的《精神病分支的历史》（*Histoire de la psychiatrie de secteur*），Paris：Recherches，1980。

间的组织。福柯的论文在《治疗机器》这本书中被重印，它本身
以两种非常不同的版本出现，但其余的材料从未再次发表。

　　除了福柯的论文，《治疗机器》还收录了他在巴黎研讨课上
四位同事的文章，以及一份关于医院的建筑、设施、年表以及组
织的详细档案。在 1979 年再版时有几处做了调整，收录了福柯
自己的论文。其他三篇论文多多少少都有所改写；布鲁诺·福捷
提交了一篇完全不同的论文。①除了由福柯所牵头的 CERFI 项目，
该书还提供了对"旧制度"末期巴黎的空间政治的研究，由福捷
牵头的，同发展与建筑研究委员会（the Comité de la Recherché
et du Développement en Architecture， 简 称 CORDA） 和科学
与 技 术 部（the Délégation Générale à la Recherche Scientifique et
Technologique，简称 DGRST）联合实施。该研究源于第二份合约，
福柯并未直接参与其中，在 1975 年以单独一卷出版。②

　　福柯的论文与 1974 年 10 月在里约所做的有关医学的三次讲
座密切相关。在第二次讲座中，福柯提到了法兰西学院的集体研
究工作："我们中的一些人在研究从 18 世纪到 19 世纪初住院治
疗的增长及其机制，还有些人则关注医院本身，并去研究医院的
状况以及与之相关的方面：确保日常生活正常运转的道路系统、

---

① 　他对 1976 年卷的贡献名为"医院的建筑"（"Architecture de l'hôpital"）；
1979 年的是"营地及其反向堡垒"（"Le camp et la forteresse inversée"）。

② 　布鲁诺·福捷编：《巴黎的空间政策》［*La politique de l'espace parisien*（*à
la fin de l'Ancien Régime*）］，Paris：CORDA，1975。其他贡献者包括：布兰
迪恩·巴雷特－克里格（Blandine Barret-Kriegel）、弗朗索瓦·贝甘（François
Béguin）、丹尼尔·弗里德曼（Daniel Friedmann）以及阿莱茵·芒察伯龙（Alain
Monchablon）。

运输线路以及公共基础设施，尤其是城市的环境。"（DE#196 Ⅲ 208；EW 135）因此，《治疗机器》是福柯所牵头的这项研究合同的成果，这是包括他在内的团队对巴黎空间所进行的研究，这体现了他自己在讲座中的旨趣。这是一系列富有成效的议题。布兰迪恩·巴雷特－克里格（Blandine Barret-Kriegel）展示了医院如何透过其建筑设计与组织发挥着一种治疗的工具性作用。随着人口观念的出现，这一时期类似的问题也从对公共卫生的关注中凸显出来。观察与量化是两种主导方法——计算的政治学。（MG 22）死亡率、出生人数与受洗人数及现代人口统计学的其他机制。水、季节天气、气候、饮食制度及其对死亡率的影响，也包括其他医学问题。（MG 24-25）人口成为一种医学知识的场所——独特而又依赖于那些构成它的个体的身体。（MG 23）

　　　　计算是为了建立一种有损于美学结构的统计量，即医生、化学家甚或人口学家对建筑比例所做的一种评估。权力要求并实现这种操作。（MG 26）　　　86

　　分散与流通成为医院的关键——物品、身体和设施在医院空间内的安置以及医院在城镇及周围地区中的位置。（MG 26）
　　安妮·塔拉米（Anne Thalamy）的作品也为这一总体方法做出了贡献，一方面指出了医院背后的军事模型及其传统的纪律、统一的指挥和绝对的等级制度，另一方面更为具体地说明了流通问题、对文牍和记录的保存以及对资料的编目。（MG 32-33）

塔拉米在这一时期的医学文献中发现"一种功能性空间的符号与一种持续更新的知识的符号,它在连续的观察(凝视)中分析疾病,并把它置于医学实践的时限之中……它是对一种疾病的基本支持,这种疾病成为治疗的对象,成为所谓的康复空间,即医院的对象"(MG 36)。弗朗索瓦·贝甘(François Béguin)提供了一些进一步的分析,尤其是围绕着用床的对象,其目的是分隔、休息与康复。这种有关医院物理设计的观点也得以再次出现,这里特别强调了建筑。(MG 39)布鲁诺·福捷的那一章也讨论类似的主题,认为医院是一种"政治工具",是对人口进行控制和组织的更大政治规划中的一个步骤,尤其是在城市环境中。类似的议题在监狱和学校中发现,也在"有关工作和交流的空间"中发现。(MG 45)

在1976年《18世纪健康的政治学》的第一版中,福柯指出,"治安(管治)……是总体性机制,它使得秩序得到确保,财富增长得以引导,它也是'通常'意义上维持健康的条件"(DE#168 Ⅲ,17;P/K 170)。在修订版即1979年的版本中,福柯将此观念纳入他所发展的治理术研究之中,治安的任务被视为对社会的"躯体"加以管理。他强调这一点不应只是作为隐喻来理解,也应基于众多个体的物质性身体以及生命的物质性条件来加以理解。在这个意义上,人口不仅是一个特定地区人的数量,也指该地区众多的个体,这些个体也构成一个整体。他们的生活、生存以及福祉的条件是可控的,但这只是在对作为整体的人口进行控制与监管的情况下才可能做到。(DE#257 Ⅲ 730-731)类似的事情可以追溯更早之前的《临床医学的诞生》,福柯在该书

87

中认为，"只有辅以一种治安，流行病医学才有可能存在"①。有必要认识到的是，这并不是现代意义上的治安。正如法尔热与福柯在 1982 年所指出的那样，"一种关于治安的科学在 18 世纪就已经存在了，当然，这并不真的是一种治安"（DF 345）②。

生境政治

《生境政治》（*Politiques de l'habitat*）包括一个简要的、未署名的导论以及由福柯一些同事所撰写的章节。这些人包括塔拉米、巴雷特－克里格、阿利奥梅、贝甘与丹尼尔·朗西埃（Danielle Rancière）。该书包括对霍乱流行、公共卫生倡议、住房规划以及生境观念出现的详细分析。这是关于医院建筑研究的集体作品的续篇。在这本书中，与福柯本人同一时期的作品一样，我们发现有一种将监狱、医院和精神病院的制度分析扩展到整个社会的企图。在"序言"中，有一份关于城市环境或生境的决定因素的主题列表："医学和卫生学、建筑、土木工程、社会科学以及司法。"③这也是从 1975 年 9 月到 1977 年 5 月间由 DGRST-

① 《临床医学的诞生》（*Naissance de la clinique：Une archéologie du regard médical*），Paris：PUF，1963，p.25；trans. Alan Sheridan as *The Birth of the Clinic：An Archaeology of Medical Perception*，London：Routledge，1973，p.25。
② 现如今，已有大量文献与这种意义上的治安有关。例如，可参见马克·尼奥克里尔斯（Mark Neocleous）：《社会秩序的构造：一种关于治安权力的批判理论》（*The Fabrication of Social Order：A Critical Theory of Police Power*），London：Pluto，2000。
③ 米歇尔·福柯编：《生境政治（1800–1850）》［*Politiques de l'habitat（1800–1850）*］，Paris：CORDA，1977，p.3。

CORDA 所资助的一项研究项目的成果，内容是关于"生境概念在 18 世纪和 19 世纪的建筑思想和实践中出现的历史"[1]。

这项研究的最初议题包括：生境 – 健康的观念与健康规则的建立、相应的规范化程序，以及管理实践和社会生境。[2] 这个项目最初是在 1975 年夏天谋划的，包含了许多之前项目的同事，还有建筑师伯纳德·马泽雷（Bernard Mazeret）——对于出版的这一卷他未有提交论文。这个团队在设计上是跨学科的，研究计划本身就极为重视历史学家和建筑师的加入，因为对建筑技术和规划的分析非常重要。[3] 这些文献表明，福柯在 1975 年打算出版一部与《监控的建筑学》（*L'architecture du surveillance*）研讨会相关的作品。这很可能是促成《卫生设施》（*Les équipements sanitaires*）与《治疗机器》的研究工作的一种最初描述。[4] 它清楚地表明了这些议题之间的连续性，突出了早期这些有关医院的建筑学分析、关于监狱的研究以及后续研究之间的关系。

纳入该卷有关生境观念的作品包括下列有关议题：流行病医学、用以治愈疾病的统计措施、城市空间的生产和城镇内部向公共空间转变的动力机制，以及对于这些空间的组织与控制。福柯的同事们提供了丰富的实证工作，补充并加强了福柯本人此前所

88

---

[1] 见 IMEC D.2.2.a/FCL2.A04−02.01，p.1。

[2] 见 IMEC D.2.2.a/FCL2.A04−02.01，p.1。

[3] 见 IMEC D.2.2.b/FCL2.A04−02.02。

[4] 参见 IMEC D.2.2.a/FCL2.A04−02.01；IMEC D.2.2.b/FCL2.A04−02.02；以及《行政和卫生策略对巴黎绿地历史的影响》（"Influence des strategies administratives et hygiéniques dans l'histoire des espaces verts à Paris"），IMEC D.2.1/FCL2.A04−05，p.15。

段。这些研究确认了这些治理工具如何被用来协助和影响城市人

及保障安全。其中一个关键主题是个体的空间分配，此外，公共

物品或公共基础设施的主题是对早期项目的继续。

该项目计划书同样富有启发性，它表明了一种对于城市环境

中空间组织的兴趣，关键主题是将公共空间的进化追溯到居住这

个更为集中的议题上。计划书把研究时段设定在 1750 年和 1830

年之间，后来出版的作品则限于对 1800—1850 年之间的研究。

对监控与流通的关注这里再度出现，尤其是在（特指巴黎的）空

间被打开、破坏与重造之时。[1] 里约讲座与《治疗机器》的议题，

还涉及治安与卫生学之间的关系，特别是治安作为公对私干预的

一种手段，尤其是按照控制要素传播的方式进行。公私空间的交

接点——例如人行道、道路与十字路——在这里是重要的。[2] 在《规

训与惩罚》及其他作品中所详细勾勒的议题在这里得以发现，它

依据的是个体的空间分布，尤其是作为一种社会控制手段。此外，

还有一种看法把增进健康观念的发展与城市的病态性格发展联系

起来，该著作透过霍乱流行病对此进行了详细分析。[3]

[1]　《主体的呈现》（"Exposé du sujet"），见 IMEC D.2.2.c/FCL2.A04-02.03, p.1。
[2]　见 IMEC D.2.2.c/FCL2.A04-02.03, p.2。
[3]　见 IMEC D.2.2.c/FCL2.A04-02.03，pp.3-4。

这种对城市空间的重组出现在这些卫生研究计划中，但这种重组不仅仅是为了其居住者的身体生活与健康，也是出于一种对于他们道德生活的关注。[①] 需要强调的是，随着独立房屋（*pavillonaire*）组成的建筑的出现和集体床铺之取消，与医院早期变化相关的发展在家庭空间的新分区中得以呈现。[②] 这些也是《不正常的人》中针对压制手淫与乱伦举措的关注点。渐渐地，私人空间包括了一种为国家观察（*regard*）所保留的要素。[③] 研究这些议题自然需要围绕医学的议题——卫生学、病理学、生物学进行，但也需要社会学、经济学与建筑学的介入。除实践之外，律法和规则也都需要进行研究。他们利用之前关于公共设施的研究中的分析技术，建议仔细研究建筑规划以及对这些规划的评论。[④] 尽管福柯和他的团队认为，他们可以相对精确地追溯"生境"一词的出现，但他们更关心的是这种观念本身（命名是后来的事），而不只是其话语的建构。[⑤]

在 IMEC 的同一卷宗里，包括一篇由布鲁诺·福捷撰写的没有标题的文章。[⑥] 尽管它不是该研究团队正式的一部分，但这篇文章讨论了一系列相关的议题，包括城市环境中的墓地、塞纳河畔洗涤病人衣服的行为以及他所谓的一种有关水、气、光循环的

① 见 IMEC D.2.2.c/FCL2.A04–02.03，p.5。
② 见 IMEC D.2.2.c/FCL2.A04–02.03，p.7。
③ 见 IMEC D.2.2.c/FCL2.A04–02.03，p.9。
④ 见 IMEC D.2.2.c/FCL2.A04–02.03，pp.11，12。
⑤ 见 IMEC D.2.2.c/FCL2.A04–02.03，p.12。
⑥ 布鲁诺·福捷，无题文章，见 IMEC D.2.2.d/FCL2.A04–02.04。

"空间化逻辑"[①]。最有趣的部分之一，是对空间范畴的医学化做出可能的时段界定：

- 监狱 1765—1770
- 医院 1770—1785
- 企业 1770—1810
- 居所 1830— [②]

这很明显与巴黎的背景有关，有趣之处在于，福柯自己研究前两类范畴，并勾勒了对其他两类的更为一般性的研究。福捷还提出了在城市发展中处于核心的阶级关系问题，这在稍晚的奥斯曼改革（Haussmann's reforms）时期是至关重要的，即关于空间的法律改革和法律制定。[③] 他的研究论文有以下一个总结段落，这段话汇集了他和福柯所牵头的大部分工作：

> 因此，在 18 世纪末，问题并不是城镇中工人阶级的存在，而是它所展现的空间的控制、认知与生产。这是一种关注于征用的权力，而不是关注于空间化存在的权力。所以，18 世纪末的梦想以及 19 世纪的现实，是一种普遍化的空间编码，它对国家是透明的，而它在工人阶级的认知中却是陌生的。[④]

---

① 布鲁诺·福捷，无题文章，见 IMEC D.2.2.d/FCL2.A04-02.04, pp.7-8, 9, 13。
② 布鲁诺·福捷，无题文章，见 IMEC D.2.2.d/FCL2.A04-02.04, p.10。
③ 布鲁诺·福捷，无题文章，见 IMEC D.2.2.d/FCL2.A04-02.04, pp.19-20。
④ 布鲁诺·福捷，无题文章，见 IMEC D.2.2.d/FCL2.A04-02.04, p.20。

绿色空间

　　这些项目的最后一个似乎只是到了计划书的阶段，但其目
的是为考察巴黎的"绿色空间"（*les espaces verts*）①。这是
CERFI 牵头的"权力的设施"项目五大主题中的一个，但其扩展
形式是打算针对"绿色空间"的物质基础与文化基础进行描绘与
分析。其目的是追溯较为一般意义上的公共卫生的管理策略与绿
色空间发展之间的关系。②为了完成这项十八个月的项目，资金
预算超过二十五万法郎，除了福柯核心团队人员，如早期工作中
的巴雷特－克里格、阿利奥梅与塔拉米，还包括建筑师亨利·博
纳玛宗（Henri Bonemazon）以及地理学者阿兰·德芒戎（Alain
Demangeon）。③德芒戎后来又与福柯的另一名同事布鲁诺·福
捷合作撰写《船只与城市》（*Les vaisseaux et les villes*），讨论
的是瑟堡的兵工厂，出现在再版的《治疗机器》相同系列之中。④

　　对于该团队来说，其中一个看上去非常值得注意的问题是，
巴黎绿色空间的日益减少的情形，在其他主要城镇中亦是如此，
此外关于健康的话语在某种程度上"似乎已系统地将绿色空间排

90

---

① 参见 IMEC D.2.1/FCL2.A04–05。

② 见 IMEC D.2.1/FCL2.A04–05，p.1。

③ 见 IMEC D.2.1/FCL2.A04–05，pp.3，7。

④ 阿兰·德芒戎、布鲁诺·福捷：《船只与城市》（*Les vaisseaux et les villes*），
Bruxelles：Pierre Mardaga，1978。

除出它的关注"①。何以会出现这种情况是一个至关重要的问题，而且也需要放在与危险人群控制相关的层面进行考察。一份相当详细的研究计划指出，建设部在 1958 年意识到，巴黎严重缺乏公园和花园，而且关键是要保护现存的那些绿地不受经济发展和高速公路建设的影响。②尽管该研究团队与希望回归自然的风景画家（*paysagistes*）或鲁滨孙式文学学者（*Robinsonnades*）保持距离，但这项研究意识到这些绿地的重要性，特别是它们对老年人、妇女和儿童的用途。③

　　重要的绿色空间——巴黎东西两边的万塞纳森林（the Bois de Vincennes）与布洛涅森林（the Bois de Boulogne）——需要追溯到第三共和国时期④的奥斯曼男爵（Baron Haussmann）的规划，并考虑在这一时期肖蒙山丘公园（the Parc de Buttes Chaumont）与蒙苏里公园（Parc Montsourri）的建立。所有这些都与从皇家花园到公园与广场的转变有关，但需要追问的是公园"截肢"现象，如拉丁区正南的卢森堡花园以及蒙索公园（the Parc Monceau），还有就是要问为什么诸如香榭丽舍大街（the Champs Elysses）与巴黎荣军院（Les Invalides）这样的公共空间未能成为公园。这些或许是最为重要的议题，但同样显著的现象是缺少英国模式的个人的或共有的私人花园。⑤尽管这项研究考

---

① 见 IMEC D.2.1/FCL2.A04–05, pp.1–2。
② 见 IMEC D.2.1/FCL2.A04–05, p.4。
③ 见 IMEC D.2.1/FCL2.A04–05, p.5。
④ 原文有误，应为第二帝国时期。——译注
⑤ 见 IMEC D.2.1/FCL2.A04–05，pp.16–17。

察的是这个特定的例子，但很明显，这是从一种新视角来处理这些熟悉问题的机会。该项目所表明的研究目标涵盖了公共卫生学、城市监控以及工业化与城市这些经常出现的主题。[1] 在总体上，尽管这项计划的研究是关注"碧叶"或者说"绿植"的问题，但他们所说的是"一项晚近的问题"，更确切地说是绿色带、绿色屏障的"环境问题"。[2] 这或许是附带的兴趣，但值得注意的是，从地理和环境角度对一系列议题的持续关注，以及福柯对此所表现出来的兴趣，而不是出于他对非建筑环境的热衷。

　　正如第 2 章所指出的，《必须保卫社会》的主题之一考察的是把历史作为一种政治工具来使用，它并不只是报道斗争，本身也是一种武器。不仅在战争期间是如此，在随后的和平时代亦然。当斗争转向内部作为一种内部的防御而不是对外的对抗时，战争模式如何从社会建构的手段转变为社会维护者？在和平时期的社会，战争针对内部之人而不是抵御外敌，即被用作一种针对源于自身危险的社会防御。这也是福柯一些同事所关心的问题。这里值得注意的是克里格的研究，他在福柯的指导下撰写论文，探讨法国历史编纂学问题，尤其是法律史和政治史。这项研究在 1988 年出版了四卷本著作。[3] 其标题并非**关于**古典时期的历史，而是**在**古典时期的历史学。克里格更早之前的《国家与奴隶：对国家历史的反思》（*L'état et les esclaves：Réflexions pour*

---

① 　见 IMEC D.2.1/FCL2.A04–05，pp.17–22。

② 　见 IMEC D.2.1/FCL2.A04–05，p.24。

③ 　布兰迪恩·克里格：《古典史》（*L'histoire à l'Age classique*），Paris：PUF，4 vols.，1978。

l'histoire des états）初版于 1979 年，并于 1989 年再版，然后在
1995 年翻译成英文——《国家与法治》（*The State and the Rule of
Law*），其中就使用了一些相类似的观念。①

　　这种合作不是要轻忽福柯，而是表明把他看作一位独具一格
（*sui generis*）的人物可能会产生误导。他受到他同时代人——德
勒兹、加塔利、彼得·布朗（Peter·Brown）、韦纳、皮埃尔·阿
多（Pierre Hadot）等人——的启发，他也启发了别人。也许在这
里，我们可以看到福柯所希望人们会遵循他的那种工作模式，在
他一生中一直进行但甚至在他的祖国法国人们也不太了解的那种
研究工作。在这方面，我们也应当考察一下从那时开始由他的同
事们所做的一些研究，包括东泽洛、弗朗索瓦·埃瓦尔德与克里
格，以及稍后他在伯克利的学生兼同事们所做的研究。② 所有这
些项目表明，福柯是如何关注规范化、范畴化以及控制等诸多技
术，关注作为一种政治力量的真理/真相，以及关注治理的形态的。
当然，这些是他的著作以及课程讲座的议题，但也贯穿于他的研
讨课及其他的合作项目之中。在这些研究中，安全机制扩展到整
个社会结构。

①　布兰迪恩·克里格：《国家与奴隶：对国家历史的反思》（*L'état et les esclaves：
Réflexions pour l'histoire des états*），Paris：Calmann-Lévy，1979；trans. Marc A.
LePain and Jeffrey C. Cohen，*The State and the Rule of Law*（《国家与法治》），
Princeton：Princeton University Press，1995。
②　也参见与如下文献一起引用的作品：弗朗索瓦·埃瓦尔德：《福利国家的
历史：团结的起源》（*Histoire de l'état providence：Les origines de la solidarité*），
Paris：Éditions Grasset et Fasquelle，1986。

在战斗冲突中，种族嘶哑的歌声盖过了律法与君王的谎
言，这便是最早的革命话语形式，现在变成了一个国家的行
政公文，国家以社会遗产的名义来保护自身的纯洁。（SMBD
73/83）

福柯的研究，以及他的合作者的研究，表明了一种有关规范
化的知识与权力的形成是保卫社会并获得安全的重要手段的一
部分。

治理术讲座课程

在休假一年之后，福柯返回法兰西学院，接连讲授了两门重
要的讲座课程——《安全、领土与人口》与《生命政治的诞生》，
这似乎表明了他对性态兴趣的中断。然而，它们之间有着重要的
关联，而且毫无疑问，这项计划仍然在进行。德菲尔指出，福柯
1977 年 8 月在他旺德夫勒迪普瓦图（Vendeuvre-du-Poitou）的家
乡老宅中撰写教父的论述，并在 1978 年初重新起草第二卷，而
这正是他的《安全、领土与人口》课程开始之时。（C 51/64，
53/66）该课程的焦点时常与那个更大的计划相交叉，但是它主
要是在其他方向上提出问题。它以三次有关城镇规划、饥荒以及
天花的演讲开始，目的是说明安全空间、随机处理、规范化以及
现代人口观念的诞生这些议题。第三讲尤为有趣：除了在此前课
程和《规训与惩罚》中所常见的麻风病与瘟疫的医学案例，福柯

这里增加了应对天花和接种的技术。对福柯而言，麻风病与瘟疫之间的比较标志着君主权力与规训权力之间的断裂。但在这些讲座中，应对天花流行病的模式是对于一种正在出现的新治理模式的很好说明。它利用了一系列不同的实践，包括认知、计算以及计划——这是一种"权力的总体经济学"（general economy of power），福柯称之为安全。（STP 12/10）这三讲之后是 1978年 2 月 1 日有关"治理术"的著名演讲。这次演讲一直都被脱离语境来理解，如今很明显可以看出，它是如何开启了一个问题，福柯在该学年接下来的课程和下一学年的课程中都不断地对其详加探讨。因此，福柯认为这门课的标题应该是"治理术的历史"（STP 111/108）。实际上，在第二次课程结束之后的五个月，即 1979 年 10 月，福柯在斯坦福大学以简要的概述把他的工作称为"某种基本的工作，在过去的两年里我一直在做。用过时的术语来说，它正是对我们所谓的'治理术'（art of government）的历史分析"（EW Ⅲ 324；DE#291 Ⅳ，160）。治理术以其多样化的形式成为自此之后的一个议题，至于《性史》系列，出于对于主体性问题这一新的关注，也借机得以重构。

　　在该讲中，福柯所关心的是从治理实践的视角出发在更具体的意义上重新解读国家的历史，而且他提出了西方的三种重要模式。这些模式包括：基督教的牧领，其议题是羊群、告解 / 坦白以及灵魂治理；外交军事技术，它随着威斯特伐利亚和约（the Peace of Westphalia）而出现；以及治安（管治）观念（如 STP 320/312）。它们"是三种主要的支点，基于此，西

93

方历史中的一个基本现象，即国家的治理化，就得以产生了"（STP 113/110；参见 126 n.*/122 n.*）。人口、治安（管治）以及治理都是福柯之前研究工作中的议题，但如今被赋予新的突出地位，也被赋予一种更明确的政治转向。正如福柯所提出的："治理术的知识构成与以人口为中心的所有过程的知识构成，是绝对密不可分的，这就是我们今天所说的'经济学'。"（STP 109/106）这里开始的探讨在下一年度的《生命政治的诞生》中进一步展开，后者的标题具有误导性。这是福柯对 20 世纪所做的最为详细的研究，他分析了自由主义思想和现代政治理性的各种议题。

在前一次课程一开始，福柯就提到，他最初的重点将放在生命权力（biopower）上，这是重新拿起休假之前课程《必须保卫社会》中所勾勒的主题。福柯认识到，他原先对"生命权力"这一术语的使用在某种程度上是不明确的，但该课程很快就转向治理的问题。（STP 3/1；参见 77/76）① 正因此，福柯重返《不正常的人》的尚未得到充分阐发的一些重要议题。在那次课程中，福柯已强调了在一种广义上理解治理的重要性。他这里再次强调了这一点，注意到 16 世纪斯多葛主义作为一种自我治理方式的复兴；基督教实践中"针对灵魂的治理与针对行为的治理"，针对儿童的治理，然后是针对国家的治理。（STP 92/88）最后一点将成为该课程的关键：这是一种更为狭义、更具体也更为传统

① 关于这一转向，参见 STP 381–382/369–370。

意义上的治理（政府），而不是广泛意义上的治理。我们知道，在福柯后来的课程中，他将再次返回到对活人、自我和他人治理的问题上来。这些先前所讨论的主题中最为重要的，除了治理问题本身，就是基督教的牧领了，在 1975 年它被描述为一种"治理灵魂的技术"（A 165/178）。这一在 1975 年勾勒的主题，是为至少部分被毁掉的《肉体与身体》版本所做的准备工作的一部分，福柯在 1978 年欲重新起草该卷时，该主题再度成为中心议题。① 在 1975 年的课程和 1978 年的课程之间至少存在一个重要差异：福柯已经将他的分析从中世纪晚期和近代早期转到基督教最初几个世纪。②

　　这两个年度的讲座课程——《安全、领土与人口》以及《生命政治的诞生》——在出版之后的 12 年间也得到广泛的讨论。我在别处也分析并批评了那种以为这两个课程是将治理的目标从领土转向人口的观点。③ 福柯有关治理术发展的分析是至关重要的，有助于考察具有测量、计算性质的人口范畴的出现以及形塑、管理与指导人口的特定政治技术。例如，他宣称"治安（管治）使得统计学成为必要，但治安（管治）也让统计学成为可能"（STP 323/315），福柯强调了计算实践的重要性。福柯认

① 参见 STP 387 n. 33/394 n. 33 以及第 7 章的讨论。

② 在 1975 年巴西的一篇访谈中，福柯将这一转向追溯至 17 世纪，但将分析拓宽到包括犯罪坦白（DE#163 Ⅱ，809-811）。

③ 《治理术、计算、领土》（"Governmentality，Calculation，Territory"），*Environment and Planning D：Society and Space*，Vol. 25 No. 3，2007，pp. 562-580；《我们应该如何研究领土的历史？》（"How should we do the History of Territory?"），*Territory，Politics，Governance*，1（1），2013：5-20。

为，统计学对于外交 – 军事均衡和治安（管治）都是很关键的，因为"统计是国家对自身状况的认知，可将其理解为国家对于自身和其他国家的认知。因此，统计是两套技术的连接点"（STP 323/315）。福柯也把这一分析与他之前的作品联系了起来。尤其是他在十年之前的《事物的秩序》中，就已讨论过生命，劳动和生产，以及语言这三个知识领域，如今他把这三个领域都明显地政治化了。（STP 78-81/76-79）我们是如何从博物学（natural history）转到生物学，从对于财富的分析转向政治经济学，以及从一般的语法转向语言学的呢？现在，福柯提供了一个做了重要修正的答案："如果我们寻找促成所有这些知识体系转向的操作者，即它将这些知识引向生命的科学，劳动和生产的科学，以及语言的科学，那么我们就应该在人口中寻找。"（STP 80/78）因此，此前关于人的议题与"人的科学"应当"基于作为权力与知识对象之关联的人口的出现"来理解，"人相对于人口的存在，正如过去权利的主体相对于君主的存在"。（STP 81/79）通过强调**治理**的观念而不是早期的统治形式，福柯认为"人们从来就不是在治理一个国家，不是在治理一片领土，也不是在治理一种政治结构。人们所能治理的是人，是个体或群体的人"（STP 126/122）。

　　人口问题是福柯研究工作的一项主要贡献，但与其说领土因为人口的发展而黯然失色，倒不如说它们在同一时期、通过明显相似的过程与行动一同产生。正如人口概念将以前相对模糊的人民或民众的概念进行编码和管理，领土概念也是如此，它覆盖了

95

未充分发展的土地与领域概念。除非这些概念没有特定所指，否则，以为"从中世纪到 16 世纪，公法中的主权并不是施展于物，而首先是施展于领土上，因此也是施展于居住在它之上的主体（臣民）头上"（STP 99/96）这样的观点，便纯粹是误导他人。福柯本人就曾如此行事。这种观点——既受到福柯的激发也有悖于他对于领土分析的细节——无法在此进一步复述。[①] 相反，理解这些讲座课程需要集中考察三个重要的主题：基督教牧领的角色、经济人（*Homo oeconomicus*）的出现，以及对治理及其与国家关系的追问。

基督教的牧领

　福柯认为，如果我们要寻找治理人民的观念基础，那么我们将不应到古希腊或罗马思想中去寻找。他认为，在这些传统中，我们会看到把治理视为（舵手）引领的观念，但这里的治理对象是城邦，是国家之船，而不是船员。（STP 126–127/122–123）相反，福柯把它置于牧羊人、羊群、"运动中的群体"（STP 130/125）的观念之中，置于东方思想之中——埃及、亚述帝国、美索不达米亚以及希伯来。（STP 128/123）他在 1979 年 10 月斯坦福大学的坦纳（Tanner）讲座中澄清，这不是描述耶路撒冷陷落之前的希伯来权力，而只是意指流亡的羊群／群体。（EW Ⅲ，

---

① 参见《领土的诞生》（*The Birth of Territory*），Chicago：University of Chicago Press，2013。

303；DE#291 Ⅳ，138）这是对每个个体行使的权力，很大程度上就像对整个群体的权力一样。这些讲座的标题是"Omnes et Singulatim"，意即"全体与单一"，探讨了一种既是总体化的又是个体化的技术。正如他在这里所表明的，"如果国家是一种关于中央集权化的和中心化的权力政治形式，那么我们就可以称这种牧领制度是一种个体化的权力"（EW Ⅲ，300；DE#291 Ⅳ，136；参见 STP 132/128）[①]。关键是这两种要素是如何结合在一起的。牧领需要为每个个体负责，但也要为整个共同体负责，为"整个城邦与世界"（the *orbis terrarum*）负责。（STP 172/168；参见 157/154）[②]对福柯而言，这是一项至关重要的发展："当治理术成为一种精心计算和深思熟虑的政治实践之时，现代国家诞生了。在我看来，基督教的牧领是这种过程的背景。"（STP 169/165）

福柯认为，在希腊神与希伯来神之间存在一种重要的区分。希腊的神是"一种区域性的神，是城墙内的神"，位于城邦之墙内，根源于甚或诞生于这片土地，并且是位于庙宇之内的。相反，希伯来之神"行走，移位，四处走动"（STP 129/125）。同样，希伯来政治模型与希腊城邦是完全不一样的，甚至不同于罗马帝国。（STP 133/129）这是一种福柯称之为牧领的模型，它出现于某些希腊文本中，主要是柏拉图的《政治家篇》（*Statesman*），其他的对话也略有提及，但主要是从其他传统的文本中所发展形

96

[①] 一个更早的英文版本，也是所讲授文本的一个转录本，见于 BANC 90/136z 1:9。

[②] 约翰·屈梭多模（John Chrysostom）：《论铎职》（*De Sacerdotio*），Ⅵ，4。

成的。（STP 133/129，142-145/138-141；EW Ⅲ，304-305）
福柯对于希腊与罗马文本的引用表明，他对这些材料很熟悉，尽
管在接下来的几年里，他会以新的焦点来更深入地研究这些材料。
除了古典政治学理论和哲学，福柯还解读了《伊利亚特》（*Iliad*）、
《奥德赛》（*Odyssey*）以及《贝奥武甫》（*Beowulf*），认为在
这些作品中也可以找到同样的模型。（STP 140-141/136-137；
EW Ⅲ 304）然而，关键点是牧师作为统治者或牧羊人作为地方
官的形象，是从希腊传统之外的资源中所发展出来的。这种牧领
传统进入西方所经由的路径是基督教，后者发展了源于犹太传统
与东方传统的观念。一个关键时刻是西罗马帝国接受了基督教，
教会在罗马建立了自己的本部。福柯指出，韦纳作品在促成自己
的观点上具有重要作用。（STP 151/148，245/239）[1] 吊诡之处
在于，从这种照顾羊群的技术中诞生的西方基督教，也是最富创
造力、最喜好征服、最为傲慢、最充满血腥和暴力的文明。（STP
133-134/130）然而，"牧领权力是一种关爱的权力。它照看羊群，
它照看羊群中的个体，它负责羊群不受攻击，当然它也会去寻找
那些迷途者，并对那些受伤者进行治疗"（STP 131/127）。

在这项讨论中，至少有两个平行的计划在发挥作用。第一个

---

[1]　保罗·韦纳：《罗马帝国统治下的家庭和爱情》（"La Famille et l'amour à Rome
sous le haut-empire romain"），*Annales*：*Économies*，*Sociétés*，*Civilisations*，33
（1），1978：35-63；以及《面包与马戏：历史社会学与政治多元主义》（*Le Pain
et le cirque*：*sociologie historique d'un pluralisme politique*），Seuil，Paris，1976；
Bread and Circuses：*Historical Sociology and Political Pluralism*，abridged by Oswyn
Murray，trans. Brian Pearce，London：Allen Lane，1990。

也是在讲座课程中凸显的计划，是探讨在 15 世纪、16 世纪以拉
丁语为主的西方社会中，基督教模式以何种方式为这种治理转型
提供了重要资源。第二个计划是继续撰写《性史》第二卷，该卷
探讨的是坦白以及基督教在身体与肉体之间所做的区分。两项
计划都与治理的模式有关：前者涉及的是更狭义、更具体的意
义上的政体的治理；后者则涉及更广泛意义上的灵魂治理，在
纳西盎的格里高利（Gregory Nazianzen）那里被称为 *oikonomia
psuchon*，意即灵魂的经济学（家政学或管理学），或者说是"灵
魂的管理"。（STP 196-197/192-193）"通过牧领对于人的治
理艺术"（*the oikonomia psuchon*），被纳西盎的格里高利界定
为"一切技艺的技艺（*tekhnē tekhnōn*）或一切知识的知识（*epistemē
epistemōn*）"（STP 154/150-151）①，福柯称之为"技术与程
序的总体"（STP 196/192）。对圣大格里高利而言，这成为 *ars
atrium est regimen animarum*②，意思是各种技艺的技艺就是灵魂
的养生法或治理，这成为一种标准的公式。（STP 154/151）

　　福柯认为，"灵魂的治理是在基督教会中形成的，作为一种
主要的专业性活动，它对所有人和每个人的拯救而言都是必不可
少的。"（STP 374/364）因此，牧师在管理孩子、家庭、领地
和管理君主国之间的新方式之间建立联系。这是"一种复杂的技

97

---

① 纳西盎的格里高利：《神学讲演录》第二卷（*Oration II*）。
② 圣大格里高利（St Gregory the Great）：《牧领指南》[*Liber regulae pastoralis
（The Book of Pastoral Rule*）]，I, 1。在乔治·E. 德马科普洛斯（George E.
Demacopoulos）的译本（St Vladimir's Seminary Press，Crestwood，NY，2007，p.29）
中，它被译成 "the care of souls is the art of arts"（对灵魂的关爱是各种技术的技术）。

术，需要一定的文化水平，不仅是牧师们需要，他所管理的羊群也需要"（EW Ⅲ，312，DE # 291，Ⅳ 148）。我们从德菲尔那里知道，在福柯讲授这些课程的同时，他也在重新起草第二卷，并广泛地研读基督教思想。（C 53/66）那些将会在他的书中扮演重要角色的人物，对于这次课程都是非常重要的。对于这些演讲，约翰·屈梭多模①的《论铎职》、居普良（Cyprian）的《书信集》（*Epistles*）、约翰·卡西安（John Cassian）的《会议集》（*Collationes*）和《论修道院》（*Cenobite Institutes*）、安布罗斯（Ambrose）的《论责任》（*De officiis*）以及哲罗姆（Jerome）的《书信集》（*Epistolae*）都是很重要的，但福柯认为圣大格里高利的《牧领指南》（*Regula pastoralis*，有时也称*Liber pastoralis*）直到17世纪才成为基督教牧领的核心文本，而圣本笃（Benedict）的《规则》（*Regula*）将成为修道体制的一个基础性文本。（STP 155-157/152-154，169-173/166-170，179/176）这些人物与作品，当然也包括其他一些，在1979-1980学年的讲座课程《对活人的治理》中起着重要作用，与1979年的坦纳讲座一样（EW Ⅲ，308-311，DE#291 Ⅳ，145-147），它也对基督教修道体制进行了讨论。

在《安全、领土与人口》中，福柯只是偶尔明确地把此处的探讨与先前的工作联系起来，比如，他认为"基督教牧领的制度化对于基督教的道德是非常重要的，无论就思想史而言，还是就

---

① 另有"金口约翰""约翰·克里索斯托""金口若望"等译法。——译注

实践本身而论，对于基督教中所谓的'肉体'有关的所有问题，也同样如此重要"（STP 181/178）。颇为有趣的是，甚至在此处，福柯也暗示需要将他的历史分析进一步往前追溯，认为情感冷淡（*apatheia*，又译无欲）的观念经由希腊和罗马道德家进入基督教，然后被基督教思想所改造。如果说对于异教哲学来说，这种对"肉体和身体的快感"的否弃是为了实现自我控制，那么对于基督教，福柯则认为它是对自我主义（egoism）的否定，是一种单一的意志。*Apatheia*（情感冷淡）是"*pathē* 的缺乏，亦即激情（passions）的缺乏"（STP 181-182/178-179）。在别处，福柯也曾就精神指引问题对异教思想和基督教思想进行了某些相当鲜明的区分。例如，他认为，在古代，个体请他人来指引他们，并为此服务付费；这种指引是针对人生中的特定时刻或时期；首先是为了安慰，为了使被指导之人受益。在基督教中，这些规则并不是自愿性的，也不依赖于环境，因此是关于一种服从的生活；也与自我的控制无关，而是一种服从导师的姿态。（STP 180-181/177-178，184-186/181-183）

> 从根本上讲，基督教牧领的特征并不与救赎、法律和真理有关。相反，基督教的牧领是一种权力形式，它在一系列的议题中突出救赎的问题，它在这种总体性的、普遍性的关系中插入一种总体的经济学和价值流通、转移与变更的技术，这是它的基本要点。（STP 186/183）

基督教的牧领是"一种全新权力形式的诞生"（STP 187/183）。此外，在这里也可以追溯到与一个更宏大计划的联系，该计划就是要将整个《性史》纳入现代主体出现的历史中来重新建构："牧领的历史涉及……西方人类个体化过程的全部历史之中。也就是说，它涉及主体的历史。"（STP 187/184）

福柯对这项工作的描绘很有揭示性，然而他明确添加进一本已完成的作品中的细节依然缺少。在此意义上，这里的框架类似于1975年课程《不正常的人》中所做的处理。（A 155－180/167－194）在此处，福柯试图在几次课程中所涵盖的长时段是主要议题之一：从公元2世纪、3世纪一直到18世纪。福柯承认这里存在着挑战，并明确指出，在这过去的一千五百年时间中基督教的牧领并不存在一种恒定不变的和固定的结构。（STP 152/148）他甚至怀疑，18世纪是否是这段历史一个恰当的终结日期，认为它直到今天仍在继续发挥极为重要的作用。福柯指明这项探讨的临时性质（STP 139/135－136），他自己这里的重点并不是要书写有关牧领的历史，但是他宣称这是一种他人尚未真正从事的历史，因此在总体上也是未充分讲述的历史（STP 153/150；169/166；197/193－194）。尽管人们可能写过有关教会机构、教义、信仰、宗教表达的历史，也可能写过类似人们如何坦白/告解以及进行交流的宗教实践的历史，但关于所使用的牧领技术的历史，对它们进行反思以及它们的"发展、应用和不断的改进"的历史，还有就是它们与知识关系的历史，尚未有人写过。（STP 153－154/150－151）

99 　　因此，这一从"灵魂的牧领到对人的政治治理"的转变，是政治思想中一个复杂的故事，它与英国光荣革命、宗教改革运动与反宗教改革运动有关，也与较为一般意义上的"对引导的抵制、反抗和叛乱"有关。（STP 234-235/228-229）对福柯而言，这超越了神学，但体现了更一般意义上的政治："西方的君主是恺撒，而不是基督；西方的牧人不是恺撒，而是耶稣。"（STP 159/156）然而，如果我们要寻找宗教与治理之间的联系，它不应在"教会和国家之间而应在牧师和政府之间"寻找（STP 195/191），即在过程和关系方面而不是在制度机构方面寻找。现代形式的治理术建立在异教和基督教有关指导自己、指导儿童以及指导家庭乃至对羊群的引导的观念上，我们从这里可以清楚地看到，这如何预示了福柯后来有关自我技术的作品。① "随着16世纪的到来，我们进入这种指导的时代、引导的时代、治理的时代。"（STP 236/231）因此，总的来看，福柯认为我们在政治理性方面有一种从牧人理性（*ratio pastoralis*）向舵手（治理者）理性（*ratio gubernatoria*）或国家理性（*raison status*）的转变：牧领理性、治理理性、国家理性（*raison d'État*）。（STP 238/232，243/237-238）然而，福柯并不只是发现了对于现代治理术的出现起重要作用的牧领制度与引导他人之间的关系，因为他还指出了同时出现的他所谓的反向引导（counter-conducts），后者也与治理术一起运行。（STP 362-363/355）

---

① 关于"治理"意义的变化，参见 STP 124-126/120-122。

　　无论是把市民社会与国家相对立，还是把人口与国家相对立，抑或是把民族与国家相对立，这些元素实际上都是在国家的起源中、在现代国家的起源中起作用的。因此，这些因素将成为问题，成为国家利益和反对它的利益的目标。从这个意义上讲，国家理性的历史，治理理性的历史，以及与之相反的反向引导的历史，都是不可分割的。（STP 365/357）

　　福柯简要地提示了，人们对于皈依基督教的抵制以及对"在1215年由拉特兰会议所强加的告解义务的长期抵制"，但他认为自己关注的重点并不在此。（STP 197/194）拉特兰会议对于这一义务性实践的制度化意义重大，但福柯指出，它的普遍发展是在11世纪和12世纪之间，是在告解者与牧师之间进行的，与较早之前不那么具有区分性的模型不同。（STP 207/203，213/209-210；PPC 102）① 福柯在该课程中很少谈及神秘主义，但也是把它视为一种抵抗形式或者说反向引导，因为与向另一个人的告解/坦白不同，灵魂是"在上帝那里看到自身，并在自身中看到上帝"（STP 216/212）。

100

---

① PPC 参考的是不在 DE 中的一篇访谈。参见《权力》（"Du pouvoir"），载于伯纳德·皮沃（Bernard Pivot）编：《书写、阅读、言说：法国《读书》杂志发表的 55 篇访谈中的世界文学十年》（*Ecrire, lire, et en parler: Dix années de littérature mondiale en 55 interviews publiées dans LIRE*），Paris：Robert Laffont，1985，p.359。参见 A 161-163/174-176。

基督教、性态与权力

福柯在 1978 年 4 月结束了对这门课程的讲授①，不久之后即飞往日本进行为期三个月的访学。他在那里发表了两次重要的演讲，也接受了一些访谈。② 这些都以日文译本出版，直到被翻译成法语，收入《言与文》后才在法国面世。第一次的演讲名为"性态与权力"，1978 年 4 月 20 日在东京进行。有趣的是，这次演讲仍然主张性科学与性爱艺术的对立，即便这是在日本。（DE#233 Ⅲ，556-557；RC 115-130；也见 DE#230 Ⅲ，525-526）福柯对有关牧领权力的研究做了概述，但明确将其置于与《性史》计划的关联之中，显然这一计划正在进行之中，尽管他承认自己或许无法完成原计划的各卷。（DE#233 Ⅲ，553；RC 116）③ 然而，他以有关癔症与精神分析的论述开讲（DE#323 Ⅲ，553-555；RC 116-118），他关于牧领的最后结论是，它"将会把我们带回我们最初的问题上，那就是性态的历史，因为牧领带来一系列涉及真理与真理生产的技术与程序"（DE#233 Ⅲ，564；RC 124-125）。这一分析值得做进一步讨论。

在公元第二个和第三个世纪，基督教"所处的罗马社会已很大程度上接受了它的道德观念，即有关一夫一妻制、性、生育的

---

① 在课程结束的前一天，他参加了与犯罪法有关性态和儿童这样一个的采访（DE#263；PPC 271-285）。

② 这其中最有趣的是 DE#234，对空间、文学、戏剧以及戏曲进行引人入迷的讨论。

③ 参见 STP 387/374。

道德"，但其自身的实践是一种"强烈宗教生活"模型，这是从其东方前身那里发展而来的苦行实践。在"一个已接受某些道德律令的世俗社会与这种完全禁欲主义的理想之间"，基督教一直犹豫不决。（DE#233 Ⅲ，565；RC 125）"肉体的观念"处于平衡的中心点，是对此世的苦行式拒斥与世俗社会之间的平衡，同时也是对身体的完全否弃与普遍道德之间的平衡，这种普遍道德服务于一个需要人口繁衍和家庭的社会。（DE#233 Ⅲ，565；RC 125-126）

> 正是通过一种主体性建构，一种对于自我的意识的建构，不断地提醒它自身的弱点、它自己的诱惑、它自己的肉体……这种内在化的技术，揭示良心的技术，自己提醒自己的技术，着眼于个人弱点，着眼于个人身体，着眼于个人之性态，着眼于个人肉体——在我看来，这正是在性态历史上基督教的根本性贡献。肉体，身体的主体性本身，基督教所谓的肉体，在这种主体性内部、在这种个体对自身的服从内部发生的性，是牧领权力被引入罗马社会后产生的首要效应……它不是去禁止和拒绝，而是建立了一种权力和控制机制，它同时是一种知识的机制，个体的知识机制，关于个体的知识机制，而且也是个体对自身以及有关自身的认知。所有这些都构成了基督教的特殊标志，在我看来，在西方社会，正是在这种意义中，人们可以从权力机制开始对性态的历史进行研究。（DE#233 Ⅲ，566；RC 126）

101

福柯确实强调这是一个框架和假设（DE # 233 Ⅲ，566；RC 126），但这也是一种非常富有启发性的洞见，有助于我们了解早在 1978 年 4 月他就思考的这项工作将会如何继续，以及牧领对他正在进行的工作为何如此重要。第二次讲座于 1978 年 4 月 27 日举行，讨论的是哲学、权力和国家。福柯返回到古代和 1970-1971 年度讲座课程中讨论到的主要议题，这些议题考察的是梭伦及城邦中的哲学家的角色（尤其见 DE# 232 Ⅲ，536-538），他也将分析延伸到现代，并做了一些与中国和日本加以比较的评论。讲座在结尾时返回到牧领权力这一主题，牧领权力与欧洲内部的封建主义和东方的儒家思想之间的关系是其主要旨趣之所在（DE # 232 Ⅲ，548-551）。在这次旅行中，福柯也在一个禅寺（Zen）里度过了一段时间，他明显受到仪式和规则的吸引，在那里，他看到了基督教修道主义与神秘主义的相似之处和不同之处。（DE # 236 Ⅲ，618-624；RC 110-114；参见 DE#230 Ⅲ，527-528）

福柯 1978 年 5 月返回法国，当月 20 日，他参加了历史学家们就他的《规训与惩罚》所举行的一次圆桌会谈，并首次引入"真言化体制"（regime of veridiction）[①] 的观念。（DE#278 Ⅳ，20-34；EW Ⅲ，223-238）[②] 这次讨论的参与者包括阿莱特·法

---

① Veridiction（真言化）是福柯创用的术语，又译为"述真"，意为说真话，强调的是主观认为的真，而非客观的真。——译注
② 这一文本，加上福柯的两次回应，载于米谢勒·佩罗（Michèle Perrot）：《不可能的监狱：19 世纪监狱制度研究》（*L'impossible prison*：*Recherches sur le système pénitentiaire au XIXe siècle*），Paris：Seuil，1980。

尔热，他之后与福柯就《密札》研究继续展开合作。随后的 5 月
27 日，福柯在法国哲学学会（Société française de philosophie）做
了一次重要的演讲，内容与康德的批判和启蒙问题有关。^① 尽管
对康德详细的讨论预示着他 1983—1984 年所做的更为详细的分
析（也参见 EW Ⅲ，298－299；OHS 127－129）集中在《何谓启
蒙？》这篇论文上，但这次讲座的开篇部分与他当时所主要关注
的"良知的指引，治理人的艺术"有关（QC 36）。在 1978 年的
9 月与 11 月，福柯两次对伊朗进行了访问。（见 C 55/69－70）
尤其是他为意大利报纸《晚邮报》（*Corriere del Sera*）所撰写的
报告，在当时及之后都引发了争议。^② 报告中的很多细节都具有
历史价值，虽比不上深思熟虑的课程讲座、著作或其他作品，但
福柯的这些报告已胜过新闻报道或一般性预测。已有人就他的观

102

---

① 起初的版本为《何为批评？》（"Qu'est-ce que la critique?"）或《批评与启
蒙》（"Critique et Aufklärung"），原载于《法国哲学学会通讯》（*Bulletin de la
Société française de philosophie*），84（2），1990：25－63，现载于 QC。
② 一套几乎完整的英文译本可见于《附录：福柯及其批评者》（"Appendix：
Foucault and his Critics，An Annotated Translation"），该文收入珍妮特・阿法瑞（Janet
Afary）、凯文・B. 安德森（Kevin B. Anderson）：《福柯与伊朗革命：性别与伊斯兰
的诱惑》（*Foucault and the Iranian Revolution：Gender and the Seductions of Islamism*），
Chicago：University of Chicago Press，2005，pp. 179－277。除第一个法语版本（一
些是原文，一些是重译）可见于 DE # 241，243－245，248－249，251－253，259，
261－262，265，269，　Ⅲ 662－669，679－694，701－706，708－716，743－755，
759－762，780－782，790－794。先前仅以阿拉伯语出版的文本近期被发现出来，
法赫斯・萨辛（Farès Sassine）：《没有造反就没有社会：米歇尔・福柯访谈》
（"Il ne peut pas y avoir de sociétés sans soulèvements：Entretien inédit avec Michel
Foucault"），*Révue Rodeo*，2，2013：34－56。

点进行了相当详细的解说与评论。[①] 这些作品与本章所关注的问题之间的契合之处在于，福柯对于自己所看到的在伊朗人民中间发展出来的"政治精神性"（political spirituality）的兴趣。这与他对被西方人长期忽视的基督教实践的兴趣相呼应。（DE#245 Ⅲ，694）[②] 事实上，很可能正是对基督教历史的兴趣吸引了他去关注伊朗的事态发展。但基督教在他这一时期的作品中之所以重要，是因为其牧领实践对于国家的发展至关重要；就伊斯兰教而言，他关心的是牧领实践如何会被视为对伊朗王权国家体制的一种可行的替代。

新自由主义与经济人的诞生

德菲尔指出，1979 年 1 月，在福柯讲授《对活人的治理》课程的前一年，即与《生命政治的诞生》同一年，福柯再次讨论起坦白 / 告解这一议题，他的研究在时间上也将他进一步带回到过去：

坦白 / 告解的历史促使他研究早期教父如卡西安、奥古斯丁

---

① 一个简单的例子，参见戴维·梅西：《福柯的生活》（*The Lives of Michel Foucault*），pp. 406–411；珍妮特·阿法瑞、凯文·B. 安德森：《福柯与伊朗革命：性别与伊斯兰的诱惑》（*Foucault and the Iranian Revolution*），以及马塞洛·霍夫曼（Marcelo Hoffmann）：《福柯与权力：政治参与对权力理论的影响》（*Foucault and Power：The Influence of Political Engagement on Theories of Power*），New York：Bloomsbury，2014，ch.4。

② 珍妮特·阿法瑞、凯文·B. 安德森：《福柯与伊朗革命：性别与伊斯兰的诱惑》（*Foucault and the Iranian Revolution*），p.209。

以及德尔图良的作品。为《性史》第二卷《肉体的坦白》所准备的新主题材料逐渐冒出。对于这些早期基督教文本的研究，使他的谱系学研究转向古代晚期的希腊与拉丁文本。（C 56/70）

这个信息非常清楚，原因至少有二。首先，这表明早在1979年福柯就开始探讨古代的异教；其次，正在撰写初稿的这一卷有了一个新标题，即《肉体的坦白》，而不是原本所宣称的第二卷的标题。这一修正的标题在1984年将成为宣称要出版的第四卷的标题。在1979年，它在《性史》系列中的排位依然如故，但标题已被改变。因而，我们知道福柯在这卷书上至少花费五年的时间，在某种程度上形成了福柯身后留下的形式。这期间的关键变化是，它从计划的第二卷变成了第四卷草稿，这是因为福柯插入了关于希腊和罗马的两卷，因此将这一卷移到该系列的末尾。因此，有些让人惊讶的是，福柯1979年的课程并没有报告这项工作，甚至也没有涉及正在准备阅读的材料。相反，在讲座课程与研讨课上，福柯都转向了一个完全不同的时期。

1979年研讨课的焦点是"19世纪末期的司法思想危机"（BB 329/324）。在课程摘要中，福柯列举了研讨会上所提供的文件，包括民法、公共和行政法、刑法以及关于儿童、安全与治安（管治）、卫生政策等方面的立法；在他一次演讲的最后，他将其描述为"19世纪末期司法机制和司法制度的转变以及法律思想的转变"（BB 155 n. */150n . *）。1979年2月26日，福柯在第一次课上提到将会讨论"一些方法问题，可能的话，还会就我在课程中所讲授的内容进行某些讨论"（BB 155 n. */150n. *）。[1]

1979 年的这门课程是《生命政治的诞生》，它因对新自由主义的分析得到了广泛的关注。[2] 福柯的预见的确十分精彩：玛格丽特·撒切尔（Margaret Thatcher）在该课程结束之后的一个月真的当选；在下一年底罗纳德·里根（Ronald Reagan）当选。但福柯是在当时联邦德国施密特的政府中（BB 25/22）以及法国德斯坦和巴尔的政府中，发现这种实践（指新自由主义）的各种要素的（可见 BB 199/194）。1978 年秋，巴尔的厉行节约计划是一个尤其重要的背景。[3] 福柯追溯了这种经济思维模式的早期模型，回顾了 18 世纪古典自由主义的英国模式直到魏玛时代的德国经济和当代的芝加哥争论。这一分析颇为详尽，也富有启发性，即便从后续事件的情形看会有些过时。比上年度课程更为明确的是，福柯此时的兴趣在于国家的范围及其权力的限制。在德菲尔看来，"对国家的批评吸引了他，但他更像是无政府主义者

---

[1]　参见 C 52/66，它将有关司法思想的研讨会追溯到 1978 年，还有一个"由弗朗索瓦·埃瓦尔德牵头的关于'安全社会的谱系学'的不同研讨会"。德菲尔认为，在 1979 年，有一场"关于'观念史方法'的研讨会"，它考察的是"现代社会风险管理的技术"（C 56/70），但这看上去像两件事的整合：研讨会与第一次会议的总主题。

[2]　其他人中参见乔弗鲁瓦·德·拉加斯纳里（Geoffroy de Lagasnerie）：《福柯的最后一课：关于新自由主义、理论和政治》（*La dernière leçon de Michel Foucault：Sur le néoliberalisme, la théorie et la politique*），Fayard，2012。最好的总体解释仍然是托马斯·莱姆克（Thomas Lemke）：《政治理性批判：福柯对现代治理术的分析》（*Eine Kritik der politischen Vernunft：Foucaults Analyse der modernen Gouvernementalität*），Hamburg/Berlin：Argument Verlag，1997。

[3]　2015 年 4 月 12 日与德菲尔的访谈。

而非自由主义者"①。然而，与那些希望将他视为新自由主义的
支持者或批评者的人相反，他关注的是历史性的而非政治性的议
题。或者更恰当地说，他试图理解政治秩序可能性的历史条件，
而不是认可或反对某一特定政治纲领。有鉴于此，这里要做的不
是对该课程做详细阐述，而是集中读解一个关键的方面，即经济
人范畴的出现。

　　在开始该年度的课程时，福柯对上一年度课程所讨论的问题
进行了总结，同时也强调自己对治理的实践意涵即"治理者实际
上的治理方式"并不那么有兴趣。（BB 4/2）相反，他所关注的
是"治理实践中的反思层面以及治理的实践……治理的自身意识"
（BB 4/2），尽管他强调自己对后一种表述并不完全满意。福柯　104
指出了他在上一年度课程中所探讨的"国家理性"时期与18世
纪之间的一个重要历史转变。焦点不再是一个涉及外交政策与国
内政策的所有方面的治理的问题，如此前所讨论的外交－军事技
术和治安（管治）体制，而是一个如何认识"限制的原则……治
理理性的内部规则"的问题。（BB 12/10）福柯概述了理解这些
限制的一系列方式，但他的主要观点是，起着"治理理性的自我
限制"作用的"知识工具，即估算方式或合理性形式"，从法律
转向了政治经济学。这是17世纪中期和18世纪中期之间的一种
转变。（BB 15/13）因此，《生命政治的诞生》既是《安全、领
土与人口》中分析的直接延续，也与治理实践中一种根本性的断

---

① 2015年4月12日与德菲尔的访谈。

裂有关。

这一时期的政治经济学意味着什么呢？福柯指出，它一方面表示特定意义上的"财富生产与流通"，另一方面也具有"任何可以保证国家繁荣的治理方法"这种更为广泛的意涵。（BB 15/13）但关键的问题并不是达成这样的目标需要如何之多的治理，而是需要如何之少的治理。这是一个知道在哪里不用治理或者说不去干涉什么的问题，即众所周知的一种自由放任（*laissez faire*）的观念。福柯解释说，这种新形式的理性，包括尽可能不干涉事物的观念，而这正是"自由主义"的问题。（BB 22–23/20）福柯的手稿做了阐明，认为自由主义应该被广义地理解，它既是对政府的限制，也是弄明白在何处发现限制以及应当如何计算其影响的实践；狭义地说，它是一种特定的方式，即通过宪法、议会和委员会或调查等制度来限制政府。（BB 23 n.*/20–21 n.*）这正是该课程真正表达的重点，而不是计划或标题所表明的那样："作为治理自我限制原则的这一真理体制的出现。"（BB 21/19）然而，该焦点在实际上往往被视为对一个更大议题的说明，后者至少从 20 世纪 60 年代早期就是福柯研究的特征：

> 所有关于疯癫、疾病、犯罪、性态的研究以及我这里将讨论的事项的要点在于，表明一系列实践如何与一种真理体制相耦合，形成一种知识－权力的装置，在现实中有效地标志出并不存在的东西，并合法地使之从属于真假区分（体制）。（BB 22/19）

105

虽然在这里有一种回顾性的重新解释的意味，正如在他持续构想的整体计划中很常见的那样，但这确实在他可能相当分散的议题探究之间提供了一个强大的连续性线索。此外，尽管 20 世纪 60 年代后期《词与物》和《知识考古学》中的研究工作可能从这个总体视野中消失了，但这或许可以用它们特别专注于知识而没有顾及关注权力来加以解释。尽管真理/真相的问题是所有这些研究计划的核心，并且福柯这里也认为，他的分析正在从"一种司法化场所"（a site of jurisdiction）转向一个"真言化场所"（a site of veridiction）："市场必须说真话"（*dire le vrai*）；它必须讲与治理实践有关的真理/真相。因此，完全是附带的，"正是它的真言化角色，将对这种司法机制或者这种机制的缺席进行要求、指示和规定，［市场］必须据此进行表述"（BB 34/32）[1]。这就是为什么他认为自由主义有三种特征："市场的真言化，治理效用计算的限制，以及如今欧洲作为一个与世界市场有关的不受限制的经济发展区域的地位。"（BB 62/61）

在本年度课程的主体部分，福柯展示了德国政治实践是如何依赖战后时期所做的决策。此处不予详论。福柯认为，在 1963 年，社会民主党拒绝了计划的观念，甚至是灵活计划的观念，意味着它已"完全进入了德国 1948 年所采取的经济政治治理模式"。这种做法十分成功，因此社民党候选人在六年后成为了总理。（BB 92/91）在该讨论的其余部分，福柯指出了形成这一局面的决策

---

① 他 1978 年与历史学家的讨论中引入了这一区分（DE#278 Ⅳ，22；EW Ⅲ，225）。

是如何从对纳粹时期的反应和感受到的国家权力的增长中产生出来的。（BB 115/111）市场经济的所有缺陷都可以归咎于国家，归咎于国家的过度干预。因此，他们提出的建议与之前的情况相反："一种在市场监管下的国家，而不是一种由国家监管的市场。"（BB 120/116）

106 　　福柯认为，在古典观念中，经济人是"交换之人，是伙伴，是交换过程中两方中的一方"（BB 152/147），是交换者或消费者。但在新自由主义中，他反而成为"企业与生产之人"（BB 152/147）。在芝加哥大学经济学家加里·贝克尔（Gary Becker）的人力资本理论中，经济人是"一位企业家，一位自身的企业家"（BB 232/226）[1]。从这种有关个体的理论出发，得出的是一种针对社会的建议。例如，福柯在亚当·斯密（Adam Smith）著名的"看不见的手"的主张中发现了这一点。对福柯而言，这起着一种"与经济人有关"的功能，一种"奇怪的机制，它使得经济人在一种总体性中发挥着一种个体性利益主体的功能，这种总体性避开主体，但仍然发现主体利己主义选择的合理性"（BB 282/278）。换言之，正如数世纪之前伯纳德·曼德维尔（Bernard Mandeville）所指出的，从私人的恶习中产生公共的美德，集体性的自利可以创造一个模范社会。

---

[1]　福柯把他此前有关犯罪与刑罚的讨论与贝克尔的著作联系起来：《犯罪与惩罚：经济学的路径》（"Crime and Punishment：An Economic Approach"），*Journal of Political Economy*，76（2），1968：196-217，尤其是与贝卡利亚（Beccaria）与边沁（Bentham）的早期作品（BB 256/251）有关。福柯也提到人类资本的遗传因素，这提供了与早期作品的另一种联系（BB 233-235/227-229）。

经济科学从来没有声称它必须是引导准则，即所谓的
治理理性的完备计划。政治经济学实际上是一门科学，一
种知识／知道（savoir）类型，一种治理者必须加以考虑的
知识／认识（connaissance）的模式。但经济科学不可能是
治理的科学，经济学也不可能是治理的内在原理、法律、
引导准则或内在合理性。与治理技艺相比，经济学是一门
侧面的科学。我们应该借助经济学来治理，应该和经济学
家一起治理，我们应该听取经济学家的意见来治理，但经
济学没有必要，而且毫无疑问，也不可能是治理理性本身。
（BB 290/286）

因此，治理的对象不是经济本身，而是市民社会。（BB
290/286；参见 299/295）"我认为，市民社会是一种治理技术的
概念，甚或说，它与一种治理技术有关，对这种治理技术的合理
衡量必须在法律上与被理解为生产和交换的过程的经济密切结合
在一起。"（BB 299－300/296）由此可见，我们需要同时对经济
人与市民社会进行探讨。前者是"抽象的、理想的、纯粹的经济
点，它充满了市民社会密集的、充溢的与复杂的现实"。相反，
"市民社会是一种具体的集合体，在其内部，必须重新安置这些
理想的点，即所谓的经济人，以便于对他们进行恰当的管理"。
因此，经济人与市民社会从属于同一套自由主义治理技术。（BB
300/296）在所有这一切中，政治利害关系是"资本主义的存活
问题"（BB 170/164）。

治理的问题与国家的难题

由于福柯对特定经济学家与特定体制的举措做了长篇讨论，

107 容易让人忘记他在这些讲座课程中的核心旨趣依然是治理问题。
他强调自己对德国政治感兴趣的原因并不在于这种政治本身——
不是为了理解基督教民主的基础，也不想因为勃兰特与施密特的
政府缺少社会主义而谴责他们。他表示，这一分析的基础仍然是
一项对权力关系的研究，也是对关于引导与治理的问题的研究。
（BB 191/185-186）因此，有一些重要的补充是关于政治哲学或
其理论家如何提供治理纲领。首先，他认为"功利主义是一种治
理技术，正如公法是'国家理性'的时代的一种反思形式，或者，
如果你愿意的话，也可以说，它是一种法律技术，人们试图借以
限制国家理性的无限制倾斜"（BB 42/41）。他也对历史人物做
出论断："洛克没有提出国家的理论；他提出了一种有关政府的
理论。"（BB 92/91）对于左派分子，他比较暧昧：

> 总之，在马克思那里是否有一种国家理论，这是由马
> 克思主义者所决定的事。就我个人而言，我想说的是，社
> 会主义缺乏的与其说是一种国家理论，不如说是一种治理
> 理性，是界定社会主义治理的合理性，即采取一种合理又
> 可预测的手段去衡量治理行动的范围、方式和目标。（BB
> 91-92/93）

　　福柯宣称，社会主义具有一种历史合理性，一种经济合理性，甚至是一种行政合理性，但它缺少一种治理合理性："缺乏社会主义的治理合理性"（BB 93/92）。

　　因此，这门课程很大程度上是他对治理术研究的延续。他甚至表明，他早期有关权力的研究需要包含在这项探究之中，认为"权力"一词"只不过指明了一个有待进行全面分析的关系（领域），这就是我所谓的治理术，即人们引导他人行为的方式，只不过是对这些权力关系的一种建议性的分析网格"（BB 191-192/186）。因此，治理术是一种有用的框架，用以理解"引导疯人、病人、罪犯、儿童行为"的方式；并且在这些讲座中，福柯也看到对于研究一种"不同规模的问题，如一种经济政策，或者管理整个社会体"，这一框架究竟能在多大程度上有效。（BB 192/186）由此他做出一个重要的方法论上的澄清：他强调微观权力"不是规模的问题，它不是一个分析区域的问题，而是一个视角的问题"（BB 192/186）。正是出于这一原因，对于微观权力、权力关系、治理术的强调使他能够去研究国家。不同的治理模式——君主国家的合理性、经济主体的合理性、被治理者的合理性——可以视为"不同的治理艺术……不同的计算、合理化与规定治理艺术的方式"（BB 316/313）。这就引向福柯在该讲座课程的最后一个观点，即政治是"这些各不相同的治理技艺及其不同的参照点之间的交互作用，以及这些各不相同的治理技艺所产生的争论"：正是在这里，"政治诞生了"。（BB 317/313）

108

　　这种将政治视为不同治理术之间相互作用的概念，有助于确立福柯对国家的态度，这一点长期以来受到批评。福柯在 20 世纪 70 年代中期对于监狱和军队之类机构的探讨，原本是打算将分析转移到其他层面，去考察权力关系在整个社会内部的运作方式，而非仅仅出自一个单一中央来源的运作。对这一整体计划以及他对国家理论的立场，福柯在这些课程中进行了一系列微妙的重构。尤其是在《生命政治的诞生》中，福柯针对批评者们提出的问题做了回应。批评者们认为，他的作品中缺少一种有关国家的理论，忽视了"国家机制的存在与影响"（BB 78–79/77）。福柯针锋相对："置于国家控制下的问题，即'国家控制'（statification/*étatisation*）的问题，是我试图解决的问题的核心。"（BB 79/77）然而，他并没有像其他人那样去处理这个问题。他从一开始就不认为这是陈述与讨论国家本质的一种普遍的政治形式。（BB 79/77）他宣称，他已经避免了一种国家理论，这样的理论就像"我们必须放弃一顿难以消化的饭"（BB 78/76–77）。相反，我们应当努力通过国家的行动、国家的实践来理解国家；不是询问国家**是**什么，而是它**做**什么。在《安全、领土与人口》中，他就曾问道："国家是否只是一种行政方式？国家是否只是一种治理类型？"（STP 253/248）在这里，他更详细地解释了这一问题。

　　　　国家不是一种普遍之物，或者说国家本身不是一种自主的权力来源。国家不是别的，不过是一种或多种持续的国家化过程（perpetual stafication/statifications）的效应、形象或可变外形，在不断处理事务的过程中，国家针对财政资源、投资方式、决策中心、控制形式、地方权力机构之间关系、中央权威等等，或加以优化，或继续推进，或彻底改变，或暗中调整……国家只不过是一种多重治理体制的流动效应。（BB 79/77）

与他的大部分作品一样，这里的关键，是要避免认为我们当下的概念可以作为分析工具来理解过去的时代。这并不仅仅意味着，不同的时代、不同的地理在现有的概念中产生不同的理解，同时也意味着它们以完全不同的概念来运作。这就是为何福柯会认为，国家与市民社会之间的关联和区别不应被视作"一种历史的普遍概念，能够帮助我们去考察每一种具体制度"；相反，它是"一种特定治理技术所特有的概约化方式"（BB 325/319）。在 1979 年 6 月回顾当年度的课程时，福柯为《法兰西学院年鉴》写了一篇概述，强调整个年度课程原本只打算做一个导论，而他关于自由主义的治理合理性的讨论是为了理解生命政治的出现和对人口的调节。调节尽管是先前研究工作中的一个关键议题，但现在是福柯对治理兴趣的核心问题。因此，这就是该课程如何至少实现了其书名的承诺。人口是治理模式的关键对象，是自由主义的局限，这也是"诸如生命政治可以形成的基础"（BB 23-24/21）。

《生命政治的诞生》依然是福柯最具当代性的课程，也是他处理现代时期最后的一门课程。他表明了继续进行这种分析的可能性，特别是要在接下来一年的课程中讨论极权主义国家中的政党治理术（BB 197/191），但这并没有实现，因为他回到了基督教的思想和实践。当然，该课程以及随后的课程，将把他的分析更加明确地与长期以来的关于性史的计划联系在一起，然而，即便在该年度的课程中，也有重要迹象表明该计划仍然是此时的重点。正如他在第二讲中所言：

> 透过一系列制度去研究"性态"这个对象的谱系，意味着努力在诸如告解实践、良知引导、医疗关系等事务中确定性关系的司法化与欲望的真言化之间交流和交叉的时刻，前者界定了所允许的和所禁止的，后者现实地体现为"性态"这个对象的基本框架。（BB 36/35）

但福柯认为，在其他方面也有着更深层次的联系。正如他在一系列场合所说的，性态的历史在很大程度上被作为一种主体的历史，追溯它的出现是为了避开它。在经济人出现过程的故事中，有一种非常重要的因素。这门课勾勒了很多的方面，但很明显的是，福柯认为，正是在以洛克为标志人物的英国经验主义中，引入了之前已经提到过的不同类型的主体。在这种情形下，这不是一个自由的问题，不是灵魂与身体之间的对立问题，也不是堕落或原罪所标志的"色欲"问题，而是"个体选择的事情，这种选择既不可化约，也不可转让"（BB 275-276/271-272）。

110

　　尽管他的讲座课程和主要出版物从这一点将转向基督教教会初期和古代，但福柯仍继续研究这些政治和治理的话题。他在1980年巴黎的研讨课，与《对活人的治理》是同期进行的，将考察19世纪自由主义思想（GL 320/325），课上提交论文的有迪迪耶·德吕勒（Didier Deleule）、弗朗索瓦·埃瓦尔德、帕斯夸尔·帕斯奎诺（Pasquale Pasquino）和皮埃尔·罗森瓦隆（Pierre Rosenvallon）等。[①] 米歇尔·塞内拉尔（Michel Senellart）注意到一份写于1981年名为《作为治理艺术的自由主义》（*Libéralisme comme art de gouverner*）的手稿，是利用了福柯这次研讨课和此前所做的分析。（BB 336 n. 13/331 n. 13）[②] 这将成为福柯在法兰西学院牵头的最后一次研讨课，他决定增加其授课时间，资助或参与而不是主持其他一些研讨课，如1981年由埃瓦尔德所牵头的法律社会学和1982-1983年的法律哲学研讨课。（C 58-59/74）除了这篇有关自由主义的手稿，按照他1979年的课程中所提出的观点——社会主义缺乏治理合理性，他暗示这是一个需要着手进行的项目："我认为现在尚且没有一种自治的社会主义治理术……它并不隐藏在社会主义及其文本之中。我们不能从它们那里演绎出来。你必须去把它发明出来。"（BB 94-95/93-94）

　　随着1981年弗朗索瓦·密特朗当选，这项研究具有了特殊紧迫性。福柯曾在之前的1977年参加了一场关于后来出任社

---

① 　迪迪埃·埃里蓬：《米歇尔·福柯传》（*Michel Foucault*），p.257。
② 　参见他后来的注释（GL 332 n. 60/350 n. 60），在这些注释中，该手稿仅被认为是在1979年的课程材料之中。

会党政府司法部长的罗贝尔·巴丹泰（Robert Badinter）的文集《自由，自由》（*Liberté，libertés*）的讨论；该书由密特朗作序。[①] 然而，尽管福柯参与其中，埃里蓬还是注意到福柯的失望，因为他在新政府方面没有获得一个积极的角色。[②] 在 1981 年 11 月接受克莱尔·奥法雷尔的采访时，福柯同样对新政府没有征求他对监狱的看法表示遗憾。[③] 与他的幻想逐渐破灭相随而来的是，他有一个未完成的计划，准备与人合写一本关于法国左翼政府失误的著作，失误之一便是缺乏"治理的艺术"[④]。埃里蓬提到，这将是一本访谈集，题目是《社会党人的脑袋》（*La tête des socialistes*）；但是德菲尔对埃里蓬的参与程度持怀疑态度。相反，他认为该项目是从一个被称为塔尼学院（*Académie Tarnier*）的工作群组发展而来的，这是他们在医院见面之后进行的，包括时任世界医师协会（Médicins du monde）主席的贝纳德·库什纳（Bernard Kouchner），以及"新哲学家"（the nouveaux

111

---

① 罗贝尔·巴丹泰：《自由，自由：自由宪章委员会的反思》（*Liberté，libertés：Réflexions du comité pour une charte des libertés*），Paris：Gallimard，1976。该讨论只是在福柯死后出版：《福柯在古特拉斯重新定义"可审判的"》（Michel Foucault à Goutelas：la redefinition du "judiciable"），Justice（*Syndicat de la Magistrature*），115，June 1984：36-39。

② 迪迪埃·埃里蓬：《米歇尔·福柯传》（*Michel Foucault*），pp.477-478/297。

③ 记录在克莱尔·奥法雷尔：《福柯：从对立的观点看》（"Foucault：A View from the Antipode"）。该文收录在克莱尔·奥法雷尔编：《福柯的遗产》（*Foucault：The Legacy*），Brisbane：Queensland University of Technology，1997，pp.1-10，p.5。

④ 迪迪埃·埃里蓬：《米歇尔·福柯传》（*Michel Foucault*），pp. 492-495/305-307；参见戴维·梅西：《福柯的生活》（*The Lives of Michel Foucault*），p.460。对此的一项讨论，参见马塞洛·霍夫曼：《超越福柯的政党论》（"Beyond Foucault on the Political Party"），这是未出版的手稿。

philosophes）安德烈·格鲁克斯曼（André Glucksmann）与帕斯卡尔·布鲁克纳（Pascal Bruckner）。[1] 社会主义也是他 1984 年在伯克利研讨课计划中的一个潜在主题（参见第 8 章）。即便如此，迟至 1984 年，福柯还提到"在缺少任何更好的东西的情况下，我们应当支持社会党的计划。我回想起（罗兰）巴特曾经说过的，让政治意见'淡然拥有'。不应当像一只动辄发情的兔子一样，把政治作为你生活的全部"[2]。

　　但在 1979 年 10 月，当福柯在斯坦福大学负有盛名的坦纳讲座开讲时，他选择返回到《安全、领土与人口》的分析，讲授了一个分成两部分的分析，第一次讲座讨论了牧领，在第二次讲座中讨论了国家理性与治安（管治）两大主题。很明显，他返回到这一早期的材料，因为它将成为大约 18 个月之前所探讨的议题的总结与概括，重点有所改变与调整，更多新材料与治安（管治）有关，当然这也是他在巴黎下次课程《对活人的治理》的序曲。尽管他绕路讨论国家实践、经济改革和理论、外交程序等问题，

① 2015 年 4 月 12 日与德菲尔的访谈；参见 DE 357 Ⅳ，734 n. *，在这里它被称为"白皮书"；詹姆斯·米勒：《福柯的生死爱欲》（*The Passion of Michel Foucault*），p. 454 n. 28；罗莎·罗德里格斯（Rosa Rodríguez）：《人之死后的女性主体》（"The Female Subject after the Death of Man"），该文收入里卡多·米格尔 - 阿方索（Ricardo Miguel-Alfonso）、西尔维亚·卡波拉 - 比齐尼（Silvia Caporale-Bizzini）编：《重构福柯：80 年代后的文论》（*Reconstructing Foucault：Essays in the Wake of the 80s*），Amsterdam：Rodopi，1994，p.257。
② 雅明·拉斯金（Jamin Raskin）：《法国哲学家米歇尔·福柯的最后一次访谈》（"A last interview with French philosopher Michel Foucault"），*City Paper*，Vol. 8 No. 3，27 July–2 August 1984，p.18。在 1983 年 4 月 21 日进行的一次访谈中，对福柯与社会主义关系进行了非常有趣的讨论，见 BANC CD 843 pt 1–2。

但却不断地回到一个核心问题：将性态的历史改写成一部现代主体性的历史。正如他在加利福尼亚告诉听众的那样："我现在正在做的是有关个体性（*individualité*）的问题——或者，我应该说，是与'个体化权力'（individualizing power）问题有关的自我认同问题。"（EW Ⅲ，300；DE＃291 Ⅳ，136）

5
重返坦白议题

在他有关治理术的作品中，尤其是在他 1978 年的课程讲座中，福柯不断地提到告解 / 坦白的问题，这就提供了有关他在继续撰写论及基督教的著作的重要线索。但除了获取材料上的困难，福柯也遇到了别的挫折。1978 年 7 月，在自己的巴黎公寓附近，福柯被一辆小汽车撞伤，直到 1979 年 9 月他还在抱怨，说这次受伤干扰了《性史》第二卷的写作，尽管他已经在很努力地工作了。[①] 1979 年 10 月，在斯坦福做讲座时，福柯对自己工作的进展做了一个评估："所有这些关于审查、告解、良心指导、服从的基督教技术都有一个目标，即让每个人在此世致力于'克己'（mortification）"[②]，这里的克己不应当被理解为死亡，而应当被理解为"对这个世界以及自身的否弃"。（EW Ⅲ，310-311；DE#291 Ⅳ，147-148）这些主题在 1980 年度的课程

---

① 克劳德·莫里亚克（Claude Mauriac）：《莫里亚克及其儿子们：凝止的时间（第 9 卷）》（*Mauriac et fils*：*Le temps immobile 9*），Paris：Bernard Grasset，1986，p.328；戴维·梅西：《福柯的生活》（*Lives of Michael Foucault*），pp. 370-371。

② Mortification 在基督教里的原意是将有罪的肉体治死，通常译为苦修。——译注

《对活人的治理》中得到相当详尽的阐发。该年度的课程明确地返回到基督教的实践，并对《性史》中可能出现的材料进行了最为详尽的考察。正如塞内拉尔所指出的，上年度有关自由主义的课程与当下相关，而该年度的课程与当下则完全脱节。上年度课程的主题在1980年的研讨课中继续进行，但对该年度的课程影响不大。（GL 320/325）[①]

113　　然而，该年度的课程仍可视为福柯第三次有关"治理术"或者正像他当时不断提到的"治理"的课程。正如《生命政治的诞生》所阐明的，可以通过多种方式来理解治理，如对于儿童的治理、对于家庭的治理、对于灵魂的治理、对于共同体的治理等。（BB 3/1-2）在本年度课程及上一年度的课程中，福柯主要关注政治主权（political sovereignty）的行使，这一更为宽泛的议题在福柯最后两年度的课程中重现，最后两年的课程题目都是《治理自我与治理他者》。但首先，重要的是它们在《对活人的治理》中得到了讨论。该课程审视了"讲真话"（truth-telling/dire-vrai）的观念，并通过对《俄狄浦斯王》的探讨详细分析了基督教的告解／坦白模式。在1980年10月和11月间，福柯在美国发表了一系列重要演讲，就使用了为这一课程所准备的材料，并在一些重要方面做了拓展。他1981年在法兰西学院的课程《主体性与真相》是自1970-1971年开始致力于研究古代的第一个课程。课程在该年的4月1日结束，这之后他在比利时鲁汶

---

① 见GL 332/334。

大学做了《做错事，讲真话：坦白在司法中的功能》(*Wrong-doing, Truth-telling: the Function of Avowal in Justice*) 系列讲座的第一讲，讲座持续到 5 月才结束。

福柯做了各种尝试以整合这一研究计划。福柯称自己的工作是在尝试进行一种有关"现代主体的谱系学"(OHS 33；ABHS 201)；他是"通过表明主体性形式中的真相"来考察"对活人的治理"(GL 79/80)；更具体地说，也是"主体如何被有效地与各种形式的真言化联系起来，并通过这些真言化进行联系……他们由此而介入……真言化的政治史"(WDTT 9/20)。对于理解那些时常看上去互不相关的材料是如何联系起来的，上述言论提供了宝贵视点，它们同时也显示了福柯的注意力从性史计划的最初框架向别处变动的状况。很明显，到这些课程结束时，福柯似乎已经完成了对于早期基督教如何理解坦白与主体性的研究。如在《主体性与真相》一书中所表明的那样，福柯此后的注意力紧紧放在基督教之前的古典时期上。甚至他后来触及这些主题的演讲，也大量引用了前面介绍的材料。对于基督教的探讨，他明确地认为已经到了可发表的阶段。例如，其中一章名为"为贞洁而战"(The Battle for Chastity) (DE# 312 Ⅳ，295-308；EW Ⅰ，185-197)，讨论的是约翰·卡西安，发表于 1982 年，尽管实际上可能完成于 1979-1980 年间。[1]1980 年，在题为《性态与孤独》(*Sexuality and Solitude*) 的演讲中 (DE#295 Ⅳ，168-78；

---

① 参见菲利普·阿利埃斯（Phillippe Ariès）：《圣保罗与肉体》("Saint Paul et la chair")，*Communication*，Vol.35，1982，p.34。

EW I，175-184），福柯讨论到奥古斯丁，该演讲发表于 1981 年。①
当然，我们今天可以把这些文本重新置放在可见到的更广泛的材
料，尤其是法兰西学院和鲁汶的讲座的脉络之中。

对活人的治理

《对活人的治理》是福柯工作习惯发生一次重大变化之后所
开的第一个课程。此前的几年，他几乎每天都去国家图书馆查阅
资料，但在 1979 年夏天，这家图书馆的服务问题让他感到沮丧，
于是他就转移到一个小图书馆，这个图书馆是多明我会的杜索尔
舒瓦（du Saulchoir）图书馆，坐落在格拉斯勒大街上（the rue de
la Glacière）。② 这里的书架是开放的，而不是像国家图书馆那样
是闭架的。福柯在这里查阅了从古代到基督教的一手文献，这对
他随后的研究非常重要。讲授的课程与福柯在课程概要中的回顾
性介绍，二者之间差异很大。因为这一课程主要关注早期基督
教，所以花了大量时间去讨论古代的异教。第一位被介绍的人物
是公元前 2 世纪至公元前 3 世纪的罗马皇帝赛普提姆斯·塞维鲁
（Septimus Severus）。迪奥·卡西乌斯（Dio Cassius）的《罗马史》

---

① 2015 年 7 月迈克尔·莫兰泽（Michael Meranze）私人通信，让人想起彼得·布
朗：《希波的奥古斯丁：一项传记》（*Augustine of Hippo: A Biography*），Berkeley:
University of California Press，1967。这对福柯而言是多么之重要。
② 参见 BNF NAF28284（3），Folder J，P.10。关于这一转移，参见戴维·梅西：
《福柯的生活》（*The Lives of Michel Foucault*），pp.415-416；迪迪埃·埃里蓬：
《米歇尔·福柯传》（*Michel Foucault*），pp.467-468/291-292；GL 335/336。

中讲述了这位皇帝的故事。①他在自己的宫殿中建了一个内厅，天花板上绘着星星。这一图景显示了他出生的那一刻的命运之星、机缘之星。这个内厅是他听取案件、做出判决的地方。然而，还有一部分绘图显示未来尤其是他死亡的时刻，这是只有他和他最亲近的家人才能进入的地方。（GL3-4/2-3）对福柯而言，这一故事几乎是俄狄浦斯故事的相反版本。俄狄浦斯与之相反，是由于没有人知道他的命运，他和他的臣民都不知道，同时也是由于他的命运不是固定在上面的天花板上而是在他旅程的脚下走出来的。塞维鲁在他的全部命运已经被描绘出来的情景中制定法律；俄狄浦斯在几乎完全无知的情况下展开他的命运。（GL 4-5/3）这促使福柯半严肃地提出，"反俄狄浦斯当然存在，迪奥·卡西乌斯已经发现了他"（GL 5/4）。但该案例的意涵更为广泛，因为它提出了这样的问题，即"我想说的是经济上需要我们认识人们治理什么以及如何进行治理"（GL 6/5）。

　　福柯在课程中关注的是"这种真相展现仪式与权力运用之间关系的性质"（GL 7/6）。权力与真相之间的关系是通过术语 *alēthourgia*（显现真相）来审视的（GL 8/7），后者是福柯翻译希腊词语 *alētheourgēs* 而发明的一个词。他关注希腊人所说的霸权（hegemony），认为这是一种治理的方式，一种引领或引导（*conduire*）他人及自身的方式。他认为没有一种显现真相的实践，就没有霸权的实践。（GL 8/7）正如他向听众所讲述的，该课程　115

---

① 迪奥·卡西乌斯：《罗马史》（*Roman History*），77，11。

的目的是分析"依据真理／真相对人的治理"（GL 12/11）。因此，福柯认为他所关注的关系并不是所谓的权力与知识之间的关系，对于它们，他感到厌倦了，而是关注从权力向治理的过渡，正是后者把此前的两个课程给联系起来（GL 10-11/9，13-14/12；亦参见 OHS 118）；他还关注从知识到真理／真相的过渡。总之，该课程的总体目标可以用稍后的一个说法来概括，即试图去"书写一种关于真理／真相力量的历史，一种真理／真相权力的历史，一种求知意志……的历史"（GL 98-99/101）。

福柯承认，他只能提供碎片化的论述，而且一些最初的讨论的确既是分散的也是无结构的，在这些讨论中他与先前的课程和讨论进行了关联；他还举了一系列分散的例子。福柯明确地把《安全、领土与人口》课程中有关国家理性的分析和该课程中的计划（GL 11/9），与《生命政治的诞生》中对于自由主义的分析（GL 14/12）联系了起来。他强调自己反对意识形态这一观念（GL 12-13/11-12）；强调自己并不想把国家理性（raison d'État）的实践作为一种"国家的理论或表象"来分析，"而是作为一种治理的艺术"来分析；并且坚称他不想把自由主义视为"经济理论或政治教义，而是视之为某种治理方式、某种理性的治理艺术"（GL 14/12）。他提供了一个向现代时期转向过程中的权力与真理／真相关系的简要框架，列举了从 15 世纪到 17 世纪宫廷中的国家理性以及博丹论证猎巫的例子。（Gl 11-12/9-11）接着，他很快勾勒了五种孕育权力与真理／真相呈现之间关系的方式——博特罗（Botero）与国家理性中的合理性，魁奈（Quesnay）

与重农学派（Physiocrats）的经济合理性，亨利·德·圣西门（Henri de Saint-Simon）的科学规范，罗莎·卢森堡（Rosa Luxembourg）的普遍意识，以及亚历山大·索尔仁尼琴（Aleksandr Solzhenitsyn）的不可避免意识。（GL 14–17/13–16）开篇一讲的要点是，在理性治理术产生之前，治理与真理／真相的问题就以一种重要的方式联系在一起，因此它们的历史可以追溯得更为久远。尽管《安全、领土与人口》也追溯了其中的某些联系，但福柯在这里认为有必要在一个更为基础性的层面上去加以探讨。

有些令人奇怪的是，福柯选择在接下来的几次讲座中详细地解读俄狄浦斯的案例。要知道，福柯之前对此已经有过分析，尤其是在1970–1971年有关《求知意志》的讲座中，这之后在美国和巴西的一些访问讲座中也讨论过。在这里，它是一个有关显现真相（*alēthourgia*）的例子，这是一种揭示真相的方式，也是一种进行某些区分的方式，如对于奴隶与王族的区分，对于言说的、神谕的、宗教的显现真相与基于证词的司法的显现真相之间的区分。这些促成了福柯在本课程中的核心关注，即讲真话或真言化的程序。那么，治理人的艺术与自我演真（*auto-alēthourgia*）模式之间的焦点何在呢？如何看待俄狄浦斯与克瑞翁（Creon）或者圣人提瑞西阿斯（Tiresias）之间的关系呢？克瑞翁是俄狄浦斯的妻子兼母亲伊俄卡斯忒（Jocasta）的弟弟，拉伊俄斯王（King Laius）的代理，他给了俄狄浦斯王位，也是其继任者。产生于这一理解中的关键主题是 *tekhnē tekhnis* 的观念，即最高的技艺、各种艺术的艺术、各种技艺的技艺、治理的模式

116

191

（GL 50-51/51），"权力被刻画成一种 *tekhnē*，一种技术、一种艺术……要去认识在何种程度上政治权力的运用需要和包含着类似某种 *tekhnē*、某种知识（savoir）、某种技术知识、某种专门技巧（know-how）的东西，并以此来确认对法律、秘诀、行事方式的习得和完善"（GL 51/51）。它不仅存在于俄狄浦斯的故事或古代异教的文本中，在纳西盎的格里高利所写的名作中也有体现。在这里，它并不只是一个政治治理的案例，而更多是一种个体化形式的"精神指引"。在纳西盎的格里高利的作品中，有这么一个表述，福柯认为它是直至 18 世纪之前良知指引的特征："*tekhnē tekhnis* 是指引灵魂的艺术。"（GL 51/52）因此，该课程的主题就是："研究这种作为最高技艺亦即治理人的技艺的 *tekhnē tekhnis* 与 *alēthourgia*（显现真相）之间的关系。治理人的技艺需要在何种程度上包含着一种真理 / 真相的显现？"（GL 51/52）。

因此，治理的问题是至关重要的，但是，自身、自我与显现真相之间的关系逐渐开始支配了这项更宽泛的研究。（GL 67/67）实际上，主体性与真理 / 真相之间的关系——这是下一年度课程的题目与主题——在此处已经明确地予以强调。（GL 73-74/74-75）这就牵涉与见证真理 / 真相行为有关的一系列问题。福柯指出，权力的运用往往不仅要求屈服与遵从，而且要求真理 / 真相："在这种巨大的权力关系体系中，为何发展出一种以主体性为索引的真理 / 真相体制？"（Gl 80-81/82）为了探究这一点，福柯关注坦白（*l'aveu*，承认、供认或告解）的观念。

（GL 80/82）福柯经常使用这一概念，正如前面所述，他有时似乎用法语词 *la confession*，把它与更一般的坦白观念相区分。当然，福柯并不总是前后一致，术语之间的差别可能被夸大。此外，福柯以英语演讲的相关话题，都是用 confession（告解）一词来取代法语的两个词（*l'aveu* 和 *la confession*）。福柯认为，坦白作为一个重要主题在一系列领域中都起着作用，但他在该课程中首先要考察的议题是早期基督教，以审视"对人的治理与说真话行为，尤其是与反思性的说真话行为之间关系的历史建构"（GL 81/82）。福柯勾勒了两种真理／真相体制以及它们之间的张力："信仰体制与坦白体制"（GL 82/84）。对福柯而言，有趣的是，告解既是信仰的宣誓（profession of faith），也是坦白的行为（act of avowal）。（GL 82−83/84）

早期教父

这将是该课程展开方式的一项重要线索，因为将对基督教中的很多主题进行讨论，并不仅仅只是罪行的告解／坦白。饶有意味的是，在基督教，尤其是在早期基督教教父那里，形成一种新的角色，即告解牧师（confessor），"他组织、管理并执行告解的仪式"，告解最终成为一种圣礼（sacraments）："当然，基督教在本质上是坦白的宗教。"（GL 82/84）这些问题在日后不断发展，并且与异端的观念缠绕在一起，在福柯看来，异端观念"对古希腊－罗马世界而言完全是陌生的"。告解／自白

117

（confession）、坦白（avowal）与教义信仰并存；对待异端伴
随着悔罪告解。在该课程前几次讲座中，福柯透过这一点非常
系统地追溯了文艺复兴时期天主教与新教之间的断裂。（GL
83/85）但福柯的核心议题在于与古代的断裂，基督教由此成了
"一种幽灵，在希腊化与罗马世界中，［基督教的］这种真理/
真相体制同时极为复杂、极为丰富、极为密集，也极为新颖"
（GL 84/86）。

　　福柯在讨论中分析了各种不同人物的核心见解。尤其重要
的是对托马索·德·维奥·卡耶坦（Tomaso de Vio Cajetan，
1469—1534）的分析。[1] 卡耶坦是特伦托会议之前的一位探讨告
解/坦白的理论家，从他那里，福柯获得了"真理行为"（*the
act of truth/actus veritas*）这一用语。（GL 79/81）另一位重要的
作者是德尔图良（Tertullian）。在 1977 年的访谈（DE#206 Ⅲ，
313；P/K 211）中，福柯就首次提到德尔图良是肉体概念的原创
者（originator），但在《安全、领土与人口》中有关牧领制度的
材料中，并没提到他。（GL 104/107；110 n.27/112 n.27）福柯从
德尔图良那里，采纳了几个关键概念与实践：他被视为"原罪"
概念的发明者或者至少是阐释者（GL 118/122）；对于"真理配置"
（economy of truth）[2] 观念与"灵魂转变"（*metanoia*）内涵的发展，
他都起了至关重要的作用（GL 130/133）。

118

---

① 塞内拉尔指出，福柯深入研究了卡耶坦，附注了一篇 62 页的注释（GL 88–89
n.8/90–91 n.8）。
② 在神学意义上，economy 指统治世界的方法和活动，如神的指导、安排、保护、
维护等事项。——译注

　　灵魂转变是非常重要的，因为福柯认为这一希腊词与拉丁语 *paenitentia*（悔悟）相对应，就像 *exomologēsis*（认罪仪式，身忏）是与拉丁语 *confessio* 相关联。（GL 150/153-154）这些对应的词汇，在言语告解与身体补赎（atonement）这两个过程中，对于福柯很多的分析而言都是很重要的。福柯强调，灵魂转变，即 *paenitentia* 所概括的过程，"并不指向仪式性的、教规性的、教会的悔罪"。换言之，"当我们在这一时期的文献中碰见 *paenitentia* 这个词时，应该想到它指的是（灵魂）转变，而不是悔罪"（GL 150/153）。因此，福柯的术语有相当大的复杂性，是用法语词来翻译用拉丁文表达的希腊概念；当我们试图把它转化成英语时，就会出现一系列问题。福柯有时使用法语 *aveu* 来翻译 *exomologēsis*，即 *confessio*（GL 150/154），他的手稿注明："confession=exomologēin"（GL 172 n.*/174 n.*）。

　　到该课程快结束时，福柯首先在语忏（*exagoreusis*）与身忏（*exomologēsis*）[①]之间进行了对比。他在前面的几讲中已对后一个概念做了广泛讨论，福柯认为，它基本上是一个希腊语概念，在拉丁语中称为 *confessio*。（GL 150/154）即便如此，一些拉丁作者如德尔图良继续使用这一希腊语概念。（GL 197/202）但是，语忏是新概念：它是"把自我变成话语，不断地把自我变成话语"（GL 301/307）——它是"对于良心的最终审查，通过指引与语忏，

---

① 此处参照了李奭学先生的译法，他将 *exomologēsis* 译为"以身忏悔"，将 *exagoreusis* 译成"以言忏悔"。为了简洁，分别译为"身忏"与"语忏"。参见李奭学：《译述：明末耶稣会翻译文学论》，香港中文大学出版社 2012 年版，第 235 页。——译注

对良心中的秘密与奥迹进行最后的审查"（GL 305/331）。身忏是"身为一个罪人的真相展现"，但在语忏中，"在姿势上或在穿着上不再有任何戏剧性的或惊人的要素"。相反，它是一种我与自身的关系，尽可能地微妙，尽可能地持久，尽可能地进行分析，尽可能地详尽无遗。（GL 301/307）身忏是一个特别的事件，但语忏更接近一种生活方式。

这些概念在同一年稍后的美国讲座中得到进一步展开，我们在下一节将讨论福柯的美国讲座。但很重要的是，福柯在对课程的回顾中提示，这种对比对于该课程十分重要："两个概念必须区分，每一个都对应于一种特定的实践：身忏与语忏。"（GL 317/322）然后，福柯概述了身忏这一观念，并且通过引用卡西安强调精神指引（spiritual direction）的三个方面：对年长者或师父的依赖模式，引导人们检查个人良知的方式，以及旨在以详尽无遗的方式描述个人精神冲动的责任，此即语忏"（GL 319/323）。

119　　　　无条件的服从，持续不断的检查，以及详尽的坦白形成了一个组合（*ensemble*），其中的每一个要素都暗示着另外两个；对隐藏于自我深处的真相所做的语言展现，成为人对人治理的不可或缺的部分，这种方式自 4 世纪初就在修道制度，特别是群体修道制度中开始施行了。但需要特别指出的是，这种展现并非是为了确立自我对于自身的主宰；相反，它所期望的是谦卑和克己，是对自我的超脱（detachment），

是去建构一种有助于摧毁自我形态的与自我的关系。（GL 320/324-325）

这一对身忏与语忏之间关系的陈述作为课程的概要是具有误导性的，但对于理解福柯当时的思路，却又极为重要。

在该课程中另一个引人注目之处是福柯所提到的古代内容，尽管他只是偶尔提及，常常是概括性的，但却很重要。当然，福柯在接下来的四次课程及相关的著作中将发展这些内容。这面临的一个挑战是，从他日后更为深入的研究看，此处对古代文本相对直接的解读是否能继续站得住脚。例如，福柯认为，希腊与罗马的良知检查与基督教是完全不同的，因此，"西方人的主体化是基督教式而非希腊－罗马式的"（GL 231/236，参见241/246，247/252-253），在他后来的分析中，这一点将有实质性的改变。此时，福柯通过对古代的简略读解来进行这种比较。他所举的例子是毕达哥拉斯学派，该学派传统上被视为良知检查的发明者，也为其他学派所效仿，并为后来的基督徒（如屈梭多模）所接受。（GL 232-233/237-238）

在他发表的课程演讲中，其中有一些篇章证实他显然已经在广泛运用古代的材料。例如，其中有一段关于塞涅卡（Seneca）的有趣讨论（GL 234-237/239-243 n.*/239-240 n.§），在当年秋季的美国演讲中也被使用。他同样评论了古代的技术如何在修道制度（monasticism）中被应用，认为悔罪与修道制度相互支撑。（GL 253-254/258-259）这里，他做了鲜明的对比：修道制度是一种"完善的生活，或者说它是一种致力于完善的生活，朝向一种完善生活的方式"（GL 254/260）。"因此，从 4 世纪开始，古代哲学生活中的某些基本技术在基督教中被转变成修道制度的内在构成部分"，当然，这并非是说它们没有变化。需要强调的是，引导技术如今被铭刻进一个"普遍的装置"中。（GL 268-269/274）于是，福柯的课程结束于一组松散联系的主题。尽管他在最后时刻试图把这些分散的分析整合在一起——从赛普提姆斯·塞维鲁到俄狄浦斯，再到基督教和古代的不同治理个体模式——他努力表达一个明确的总体目标。（GL 303-307/309-313）

120

正是在这里，署名为"莫里斯·弗洛朗斯"（Maurice Florence）的那个奇特的词条变得很重要。"在 20 世纪 80 年代初"，福柯应邀为《哲学家词典》（*Dictionnaire des Philosophes*）撰写自己的词条。福柯提供的文本由弗朗索瓦·埃瓦尔德编辑并为之撰写了导读。[1] 这个词条福柯用了一个非常明显的假名。德菲尔与埃瓦尔德将福柯的原文视为"《性史》第二卷初稿"的"引论的一部分"[2]，但据说埃瓦尔德也将它的写作时间确定为 1980

---

[1] 《哲学家词典》（*Dictionnaire des Philosophes*），ed. Denis Huisman，Paris：PUE，2 vol.，1984，Vol. Ⅰ，pp.941-944。开头一段是由埃瓦尔德所写，置于福柯言论之前，并用括号括了起来，但这段话并没有纳入重印的 DE#345，631-636；EW Ⅱ，459-463。

[2] 德菲尔与埃瓦尔德，DE#345 Ⅳ，631。这一解释性注释的内容很少出现在 EW Ⅱ，459 n.* 中。

年。[①] 如果说日期与上述说法都是正确的，那么它就可能是有关
基督教那一卷的某个片段。大约在 1981 年 6 月，福柯首次透露
要发表的有关古代的一卷，他当时说自己想要发表《主体性与真
相》课程的一些资料。（DE#213 Ⅳ，213；EW Ⅰ，87）[②] 这个
课程与最终在《性史》第三卷中出现的材料很接近。

　　署名"莫里斯·弗洛朗斯"的"福柯"词条只有几个线索指
向其最初的出处。它是一个回顾性的陈述，概括了从《疯狂史》
到《规训与惩罚》的所有作品——几乎是它所介绍的《性史》之
前所有的著作。它明确地显示了福柯正在重新调整《性史》。但
它没有提及古代，而是在有关主体化与知识关系的例子中，给
出了一个"对某本圣典进行注解"的例子。（DE#345 Ⅳ，632；
EW Ⅱ，459-460）

　　他现在的兴趣是研究：

　　　　如何把主体建构成自身的对象 / 客体：借由各种程序的
　　形成，主体被引导去观察、分析、阐释并识别自身作为一
　　种可能的知识领域。简言之，这涉及"主体性"的历史，
　　如果这个术语意味着主体在与自身有关的真理游戏中经验
　　自身的方式的话。当然，性与性态问题……并不是唯一可
　　能的例子，但至少也是一种相当具有说明优势的例子。实

---

① 《与阿尔帕德·绍科尔采的谈话》（*Conversation with Arpád Szakolczai*），
载于《马克斯·韦伯与米歇尔·福柯：类似的人生—作品》（*Marx Weber and Michel Foucault：Parallel Life-Works*），London：Routledge，1988，p.270 n.4。
② 这一点被放到一个注释中，参见 SV 299 n.1。

际上，正是在这方面，在整个基督教中，也许不止于此，
个体都被要求视自己为快感、欲望、色欲以及诱惑的主体，
并被敦促以各种手段（自我省察、灵修、坦白、告解）来展
开与他们自身相关的真假游戏，与构成他们主体性最私密、
最具个体性的东西相关的真假游戏。（DE#345 Ⅳ，633；
EW Ⅱ，461）

121　　这些例子将这个词条与福柯 1979-1980 年间在讲座和同时进
行的写作中关注的议题直接联系起来。此外，在词条的结尾处，
福柯把他此前对于"疯人、病人、犯罪主体"的研究定位为考察
"人相互'治理'的方式"；他还认为，"问题在于应该把'性
态'视为一种历史性的独特经验模式来进行分析，因为正是在这
种模式中，主体通过某种特定的'治理'程序成为他自己或他人
的对象／客体"（DE#345 Ⅳ，636；EW Ⅱ，463）。虽然福柯对
自己的研究工作做了调整，将有关性态的研究作为后来作品中的
第三种要素，但很明显的是，这里的"治理"被视为关键的解释
棱镜。治理理所当然地成为他从 1978 年到 1980 年巴黎课程的焦
点，并在他最后两年度的课程中再次成为焦点。

　　因此，"性史"在这里被构想为福柯整体计划中的"第三部
分"，它考察的是"主体与真相之间的关系，或者更精确地说，
研究主体作为对象／客体而被嵌入真理游戏的方式"（DE#345 Ⅳ，
633；EW Ⅱ，461）。真相与主体性似乎成为《对活人的治理》
的一个核心议题，它们在基督教的不同场合以不同的方式运作，

尤其是在洗礼中（参见 GL 165-184/167-187），在身忏与语忏中（GL 305/310-311）。洗礼被设想能洗掉个体的罪孽，如果他们再次犯罪，只能通过补赎才能获得洁净，以至于后者几乎成为第二次洗礼。当然，主体性与真理/真相将成为他下一年度转向探讨古代的课程的核心议题，也将成为一些其他讲座的主题。①

关于自我解释学的发端

1980 年 10 月和 11 月间，福柯在美国用英语做了几场学术讲座。先是 10 月 20 日和 21 日在伯克利的豪伊森（Howison）讲座，题目是《真相与主体性》②。第一次演讲探讨的是古代，尤其讨论了塞涅卡，第二次演讲主要讨论早期的基督教。正是在第一次演讲之后，福柯遇到了彼得·布朗，两个男人之间就此形成一种重要的思想上的友谊。③11 月 17 日和 24 日，福柯在达特茅斯学院重复做了这两个演讲，两次的题目分别是：《主体性与真相》以及《基督教与告解》，内容有一些重要的改变。这些演讲的英文版早已由马克·布拉休斯编辑成集——《自我解释学的发端》，标明了与伯克利讲座中的一些不同之处，书名取自福柯在伯克利 122 第一次演讲时的一个表述。（OHS 41 n.a）这些演讲最近才被翻译

---

① 在 1980 年 5 月 6 日，福柯与一些神学家会面，这些神学家主要是耶稣会士，这次会面是由詹姆斯·伯诺尔所组织的（参见 RC xvii；Carrette，RC 2）。
② 存在一个名为"伯克利豪伊森的讲座"（Howison Lectures at Berkeley）的机打文件之中，参见 BANC 90/136z 1:11。
③ 我很感激彼得·布朗分享了他有关他们谈话的备忘录。

成法语，编入《自我解释学的发端》（*L'Origine de l'herméneutique de soi*）一书之中，该书还包括旅行过程中的两次访谈[1]，并且对达特茅斯与伯克利这两地讲座的不同之处做了更系统也更完整的注释。在美国东西海岸的讲座期间，福柯还与理查德·桑内特（Richard Sennett）在纽约大学主持了一次研讨课，部分内容收录在《性态与孤独》（"Sexuality and Solitude"）文本中。这一文本现有多种版本，重复了来自其他演讲的一些材料，但也增加了某些重要的分析。[2] 我们还了解到，福柯在伯克利主持了有关"古代晚期与早期基督教中的性伦理"的研讨课，11月在普林斯顿大学经由布拉休斯组织也做了一次讲座。尽管题目是《生命政治的诞生》，但内容非常接近1979年"全体与单一"讲座的第二部分，许多内容在1982年佛蒙特讲座中被重复论述。[3]

"自我的解释学"讲座透露了一些信息，因为这是福柯首次从他的性史计划的角度谈论古代，而性史此时正在演变成一种

---

[1]　这些中的一部分此前以《权力、道德价值以及知识分子》（"Power，Moral Values，and the Intellectual"）为名发表，米歇尔·贝丝（Michael Bess）翻译，收入《当下的历史》（*History of the Present*），4，1988：1–2，11–13。其他的部分此前未有出版。英文版为《关于主体解释学的开端：1980年达特茅斯学院讲座集》（*About the Beginning of the Hermeneutics of the Subject：Lectures at Dartmouth College，1980*），trans. Graham Burchell，Chicago：University of Chicago Press，2015。

[2]　米歇尔·福柯与理查德·桑内特：《性态与孤独》，载于《伦敦书评》（*London Review of Books*），3（9），21 May 1981：3–7。原版上夹杂福柯讲座的一个介绍和桑内特的一个简短结论。这些没有收入到大多数的重印本中（EW I 175–184），也没有出现在法文译本中（DE#295 Ⅳ，168–178）。

[3]　BANC CD 971。我很感激马克·布拉休斯对这一演讲的讨论，并为我提供了一个更好的记录。

主体性的历史或一种"现代主体的谱系学"（ABHS 201；OHS 33）。[1] 这个讲座先于他在法兰西学院的这个计划中对于古代的讨论，是对他习惯性做法的一次颠覆。这一计划的目的很重要，福柯明确表示这是一种策略："借助于研究主体是如何在将我们引向现代自我观念的历史过程中建构的，我试图通过这样一种主体的谱系学而摆脱主体的哲学。"（ABHS 202；OHS 35；参见 ABHS 225 n.26；OHS 65-66 n.a）[2] 正如他在伯克利所言：

> 总的来说，我的计划目标是建构一种有关主体的谱系学。采取的方法是一种知识考古学，确定的分析领域是我所说的技术……亦即有关主体的特定技术与特定类型话语的表达。（ABHS 223 n.4；OHS 36-37 n.b）

又或者，正像他在纽约的一次演讲的手稿中所言，存在一种"书写我们所做之事的历史同时也是分析我们是谁的可能性；一种具有政治意义的理论分析"[3]。福柯把这项工作与他更早之前的研究联系了起来，包括对于"作为言说的、活着的、工作着的存在的主体"的研究，以及在医院、精神病院以及监狱之类的机

---

① 追溯该措辞使用的参照顺序参见 OHS 54 n.4。

② 也参见："我曾经反对主体的先验理论，以便分析主体或不同形式的主体构成与真相游戏、权力实践等等之间可能存在的关联。"（DE#356 Ⅳ，718；EW Ⅰ，290；参见 DE#295 Ⅳ，169-70；EW Ⅰ，176-177）

③ 未出版的手稿源自 1980 年 9 月，由格罗（Frédéric Gros）所引用，参见 HSu 508/526。

123　构中何以"某些主体既成为知识的对象，同时也成为支配的对象"。（ABHS，203；OHS 36–38）这些讲座也很有趣，因为福柯从介绍 19 世纪弗朗索瓦·勒雷（Francois Leuret）所写的一篇精神病学文章开始。这一点很有启发性，因为它表明这是一个关于坦白的问题，即让病人坦白他们的疯癫。对他们而言，承认这一点并不够，因为他们是被迫这样做的，是通过冷水浴，但他们必须自己来承认疯癫。（ABHS 200–201；OHS 31–33；也参见 WDTT 1–3/11–14）[①] 此时的研究计划明显与性态有关，考察的是"主体创造的那些对自身的理解方式"。这些就是福柯首次在现有的材料中所描述的"自我技术或自我技术学"（ABHS 203；OHS 36–38）[②]。这些自我技术需要与支配技术一起研究，但福柯指出，对他人的治理依赖于对自我的治理。这就是福柯对于治理自我与治理他人的构想的发端，这将成为他最后几年课程的主题。（ABHS 203–204；OHS 38–39）正如他在这些演讲中所讲的：

> 治理人，在宽泛的意义上说（在 16 世纪提到它时，指的是对儿童的治理，对家庭的治理，或者对灵魂的治理），治理人并不是一种迫使人们去做治理者想要他们做的事情的方式；它总是一个多方面的平衡，是确保压制的技术与

---

① 福柯在 1963 年的论文《水与疯癫》（"L'eau et la folie"，DE#16 Ⅰ，270–271）使用了同样的故事。

② 在《性态与孤独》的导言中，桑内特说他们在研讨会中使用了 the technology of the self（自我技术学）这个短语；福柯也在他的讲座中使用了 technologies of the self（自我技术）（EW Ⅰ，177；DE#295 Ⅳ，171）。

自我被自身建构与改变的过程之间的互补与冲突。（ABHS
203-4 & 224 n.13；OHS 39 & n.b.）①

　　在第一次演讲中，福柯指出，古代并不强调自我检查和坦白，
它强调的是个体，强调的是个体的利益和他们的自我掌控。通常，
须要聘请一位导师，以便在诸如丧亲或其他令人痛苦的特定的事
件或情境中获得帮助。这并不会带来一种详尽的自我审查，也无
须向导师巨细无遗地坦白各种小细节。然而，福柯认为，各种迹
象表明古代有各种发现自我真相的技术，而且随着时间的推移，
它们在毕达哥拉斯派、伊壁鸠鲁派、斯多葛派那里，变得愈发重
要。（ABHS 205-206；OHS 41-42）根据这样一个框架，福柯
打算通过对塞涅卡的《论愤怒》与《论灵魂的宁静》的摘录，来
对该主题进行诠释。对福柯而言，塞涅卡之所以重要，是因为他
是一位在罗马帝国时代和基督教发端之初进行写作的斯多葛派。
第一个文本阐明了一种自我检查或者说向自己进行坦白的观念，
这是在一天结束之时的一种自我检查；第二个文本讨论的是向他
人进行的坦白，尤其是在医疗咨询模式中。（ABHS 206-209；　124
OHS 42-48）后者促成了"真理/真相即力量"的公式，不是
一种真理/真相的符合理论，真理/真相被投入关系之中，"作
为一种准则所固有的力量，必须在一种话语中发展"。（ABHS
209；OHS 48-49）福柯认为，那个向塞涅卡坦白的人，即他的

---

① 括号中的段落只在伯克利讲座中提到。

朋友塞雷努斯（Serenus），这样做并不是个体化进程的一部分，而是"一种自我的建构"（ABHS 209；OHS 49）。在两个文本中，都不存在对深藏在内心之事的坦白：自我并不是被发现的，而是"通过真理/真相的力量建构成的"（ABHS 210；OHS 50）。

  第二次演讲试图展示的是，基督教接受了这些主题，但却以一种极为不同的方式发展了它们，因此，我们的"现代自我解释学"更多取决于"基督教的技术，而不是……古代的技术"（ABHS 211；OHS 65）。基督教是强加一种真理/真相义务的宗教，包括信仰某些教义和某些文本，它也是一种坦白过程，每个基督徒必须向别人讲述有关他们的真相，"做证"反对他们自身。（ABHS 211；OHS 67）福柯想要关注的是后者，他这样做并不是通过对宗教改革时期的"补赎圣礼和罪行悔改式告解"进行考察，而是关注早期基督教的两种制度："悔罪仪式（penitential rites）与修院生活"（ABHS 211-212；OHS 67-69）。补赎是一种状态而不是一种行为，它是一种存在状态，为的是避免被逐出教会，并有可能容许重归教会。（ABHS 212；OHS 69-70）这种状态的关键是"表明真理/真相的义务"，即身忏这一观念，它既是一种结束补赎期的行为，也是重新回归的时刻，还表示作为整体的补赎时期进行的各种任务。福柯从德尔图良、哲罗姆、安布罗斯、居普良、帕西安的著作中旁征博引来阐明这一分析。"惩罚自身与自愿地表达自我是联系在一起的。"（ABHS 214；OHS 72）正如福柯所强调的，德尔图良对希腊语身忏的拉丁翻译是"*publication sui*，即基督徒必须公开发表（publish）自己"，表明自己的状态，是"一种对否弃自身的戏剧展现"（ABHS 214；OHS 73）。

在修道制度中，有些至关重要的不同之处。在这里实际上延续了异教的实践，修道生活被视为真正的哲学生活，修道院被视为哲学院。因此，见怪不怪的是，"在基督教灵性中的一些自我技术明显移用了异教哲学的实践"（ABHS 215；OHS 76）。福柯把屈梭多模视为这种连续性的一个代表。但在特定基督教模型中产生了两项重要的差异：对于主人的"服从原理"以及对于上帝的"沉思原理"。（ABHS 216；OHS 77-78）这里按照卡西安的《论修道制度》与《会议集》阐释了基督教修道方式的"特有性格"，强调了两个关键点：修士不仅检查自己的行为，如斯多葛派那样，也要检查自己的思想，即"永久流动的灵魂"（ABHS 216；OHS 78）；重要的时刻是言语表达（verbalization），即用言辞坦白自我，作为真理／真相的证据与展现（ABHS 219；OHS 82-83）。这一言语表达因多种原因而重要，但关键在于它具有一种诠释性功能；它是一种持续的行为，一种对思想的不断评论；其目的是深挖内心的秘密；它也是个灵魂转变的过程，从"撒旦的统治转变到上帝的律法"的过程。希腊教父称之为"对思想的持续的、详尽的和献祭式的言语表达"，此即语忏。（ABHS 220；OHS 86-87）因此，福柯提出基督教中的两种不同的坦白模式——身忏与语忏，但它们是联系在一起，"语忏中的坦白规则，这种持续言语表达的规则，与笼罩着身忏的殉道模

125

式相辅相成"（ABHS 221；OHS 87）。[①] 福柯指出，中世纪的罪行坦白"类似于一个语忏与身忏的奇怪混合物（mélange）"（OHS 107）。在更早时期，它们以其他方式联系在一起，福柯接着勾勒了这种混合方式，即身忏或可被视为"本体论的诱惑（temptation）"，关涉罪人的存在，语忏被视为"基督教的认识论诱惑"，关涉对他们思想的分析。正是后者，即作为一种"自我的认识论技术"，在今天占据支配地位。在现代思想中，有一种企图是把这建立在一种积极意义的自我之上："关于我们自身的政治学"（ABHS 222-223；OHS 89）。但在早期基督教中，这是与古代的彻底决裂，这里有一种对于自我的弃绝，真理／真相与牺牲交织在一起："我们必须牺牲自我以发现有关自身的真相，我们需要发现有关自身的真相以牺牲自己。"（ABHS 221；OHS 87-88）

纽约大学的"性态与孤独"讲座几乎与伯克利和达特茅斯讲座以相同的方式开头，先是对勒雷进行分析，然后去讨论客体化／主体化，再就是对其作品的传记式读解。但福柯并没有讨论塞涅卡与古代，而是直接转向基督教，援引彼得·布朗提出的挑战，即"理解性态为什么在基督教文化中成为我们主体性的测震仪（seismograph）"。然而，这次讲座是以相当不同的方式来完成的。福柯说到，他与桑内特在研讨课上所使用的例子，是关于一夫一妻制的、忠诚的且有节制的大象，出自弗朗索瓦·德·萨勒（Francois de Sales）的一段文字（EW Ⅰ 179；DE#295 Ⅳ,

---

① 这或许从一个评论中可以预期到，见 GL 301/307，尽管桑内特指出，未标页数的手稿并没有提供一个明确的答案（GL 312 n.55/319 n.55）。

172—173）。① 然而，关键的是阿特米多鲁斯（Artemidorus）与
奥古斯丁的《上帝之城》第十四卷以及与之相关的《驳犹利安》
（Contra Julian）之间的比较。② 阿特米多鲁斯提供了对于梦的
分析，这是以一种与弗洛伊德相反方式进行的，因为性梦预示的
是政治的未来或社会的未来；但这尤其令福柯感兴趣，因为对他
来说，性行为不如状态（而非伴侣之间的性）重要。实际上，赋
予男性特权的，他认为唯一重要的行为是插入，但这也是一种社
会角色，而不仅仅是一种性行为。奥古斯丁的著作关注堕落之前
在天堂中的性关系状态。性现在成了一种痛苦，一种"癫痫病的
形式"，但那时是不同的，因为亚当身体的每一部分都受到其灵
魂的控制。基于这一理解，无花果树叶（遮羞布）遮掩了性器官，
不是因为它们是赤裸的，而是因为它们不由自主地活动。（EW Ⅰ
180—181；DE#295 Ⅳ，174—175）对阿特米多鲁斯而言，性的问
题是插入的问题；对奥古斯丁而言，则是勃起的问题；"不是与
他人关系的问题，而是我与自身的关系问题，或者更确切地说，
是意志与非意愿表达之间的关系"。这是一个利比多的问题，它
要求"一种恒定的自我解释学……性伦理意味着非常严格的真相
义务"（EW Ⅰ 182；DE#295 Ⅳ，176）。福柯在讲座原稿（未发表）
的一段文字中认为，"这些技术主要是在禁欲环境以及修道制度

① 弗朗索瓦·德·萨勒：《虔诚生活导引》第三卷（*Introduction to the Devout Life*，Book III），39 trans. John K. Ryan，London: Longmans，Green and Co.，1953，p.248。这一点重复出现在 SV 中。
② 福柯认为，他已经为伯克利讲座起草了一个讨论奥古斯丁尤其是其《忏悔录》的文稿，但没有时间讲述（OHS 107）。

中发展的，并且我以为，它们经由奥古斯丁的利比多理论所转达，对西方的自我技术起着巨大的影响"①。在福柯看来，很明显，这些源于公元 4 世纪、5 世纪的文献，主要关注的并不是性行为，而是"思想对意识的渗透，由于它们的多样性，干扰了［上帝的］沉思所必要的统一性，并暗中传达来自撒旦的意象或煽动"。这就是由修士持续审查和评论这些思想的重要原因所在。真正的纯洁不是通过与"一个年轻俊美的男孩"睡在一起"而不接触他"——"就像苏格拉底与阿尔基比亚德那样"——就可以达到，而是在脑海中甚至在睡梦中没有不纯的思想或意象。在此意义上，"性伦理已从与他人的关系和插入模式的问题，转向与自我的关系以及勃起的问题"，关注的是思想以及相关的运动／行为；但重要的是，在二者中"性态、主体性以及真相紧密地联系在一起"。（EW I 182-183；DE#295 IV，177-178）

127   因此，这些讲座可能最让人关注，原因在于，它们明确地将对于古代的理解和对于早期基督教的理解并置在一起。福柯显然想把这作为他所出版作品的一个主题，它们出现在《性史》第四卷之前的第二与第三卷中，福柯在课程讲座中试图分别予以讨论。《不正常的人》、《安全、领土与人口》以及《对活人的治理》中对于基督教的讨论，都先于《主体性与真相》以及随后课程中对古代进行详细研究的作品。我们没有一个可靠的记录，来

① 《性态与孤独》，载于马歇尔·布朗科斯基（Marshall Blonksky）：《论迹象》（On Signs），Oxford：Blackwell，1985，p.371。与 LRB 版本不同，这一版本基于书面的文本，而不是转录本。对于这一讲座的第二部分的比较，参见 RC 182-187。

考察福柯将如何重新对基督教进行分析。在某种意义上，我们在这些 1980 年晚期的讲座中获得的信息表明，福柯当时可能会如何呈现《肉体的忏悔》，以一个有关古代的导论引向对基督教的实质性分析。福柯认为，古代异教有一种认识你自己的义务，基督教的修道教规要求向一位修道院院长坦白你内心的思想，二者之间存在一种根本性的断裂。这种转变在"现代主体性的谱系学"（伯克利讲座用的是"现代主体性的建构"）中是很重要的，并开启了"自我的解释学"（ABHS 204；OHS 40 与 40–41 n.a.）。福柯在此处认为，基督教提供了一种比古代"更为复杂的自我技术"（ABHS 221；OHS 89；见 OH 121）。不过，福柯很快就放弃了这个观点，他意识到这个论点借助了太多的二手解释，需要对古代进行专门的研究（DE#326 Ⅳ，384；EW Ⅰ，254）。考虑到他到此时所做的细致工作，我们就不会奇怪，他对于基督教的分析比对古代的分析更为详细。在以后的巴黎课程中，福柯极为清楚地表明了他如何深化并重新整理了最初的解读。

坦白问题

在 1980 年聆听《对活人的治理》讲座课的人，怀着对《肉体与身体》的期待，可能会感到失望；我们今天希望看到《肉体的坦白》手稿的人也同样如此。德菲尔与塞内拉尔都强调，1975年福柯与伽利玛之间发生的一场争执，使他决定五年内不再出版任何一本书。（C 50/62；关于塞内拉尔，见 GL 334/335）但塞内拉尔也强调，在这些年中，福柯已经把重心从"后特伦托时代的基督教牧领"转向一种"完全不同的基督教时期，这一时期与肉体问题并没有明确的关系"（见 GL 334/335）。然而，很明显，肉体不仅在原初计划的第二卷中是重要的主题，而且如果就其名称来看，它也应当是最后一卷的主题。正如福柯所言，《对活人的治理》只是一带而过地触及这一主题，"牧领权力的论题不包括引导技术，尽管后来这种技术在基督教中得到发展时，它也被置于牧领的标记之下"（GL 249/255）。

按照后来的这些分析，再来审视《性史》第一卷和《不正常的人》中有关坦白的讨论，会有新的理解。在这些作品中，有关坦白话题的探讨在某种程度上并不能令人信服，而对《肉体与身体》初稿的进一步思考，促使福柯放弃了原初的计划，而展开了更注重历史性而非主题化的研究工作。[1] 福柯最初关注特伦托会议之后的时期。他讨论在此之前的材料时，某些笼统的表述在很大程度是无史料依据的（例如，A 161/173-174）。福柯只是利用范围很小的二手材料来分析这一更早时期，尤其是利亚在《私下坦白的历史》中的很多材料，但对稍后一段时期——自 16 世纪以降——看来做了更好的研究。[2] 在有关后一时期的讨论中，福柯引述了一些重要文献，其中包括米拉尔（Milhard）、阿贝

---

[1] 一个关于《不正常的人》与被销毁的《肉体与身体》之关联的分析，参见 A 325-330/340-344；以及马尔凯蒂：《肉身与肉体》（"La chair et les corps"，*Critique*），660，May 2002：354-367。

[2] 亨利·查尔斯·利亚：《关于拉丁基督教中私密告解与赎罪券的历史》第三卷（*A History of Auricular Confession and Indulgences in Latin Church*，3vols），1896。

尔（Habert）、夏尔·博罗梅（Charles Borromée）、德·里古利等人。（A 173-174/186-187，176-177/189-190 等）但正如编辑所言，福柯是否直接看过这些文献不得而知，因为几乎所有引文都取自利亚的研究著作。[①] 当然，这不意味着，福柯在 20 世纪 70 年代中期的读解（即在《性史》第一卷与《不正常的人》中的读解）是没有价值的。他对坦白实践的发展做了一些评论，尤其是告解室这种建筑设置，福柯认为直到 16 世纪才出现。（A 168/181）[②] 早在 1975 年，福柯就曾把当时刚出版的《规训与惩罚》与后来几卷《性史》的议题联系起来，搭配成 "身体的政治解剖学与肉体的道德生理学"（A 180/193）。福柯的一些评论涉及他在法兰西学院的早期课程，包括那些与《规训与惩罚》相关的课程。（A 158/170；180/193）但这一讨论似乎主要是为了给随后的演讲中对手淫的分析提供一种背景知识：福柯实际上在提示，手淫在罪孽的告解/坦白中占据特殊地位。（A 179/192-193，187-188/201-202）[③] 正如他在描述这一时期的那种联系时所言："身体的肉体化和肉体的身体化（*une incarnation du corps*

---

① 见 A 324/340-341。

② 在编者们看来（A 184 n.38/197-198 n.38），福柯的资料来源可能是利亚的《关于拉丁基督教中私密告解与赎罪券的历史》第一卷第 395 页的内容，尽管他提到第一个告解室源于 1516 年，而利亚提到的是 1565 年。编者们未能证实福柯更早的参照。

③ 参见第 1 章。有趣的是，尽管让·格尔森（Jean Gerson）在手淫坦白历史上占据着核心位置，但他只是在课程概要而不是课程本身中被提到（A 309/326）。详细探讨参见托马斯·N. 滕特勒（Thomas N. Tentler）：《宗教改革前夕的罪与告解》（*Sin and Confession on the Eve of the Reformationsin and Confession*），Princeton：Princeton University Press，1977，尤其是第 91-93 页。

et une incorporation de la chair）。"（A 179/192）我们如今知道，《肉体与身体》的手稿在 20 世纪 70 年代中期并没有被完全毁掉，因为菲利普·舍瓦利耶对一份 1978 年的现存手稿进行了简要描述，这个手稿考察的是 16 世纪和 17 世纪的坦白与色欲。[①] 塞内拉尔有充分的理由猜想，这或许是福柯 1983 年有关"伦理谱系学"的访谈中提到的那部作品，福柯在这次访谈中提到，"我写了一个草稿，一本有关 16 世纪性伦理著作的初稿"（EW I，255；DE#326 IV，383）。[②] 但是，如果这份手稿和写作材料确实出自 1978 年，那么很可能在福柯看来，为了符合他后来的分析，手稿需要经过全面的修改。

20 世纪 70 年代中期争论的一个问题是，福柯认为 1215 年的日期是关键性的（见 A 162/174）。当年第四次拉特兰会议的法令第 21 条启动了每年一次的告解，这也是近代基督教的一个核心支柱。利亚曾将它描述为"可能是基督教历史上最为重要的立法行为"[③]。然而，我们无法知道，这一时刻对于坦白本身的观念更为重要，还是对于福柯所强调的性态更为重要。正如佩耶所展示的那样，福柯所强调之处引发了一些重要问题。[④]

---

① 菲利普·舍瓦利耶：《米歇尔·福柯与基督教》（*Michel Foucault et le Christianisme*），pp.149–50，152 n. 70。

② GL 345 n.127/354 n.127；参见第 7 章。

③ 亨利·查尔斯·利亚：《关于拉丁基督教中私密告解与赎罪券的历史》第一卷（*A History of Auricular Confession and Indulgences in the Latin Church*，I），p.230。

④ 皮埃尔·J. 佩耶（Pierre J. Payer）：《福柯论补赎与性态的形成》（"Foucault on Penance and the Shaping of Sexuality"），*Studies in Religion*，14（3），1985：313–320。

其中一项挑战针对的是福柯对第四次拉特兰会议法令的强调，认为我们需要追溯到更早的时期。另一项挑战是《听告解者大全》（*Summae Confessorum*），这是随后时期出现的悔罪手册，但它试图关注其他方面的罪而不是性方面的罪："对性事的考量实际上被与性无关的主题的著述所遮蔽……只有对1215年之后的告解手册进行一种选择性的阅读后，才会在其中发现对于性的特别关注……"[①]佩耶尽管认同福柯的某些观点，但总体上持批评态度，认为福柯"对于后拉特兰时期的论断是无法予以证实的，福柯对最近三个世纪的论断（HS I 33/23），实际上应当是十二个世纪的情况，而且性也不应当有如此'凸显的地位'"[②]。然而，在佩耶发表这些评论之前，福柯已经认识到它们所指摘的问题。他回溯到比13世纪更早的时期，并且意识到中世纪时期的核心关注并不必然是性；普遍的道德引导，即自我的技术（而非特指性态）才应当是他关注的核心。1981年，福柯表示，12世纪的发展只是表现在补赎的方式及其更新的特征。（WDTT 102/104）但正是透过追溯坦白主题，福柯逐渐意识到所有这些问题。当然，此项探究占用了福柯很多年的时间。

　　这并不仅仅明显地体现在《性史》一部分篇章以及直接阐释

[①]　皮埃尔·J. 佩耶：《福柯论补赎与性态的形成》（"Foucault on Penance and the Shaping of Sexuality"），*Studies in Religion*，14（3），1985：315；参见托马斯·N. 滕特勒：《宗教改革前夕的罪与告解》（*Sin and Confession on the Eve of the Reformation*），Princeton：Princeton University Press，1977：223。

[②]　皮埃尔·J. 佩耶：《福柯论补赎与性态的形成》（"Foucault on Penance and the Shaping of Sexuality"），*Studies in Religion*，14（3），1985：317。

130　　《性史》的论著中。坦白在福柯一些次要著作中也发挥着重要作用。这有助于解释他对于皮埃尔·里维耶和艾尔库里娜·巴尔班的回忆录以及他与阿莱特·法尔热编辑的《密札》的兴趣（见第8章）。福柯提到，这三项计划表明了"知识的类型、规范的形式，以及与个人自我和他人关系的方式"之间的相互作用。（DE#340 Ⅳ，581；EW Ⅰ，202）在 1981 年鲁汶大学讲座课程期间所接受的一次富有启发性的访谈中，福柯表达了他的兴趣与他的困惑：

> 坦白是一个我经常碰到的工具性要素。我在犹豫，是撰写一部有关坦白本身作为一种多面向技术的历史，还是把这个问题放在对它（坦白）在其中发挥作用的不同领域（如性态或犯罪精神病学的领域）分别进行研究的背景中来探讨。（WDTT 249/256）[1]

　　这对我们很有启发性，因为福柯对坦白这一问题怀有持续的兴趣，至少可以追溯到 1971—1972 年的《刑事制度与刑事理论》课程，中间经过《不正常的人》和其他作品所讨论犯罪案例中有关精神病学专业知识的讨论，再到有关"危险的个体"的作品，最后是《性史》第一卷和计划进行的以后各卷。

　　1981 年的鲁汶大学课程讲座[2]是一份耐人寻味的文献，这至

---

[1]　该版在 DE（#349 Ⅳ，658）在一些细节方面有所不同。
[2]　根据讲稿、录音和文字记录整理后，鲁汶大学讲座于 2012 年出版，书名是福柯当时给讲座拟定的题目：《做错事，说真话：坦白在司法中的功能》。——译注

少有两个方面的原因。[①]一方面，伴随着 1980 年有关基督教的课程，它重新安排并综合了 20 世纪 70 年代全部研究工作中的材料；另一方面，它很少提及对于《主体性与真相》讲座课内容的倚重。第二个方面之所以耐人寻味，部分原因在于福柯在法兰西学院的课程结束第二天，便开始了鲁汶大学的讲座课程。似乎意识到自己已经开始关注一个新的历史时期，将要把他的工作转向一个新颖而富有挑战性的方向，他希望能有最后一次机会来讲述有关坦白的历史，这是他早就允诺过的。正像我们下文将会论述到的一样，尽管福柯确实在鲁汶大学讨论到了古代，但很多内容与更早时期的课程是有关联的，而且他也很快就转向对现代的分析。（见 WDTT 91/93）总体而言，阅读《做错事，说真话》会有很多启发，因为尽管很多内容可能已为法兰西学院的听众以及现在我们这些读过已发表的讲课记录的人所熟知，但是那种综合性和总体性陈述还是令人耳目一新。此外，我们也必须明白，福柯鲁汶大学讲座的听众中间，很少有人知道他如何利用了过去几年的大量作品。在这方面以及其他方面，包括对于法律的关注，这一课程与大约十年之前有关"真相与司法形式"的讲座并非没有相似之处。

131

　　这次课程的内容包含了几个阶段。在第一讲中，福柯提供了对荷马的《伊利亚特》和赫西俄德的理解——所用材料与他在法

[①] 这些讲座的一位听者做了一份概要，参见让·弗朗索瓦（Jean François）：《坦白、真理、主体性：米歇尔·福柯的相关讨论》（"Aveu，Vérité，Subjectivité：Autour d'un enseignement de Michel Foucault"），*Revue interdisciplinaire d'études jurdiques*，7，1981：163-182。

兰西学院的第一年度的课程有关。第二讲关于俄狄浦斯的再次讨论中也利用了该课程的资料，吸收了《对活人的治理》课程中的解读。第三讲到第五讲，福柯也广泛运用了 1980 年的课程内容以及 1980 年末在美国的演讲，如对于塞涅卡、基督教、修道制度（特别强调了卡西安）的讨论，也包括一些有关古代的线索，以及语忏与身忏的问题。这些讨论大多是在最高技术（*tekhnē tekhnis*）的总体观点下进行的，福柯认为，这种最高技术不仅是在"一种政治艺术的一般集体意义上"的治理，也是"个体受到他人的治理、灵魂的治理"。（WDTT 63/72）在最后一讲中，他的分析触及了中世纪与现代的材料，讨论了拷刑与审问，这与他《刑事理论与刑事制度》的课程有很大关系，然后用到在《不正常的人》中和《有关"危险的个体"的概念》论文中的一些例子。这些例子包括前面提到的塞莱斯塔与昂丽埃特·科尔尼耶。（WDTT 211-212/212）暂且不说其他方面，这次课程清晰地表明了福柯在这段学术生涯时期广博的兴趣范围，以及在未发表的研究工作中需要处理的丰富资源。把这些潜在分散的案例聚在一起是对于真相与主体性问题的持续关注，也是对于真言化如何构成并形塑自我的模式的持续性关注，他曾称之为"讲述有关自身真相的义务"（WDTT 91/93）。

这些例子都出现在这同一时期的讲座中，但有必要指出的是，福柯在鲁汶大学讲座的同时开了一门研讨课。焦点主要放在比利时，运用了"社会防卫"（social defence）的观念。（参见 WDTT 248-249/255）这门研讨课是由弗朗索瓦兹·杜肯斯

（Françoise Tulkens）发起的项目，正是她邀请福柯来鲁汶大学
开设讲座的。研讨课论文集最终在 1988 年出版，只是没有福柯
自己写的文本，书名是《比利时社会防卫的谱系学（1880-1914）》
［*Généalogie de la défense sociale en Belgique*（*1880-1914*）］。[①]
正如讲座记录的编者所注明的，"讲座将追溯社会防卫学说所预
设的主体类型的谱系，而研讨课将会追溯一种相应装置的谱系：
社会防卫的制度、实践以及话语"[②]。

　　所有这些可能无关的议题通过对于坦白的描述被联系起来，
坦白是"一种主体所凭依的行为，在确认他们是谁的过程中，把
他们自身与这种真相系在一起，把自己置于对他人的依赖关系之
中，同时改变他们必须与自身所具有的联系"（WDTT 7/17）。
研讨课上有一些关于书写的非常有趣的讨论，把出自塞涅卡、屈
梭多模以及阿塔纳修斯的《安东尼传》中的圣安东尼的各种训令
放到一起。这里的训令是要求书写一切，写下"灵魂的所有变动"。
福柯认为，"这是出现在古代的异教哲学中（自我）技术的明确
转折点，是这些技术与新技术的链接点"（WDTT 143/144），

132

---

① 弗朗索瓦兹·杜肯斯编：《比利时社会防卫的谱系学（1880-1914）：米歇尔·福柯指导下的鲁汶天主教大学讨论会》［*Généalogie de la défense sociale en Belgique*（*1880-1914*）：*Travaux du Séminaire qui s'est tenu à l'Université Catholique de Louvain sous la direction de Michel Foucault*］，Bruxelles：E.Story-Scientia，1988。关于这一研讨课亦参见杜肯斯的《〈比利时社会防卫的谱系学（1880-1914）〉研讨课的论文》［ "Contributions au Séminaire '*Généalogie de la défense sociale en Belgique*（*1880-1914*）' "］，5（1），1985：1-12。在同时期的一次访谈中，福柯简要地评论了该研讨课的目的（WDTT 248-249/255）。

② 见 WDTT v/3。

"在西方世界产生了我们所谓的一种自我解释学"（WDTT 147/148，164/166）。身忏与语忏之间关系也大大地加深了。在补赎中存在身忏，语忏则是修道院共同体中的一种禁欲苦行实践和精神实践。实际上，这两种实践，即补赎的身忏与精神的语忏，代表了两极，在它们之间有一系列的变化形式，而不是彼此不同的两种制度或两种实践。（WDTT 169-170/172）

我们并不清楚，福柯本人如何看待这份材料的地位。这是在他去世的三年前演讲用过的，他本来还有时间让它成书出版，如果他选择去这样做的话。他在鲁汶的一次访谈中被问到是否想要出版有关坦白的著作时，他持有异议，表示说"我不确定是否出版有关这一问题的著作，因为在某种意义上，对于坦白的研究纯粹是作为其他议题的工具"（WDTT 249/255）。然而，正像编者所指出的那样，这一系列的讲座具有一本著作的特征，"因为这个文本读起来就像一本完整的著作"。[①]实际上，编者认为，我们今天看到的文本（已经按照声音与录像记录进行了重新调整）以及手稿，可能更接近福柯完成的著作——不是《肉体的坦白》而是更接近于允诺回到1976年的著作——《真理的权力》。（HS I 79 n.1/-）这些讲座，或者按照编者的说法——"这本书"，"追溯了荷马时代以降的坦白历史，同时探讨了司法中讲真话的权力"[②]。然而，福柯的计划在1976年之后就发生了变化，很明显，在这次旅行期间的另一次访谈中，他在考虑是否"不应写关于主

---

① 见 WDTT-/271-272。
② 见 WDTT-/272。

体性－真相的历史"（WDTT 250/256）。根据他的这个提示，编者评论道："在这些鲁汶讲座中实际上发表了一部草稿。"[1]

当然，人们难免不会把这次课程和其他课程视为拼图上丢失的片段，认为它们提供了丢失的文本或不同议题之间缺失的联系。然而，尽管福柯在这些年间关注的重点不同，但他在20世纪80年代早期，他的关注则返回到中世纪时期有关调查和证据或考察的材料上，此种关联尤为有趣（例如，WDTT 203/203）。因为这表明对福柯而言《性史》第一卷之前形成的作品对他仍然有用，即便他后来意识到其中的某些局限。从该讲座课程中的呈现以及他在另外一些作品中的讨论看，尽管他批评自己将重点放在17世纪、18世纪对手淫的讨伐，视之为一种明显的断裂（WDTT 250/257），但很明显，他并不真想完全放弃更早之前的计划，或者说他觉得他此前的所有工作被误判了。他做了很多的限定，并深化了分析，但不断地回到先前的材料上。例如，在1982年6月22日，他利用儿童手淫和歇斯底里症女性的例子，来说明性态不只是被压抑了，它[2]并不只是一个道德的问题，也是一个父母获得快感的问题。这种快感对父母自身而言，是"性刺激与性满足"的一种，这[3]是"强奸的系统化"（systematization of rape）。（DE#336 Ⅳ 530-531；FL 375-376）他继续强调的主题非常接近1975年3月5日讲授的有关抚触、观察与监控的"求

---

① 见 WDTT 294/300。
② 指关照孩子的性。——译注
③ 指一些文本。——译注

133

知性"（epistemophilic）乱伦及其在现代家庭形成中的角色。（A 234/249）

福柯对于坦白的兴趣可能从权力关系转到真相的生产，但仍然是他各种关注的核心。[①]在1980年和1981年这两年间，随着《对活人的治理》与《做错事，说真话》讲座的开设，福柯已经完成了有关早期基督教的大部分作品。我们知道，《肉体的坦白》大约是在这一时期完成的。这一未出版的一卷，尽管它处理的历史时期与《肉体与身体》的不同，但对整个《性史》系列而言或许是一把钥匙。坦白是被放弃的计划与未完成的计划的关键要素。但福柯对于这一卷的导论草稿仍然不满意，他所说的是对于古代的讨论。尽管他在更早时期的课程讲座（尤其是《求知意志》）中已较为详细地探讨了这一时期，但从《主体性与真相》开始，他便以空前的深度返回到这一点。福柯后来的课程都在探讨这一时期。古代成为他对于"有关真相与主体性关系历史"持续关注的焦点。（GL 297/303）

[①] 参见弗朗西斯科·保罗·阿多诺（Francesco Paulo Adorno）：《哲学家的风格：福柯说真话》（*Le style du philosophe*：*Foucault et le dire vrai*），Éditions Kimé，Paris. 1986，pp.86–87。

6
古代的快感

福柯 20 世纪 70 年代后期和 1980 年有关基督教的作品，已预示了他人生最后几年将会关注的某些议题。尤为重要的是，对这类材料的开发促使他正在推进的工作发生了重要的改变。第一个重要的变化是，关注的事项从中世纪晚期转向了基督教早期。前面第 5 章对此已有若干讨论。正如福柯 1981 年在鲁汶大学的一次讲座中所言，他意识到自己起初在 17 世纪、18 世纪看到的那些限制，实际上可在古代的文本中找到，包括"基督教的，和更古老些的"文本（WDTT，251/257）。但在这些草稿中形成了另一个更为重要的变化。福柯后来宣称他在这时起草的导论立足于一系列有关异教伦理（即希腊与罗马）的"老生常谈"（这个说法具有误导性），因为它们乃是基于对二手文献的概括。

（EW I，254；DE#326 IV，384）[①]为了追溯更远一些，福柯提到想要在出版这本有关基督教的著作之前，把自己对于更早时期的观点加以整理。（EW I，254；DE#326 IV，384）[②]看上去，就是这促使福柯把目光转向更早的时期——关于这方面的资料首先出现在他1981年的讲座课程《主体性与真相》中。有关基督教的作品并没有成为《性史》系列的第二卷，它被推到该系列的后面。事实上，福柯认为，他的目标之一是"如何建立这种分野，如何在所谓的基督教与所谓的异教之间绘制彼得·布朗所说的'分水岭'的地图"（SV 40）[③]。

---

① 参见迪迪埃·埃里蓬：《米歇尔·福柯传》（*Michel Foucault*），pp.517/318。署名莫里斯·弗洛朗斯的文章是否真是该导论的一个部分，这里并没有相关的线索。毫无疑问，基于与福柯的谈话，德雷福斯与拉比诺认为"《性史》第二卷以对基督教早期告解实践的分析开头，后者构成一种欲望的解释学。这被纳入关于古代文化中性态与自我掌控之间的关系的导论中。这个导论很快就因为两个原因而变得有问题"。一个是历史性原因，另一个是自我关心的核心议题。"因此，福柯必须修改他最初的假设，即自我分析与控制技术的制定是一个基督教的发明"〔"Foucault's Interpretative Analytic of Ethics：Afterword (1983)"〕，*in Michel Foucault*，p.254。

② 参见1983年4月21日与德雷福斯和拉比诺的讨论，参见IMEC D250（6），p.5。

③ 福柯在《为贞洁而战》一文结尾处再次使用了这段话（DE#313 IV，308；EW I，196）。参见彼得·布朗：《古代晚期的形成》（*The Making of Late Antiquity*），Cambridge，MA：Harvard University Press，1978，p.2。他在此处谈到"分水岭"，该说法出自弗伦德（W. H. C. Frend）：《早期基督教中的殉难与迫害：从马加比到多纳图斯的冲突研究》（*Martyrdom and Persecution in the Early Church：A Study of a Conflict from the Maccabees to Donatus*），Oxford：Basil Blackwell，1965，p.389。这一分野在三位作者那里并不一样：对弗伦德而言，它是介于古代与中世纪；对布朗而言，则是介于"异教的古代世界与罗马帝国晚期的基督教"之间；对福柯而言，很难在异教与基督教之间建立一个明确的分界。

性态、主体性与真相

在《主体性与真相》课程中，福柯聚焦于他所谓的"生活艺术"（arts of life）。在这些生活艺术之中，自我是至关重要的，尽管也存在着"他人的在场、他人的言说、他人的权威"（SV 34）。除了与他者的关系外，另一种重要的关系是"与真理 / 真相的关系"（SV 34）。该课程因多个原因令人关注，尤其是在第一讲，福柯以他之前几次课程少见的方式，讨论了历史、主体性以及真理 / 真相之间的关系，明确地把焦点放在性态上。（SV 16）他指出，这一标签是在相对晚近的两三个世纪才有的，"性态"作为一种领域，不同于他之前所研究的"疯狂、疾病、死亡以及犯罪"。（SV 16）正如他现在对事情的理解，性态与这几个领域之间的差异之一，在于在另外这些领域中，"真相话语的实质［部分］是针对主体的，但却是从外部由他者所发出的"。他认为，在性态方面，有关主体的真相的制度化是基于"主体关于自身的强制性话语"。因此，它不是来自医生、精神病专家或犯罪学者们特殊的、外在的立场，"关于性态的真理 / 真相话语是围绕着坦白实践组织起来的"（SV 17）。因此，该年度的课程将讲授"有关色欲（concupiscence）观念的历史，因为它已成为有关性态的主体经验的组织者，更精确地说，成为性和性关系的组织者"（SV 17）。

因此，这标志着分析重点与《性史》第一卷作品之间有重要

差异。如果说在《性史》第一卷中，重点是权力问题，是使塑造
个体与群体的性状态的医学、精神病学及犯罪学的话语变得专业
化的方式，那么此时的焦点更多放在主体以及自我与自身的关系
上。当然，在此前有关希腊化和早期基督教的课程中，对此已有
所探讨。这里的重点完全放在了更早时期，福柯提供了对于希腊
思想的详细解读，并与基督教做了一系列的明确比较。下面将讨
论其中的四个主题：对于阿特米多鲁斯（Artémidore）的《释梦》
（*Oneirocritica*）的解读，婚姻的地位，人生问题尤其是个人经
历（*bios*）的问题，以及随着主体性的出现从性悦（*aphrodisia*）
向肉体的转换。

阿特米多鲁斯的《释梦》

在该课程中，耗时最多加以分析的文本是阿特米多鲁斯的《释
梦》，这是对于梦的解释进行的分析，福柯用它来探讨与性悦
（*aphrodisia*）有关的主体性与真相。[①] 福柯认为，"释梦当然不
是一种生活艺术，释梦并不完全是一种行为艺术"（SV 51），
它不仅关注译解梦中潜藏的真理 / 真相，也为了认识人们如何处

---

① 福柯参考了阿特米多鲁斯的《梦想之钥：释梦》（*La Clef des songes*：
Onirocriticon），trans. A. J. Festugière，Paris：Vrin，1975；但是也参照了另一个
版 本 *The Interpretation of Dreams*：*Oneirocritica* by Artemidorus，trans. Robert J.
White，Park Ridge：Noyes Press，1975（HS III，17 n. 3/9 n. *）。我查阅了两个
版本以及双语版的《阿特米多鲁斯的〈释梦〉》，丹尼尔·E. 哈里斯 – 麦考伊
（Daniel E. Harris-McCoy），*Artemidorus' Oneirocritica*：*Text，Translation，and
Commentary*，Oxford：Oxford University Press，2012。

理自己的梦。这是一个奇妙的文本，某种程度上受到斯多葛派的影响，福柯对其如此感兴趣的原因在于，该书中有三章与性有关。[①] 福柯甚至宣称，在现存的希腊罗马文献中，这是"提供关于真正的、可能的、想象的性行为与性关系相对完整图景的唯一文献"（SV 53）。它"不是一部文学作品……不是一部道德哲学的著作"（SV 53）。它也不是"一套法典或道德规则"，福柯认为，这样的规范在希腊与罗马思想中完全不存在（SV 55）。

福柯也指出，《释梦》中做梦者总是"成年男性，家庭中的父亲"（SV 58）。要点不仅仅在于阿特米多鲁斯分析的性别特征，而且家庭中的父亲需要恰当地理解自己的梦，以便做一名好父亲。（SV 58-59）"这是一本为家庭中的父亲写的书，正是由于这一点，所有的梦，无论是性梦还是其他的梦，都指涉社会的、政治的和经济的生活现实，就理所当然是正常的了。"（SV 59）这很重要，因为由此福柯发现了一个重大反差。今天，几乎所有事情都是从性的潜意识的角度来理解的："社会性（现象）总是倾向于成为一种性隐喻"，此外，对于任何政治上的成功，财富的逆转，诸如此类，人们都是从"它隐藏的性真相"的角度来探讨的。但对阿特米多鲁斯而言，"人们要求性梦讲出政治的、经济的、社会的真相"（SV 60）。

对阿特米多鲁斯而言，有三种性梦：符合法律或者说规范（the *nomos*）的行为，违反法律的行为，以及违反自然（*physis*）

---

① 福柯说该书在四章中谈论性梦，是口误，实际上是第一卷第 78、79、80 章三章。

的行为。（SV 61）福柯指出，这里存在一种张力，因为符合自然却不服从法律的行为遭到忽略——在赞同／反对法律的图式以及赞同／反对自然的图式中，应当是四个范畴，而不是三个。（SV 61）然而，看上去与自然一致的事情，要么与法律一致，要么不一致。福柯探讨了可能出现在梦中的不同人物：一个人自己的妻子，意味他的职业；他的妾室（与今天的情妇意义更接近），在阿特米多鲁斯看来没有任何本质上的差异；然后是狎妓。（SV 62-63）梦见狎妓并不是个好梦，因为排成一行的小房间很像墓地，因此这是一种死亡的标志。（SV 63）梦到与奴隶发生性行为意味着盈利、商品与财产，这"意味着这些财产将变得越来越多，并且越来越重要"（SV 64）。重要的是，性伴侣是男奴还是女奴并没有什么差别，除非这位家庭中的父亲不是支配性的、主动的一方。若为主动的一方，那么这就预示着他从其财产中获得了快感，但若处于被动，那么就意味着 blabē——"羞耻，性侵犯，被动状态，被控制状态"（SV 64）。其他与朋友及亲属的性关系也可以就他们所具有的意义进行考察——梦见未结婚的女性是好梦，此女若富有则更佳；梦见有夫之妇则非好梦，因为妇从其夫。梦中处于主动于做梦者有益，若处于被动，就要看对方的年龄与社会地位。（SV 64-65）福柯指出，仅有一次提到某位女性是可能的做梦者，当她"梦见被某人插入时，显然对这位女性是好事，因为被插入符合女人的本性"（SV 64）。

　　这些是符合法律也符合自然的关系。但在法律之外（*para nomon*）也可能有性关系，福柯强调这"对法律而言更多是陌生的事物，而并非与法律相对立"（SV 65）。这就是乱伦的问题——
父母与子女之间以及兄弟姐妹之间的性关系。除了"一两个非常
边缘性的例外"，父亲与孩子之间的性关系总是负面性的。但在
母亲与儿子之间的性关系，"总是有一种肯定的意味在内"（SV
65）。福柯指出，母女之间的乱伦甚至没有提及。母子之间的性
关系——这里做梦者是儿子而不是母亲——是肯定性的，因为它
意味着父亲将会去世；不过他极力强调，这并非对这类故事的俄
狄浦斯化，并且认为出于一系列原因，当时的这种主导性理解是
正面的。^① 由于母亲意味着职业，梦见与母亲同睡是获利的迹象，
或者是政治生涯的成功；但她也意味着自然，这一点可以意指健
康，还意味着土地，预示着农民将会获得一个好的收成。例外情
况是，如果生病时做这样的梦，则意味着要返回到大地之母，
即死亡。但福柯强调，大多数情形下的含义都是非常正面的。
（SV 66）

　　除了不符合法律的行为，也有那些不符合自然的行为。这首
先是有关特定行动或位置的行为。所有的动物都有自然的方式，
人类也没有什么不同。不过在此之前，阿特米多鲁斯先是探讨了
几种自然的方式。自然的体位是面对面的，男性在女性上面。福
柯指出，"某种类型的性关系的规范化并非起自于基督教"（SV
67）。但是也有其他反自然的行为：与神的性行为，与动物的性
行为，与尸体的性行为，"你能够与自身发生"的性行为，以

----

① 在费斯蒂吉埃（Festugière）的版本中，这一章的标题是"俄狄浦斯之梦"
（"Du rêve d'Œdipe"），但这并没有出现在希腊文本或其他版本中。

138 及两位女性的结合。（SV 68）福柯对前三种并不感兴趣，对后两种略加评论。他强调，"与自身结合"（union with yourself）不是指手淫。梦中的手淫在之前已经讨论过，对阿特米多鲁斯而言，这意味着与一位奴隶发生性行为：福柯强调，这是该书唯一一次提到性梦就意味着性。（SV 68）相反，他所谓的与自己的性梦是一种自我插入："这种行为违背自然，因为它是不可能的。"（SV 68）此外，福柯还指出一个奇怪的态度，认为女性之间的性行为是违背自然的，而在阿特米多鲁斯看来，男人之间——甚至一位男性与五岁以下的孩童之间的性行为则不违背自然。在阿特米多鲁斯看来，女性之间的性行为——被描述为"perainein"——是违背自然／本性的，因为 perainein 意味着一种"插入关系"，这是一种"对男性角色的模仿和对原本属于男性特权的插入的篡夺"（SV 68）。因此，福柯强调指出，对阿特米多鲁斯而言，插入是一个重要的议题。"具有插入能力的男性性器官，决定了性行为具有普遍性与持续性的自然特征。"（SV 69）这就是不涉及插入的手淫为什么是微不足道的。人为方式的插入乃是不自然的，如女性之间所进行的性行为。（SV 69）

性伴侣的地位是另一个重要的因素，这是性梦如此多地反映社会地位的原因所在。与妻子的性关系是特权关系；与子女的乱伦关系是完全禁止的。但在这两种关系之间，也存在"大量或多或少可被接受的性关系"，这取决于年龄、社会地位、财富、主动／被动等等。但是，福柯强调指出，这对家庭中的父亲来说是一套性规范："性态的自然性（由插入决定）与社会性（基本是由每

个伴侣的社会地位及其在社会中的角色来体现）。"（SV 70）

　　因此，福柯在总结对这一文本的分析时指出，异教伦理与基督教伦理有一些相似性，但也存在重要的不同。性伦理的观念通过家庭关系围绕着男性、父亲来定位，这种观念在异教思想中已经存在。但重要的差异在于，"这种性态被认为与社会关系具有连续性……从属于一种完全持续的伦理"（SV 71）。这取决于地位：与妻子发生性行为以生育后代，"从奴隶那里获得快感"，看上去是完全合适的。这些是同一社会角色的一部分，不被看作两种不同的性态，代表欲望的不同形式。因此，在"希腊人所谓性悦的经验与基督教的肉体经验"之间存在着深刻的不同。（SV 71）然而，这不能仅仅归因于基督教，种子在古代哲学的核心处即斯多葛派和伊壁鸠鲁学派中就已被孕育。这就要分析"在这种新型的经验中，性悦（性快感）如何以某种新方式被思考，并与真理／真相形成另一种新关系"（SV 71）。

　　福柯并没有宣称，在阿特米多鲁斯那里发现了一种"完全共享的、超文化的、超历史的领域，此即性态（sexuality）"（SV 77）。相反，他在寻找非常特定的经验，希腊人称之为性悦（aphrodisia，SV 77-78）。该术语是他分析的重点，他认为可以把它与其他两种经验进行比较，即"基督教的肉体经验与现代的性态经验"（SV 78）。这并"不是三种不同对象的领域，而是三种体验模式，亦即三种自我与自身关系的形态，在这种关系中存在某种与性相关的对象领域"（SV 78）。

　　福柯强调，阿特米多鲁斯对性行为并未做否定或肯定的判

139

断，也没有判断它们直接的道德价值，而是致力于如何理解梦的预兆价值，以及从社会关系而不是性关系来看它预示了什么。（SV 78-79）福柯认为有两种重要的原则与性悦有关。第一个是同构原则：性行为对应"社会生活中的事件"（SV 79）。因此，福柯认为，性悦中的重要分裂，不是异性恋与同性恋之间的区分，而是"社会－性的同构形态与异质形态之间的区分"（SV 82）。关键是，一位在社会中处于某种地位的男人应当具有正确的性关系。这可以是婚姻内性关系，或者是与男童或奴隶的性关系，条件是这个男人是主动的伴侣。然而，如果它们被颠倒了，即社会关系中的主人在性关系中地位较低，那么，这就是一种异质形态的关系，被认为是很糟糕的。（SV 82）婚姻被用作稳定的、最高的同构形式，但不是已婚男人的唯一形式。因此，婚姻外关系本身不会受到谴责，而是由于它们的特性而被谴责。与一位仆人的性关系满足同构形态的标准，但与一位邻居之妻的关系则是异质形态，因此也就是通奸。福柯认为，与其说这是一种道德定义，不如说这是一种司法定义，或者至少是一种道德定义，因为它与这个社会的社会关系相矛盾，侵犯了邻居对妻子的权利。（SV 83-84）在福柯看来，这是一种与在基督教和现代"性态"中发现的意义非常不同的道德；在基督教中，性关系在婚姻中具有专属的定位，在现代"性态"中，通过"性别的生物学、解剖学－生理学的分野"，提供了异性之性态与同性之性态之间的分异。（SV 84）

性悦的第二个原理是主动性原则（the principle of activity），

140

与自然的问题有关。因此，从原理上讲，这是插入的问题，它区分了性行为的自然或非自然状态，但这并不只是插入者 - 被插入者或主动 - 被动的关系。（SV 86）重要的是，插入并**不是**一种相互的行为，它"不是一种发生在两个个体之间的过程。它本质上是**一个**主体的行为或者是**特定**主体的行为"（SV 87）。正如福柯所解释的，对阿特米多鲁斯而言，这甚至不是一个什么部位被插入的问题——尽管因为嘴有进食与说话的功能，他禁止用嘴。这种非双方关系的理解很重要，因为它在性行为的核心创造了一个单一的主体。只有主动的性伴侣才是性的主体。这不是性伴侣双方的问题，而是"一个主体的活动，并且也只是一个主体的活动"（SV 87-88）。这使得性伴侣的问题变得不清楚了。性伴侣有三类主要范畴，即女性、男孩以及奴隶，这种区分也见于其他古代文本，如在希波克拉底（Hippocrates）的作品里。（SV 88-89）但这些"插入的对象"其本身并没有算作这一等式中的主体。"快感是一种主体的体验"，性悦的唯一主体是主动的一方。这就产生了一整套伦理，这种伦理本质上是建立在对被动快感的否定上的，在这种否定中，"女性的快感是一个虚空（深渊）"（SV 90）。

在这种对性悦的希腊式理解，即视之为"性行为的伦理知觉"（SV 92-93）中，福柯宣称，婚姻对于性伦理的讨论并非十分重要。（SV 93）婚姻并不复杂，在伦理学论著中男人与男孩之间的关系是更为重要的。之所以有这种偏重，不仅仅是因为它是可忍受的，因为如果它只是可忍受的，那么它就可能像婚姻一样，也就没有什么好说的了。（SV 93-94）恰恰是因为其重要性与复杂性，对它才有如此多的讨论。它是一个谜，因此也是"一个永恒的刺激，刺激人们去反思、思考、讨论、言说"（SV 94）。关键议题之一是，是什么把男孩从女性或奴隶中区分出来。与他们一样，男孩也是性行为的对象，而不是性的主体；但与他们不一样的是，他迟早会成为一个主体，成为一个社会的主体，也成为性关系的主体。因此，男人与男孩的关系也是"具有道德价值的……一种教育、示范、帮助以及支持的社会关系"（SV 94）。挑战来自如何确保成年或更年长男性仍然是主动的伴侣，知道男孩在何时改变地位并成为一位社会主体。某种程度上讲，这种性关系是学徒制的一部分，男孩被教授如何生活、如何成为一位公民等等。（SV 95）福柯后来指出，重要的时刻是男孩长出一根胡须，"在原则上不再是男人们合法的欲望对象，而且在性悦的世界里成为主动的主体"（SV 182）。

141

当然，福柯对这些问题感兴趣，不仅仅是因为对性甚或伦理方面的关注。福柯的关注焦点仍然是引导的方式，治理他人的机制，自我的技术，这种技术给予"个体一种主体的地位"，一种讲真话的义务。"这是与他人有关的自我技术，是帮助他人进入主体地位的特定方式"（SV 97）。福柯强调，真相问题更接近于教学关系中的真相传授，而不是那种合适的快感。（SV 97）"真相义务从被理解为教学义务过渡到发现自我真相"，这一转变不仅可以在基督教中见到，在阿特米多鲁斯的一位同代人那里也可以见到。（SV 97）然而，这引起了人们对福柯利用材料来获得更宽泛的社会理解的关注。阿特米多鲁斯的重点是梦的问题，有关性的几章只是大部头著作的小部分。或许可以说，福柯把对于性行为之梦的讨论视为性行为本身的描述，反过来，这也成了对性悦的道德准则的一个洞察。

婚姻的地位

福柯认为，尽管在古希腊婚姻未成为一个备受关注的问题，但后来却成为一个非常重要的议题。[①] 在福柯看来，这个问题在早期相对被忽略，是因为它被视为一个不那么复杂的议题：这当然不是说它作为社会制度被低估了。然而，尽管早期的理解中，婚姻被视为只是性关系的一个场合——享有特权但不排他，但在后期的某些文本中婚姻成为性关系唯一被允许的场合。然而，重要的断裂，或者说"对爱欲进行反思历史中的重大分水岭"，不在于基督教。福柯认为，"它在更早的时候，普鲁塔克是它的见证人"（SV 191）。普鲁塔克最为知名的或许是他撰写的希腊与罗马人系列合传，但福柯关注的是《情爱篇》（*Erotikos*），或名为《爱欲论辩录》（*Dialogue on love*），或者拉丁语标题 *Amatorius*，这个文本在他议题更广泛的《道德论集》（*Moralia*）

---

① 数年之后（HS Ⅱ 33 n. 1/255 n. 16），福柯将把乔治·杜比（Georges Duby）的《骑士、妇女与教士：法国封建时代的婚姻》（*Le chevalier, la femme et le prêtre: Le mariage dans la France féodale*，Paris：Hachette，1981）作为重要的参照。德菲尔告诉我，这对福柯有关中世纪的爱与婚姻的理解很重要（2015 年 4 月 12 日对德菲尔的访谈）。

中能够看到。（SV 178-201）

　　在那个文本中，福柯发现了对男孩之爱与对女性之爱的重要
对比。（SV 178）福柯认为，我们知道处理这一主题的很多文本
不复存在。（SV 179）"对男孩之爱成为 *aneu kharitos* 的爱，一
种没有温柔赞同的爱"（SV 200）。术语 *kharis* 意味着优雅、赞
成。如果说早期希腊人只是从主动者（男人）的角度来考虑快感
的伦理，对象是女性或男童并不重要（SV 197），那么这里则聚
焦于欲望的对象。这产生了福柯所谓的"性快感的新布局，性悦
的新布局……性快感的婚姻化，性悦的婚姻化"（SV 150）。这
里的婚姻化意味着性在婚姻制度中的固定。

　　福柯指出，在古希腊思想中，快感生活（性悦）与"理论生活"
（*bios theoretikos*）之间存在着许多张力。一些哲学家已经意识到，
性快感对于这种"献身于寻求、领悟和沉思真理的生活"来说是
无法兼容的，至少是危险的。（SV 153）在古代的性悦中，有性
关系的地方就没有与真理／真相的关系，只有在男人宣布放弃性
行为的地方，才能找到对男孩的真理／真相教导。（SV 169）想
要引导他人的人必须控制自己的欲望。福柯认为，这在古代并不
是非常普遍的，苏格拉底与阿尔基比亚德之间的关系是个例外。
苏格拉底并没有把他与阿尔基比亚德的关系推向高潮，不是因为
他不希望得到阿尔基比亚德，而是因为他想教育他，因此必须放
弃性快感。（SV 268，292）对这个文本，福柯在随后的课程中
给予了较多的关注。

　　因此，福柯想要挑战基督教之前存在"一个性行为自由的黄

142

金时代"的观点,并指出希腊也存在"对性行为的根本怀疑态度"。(SV 158)在希腊的性悦与基督教的肉体经验二者之中,"性活动被认为与真理/真相关系不相容"。然而,有许多不同之处,其中最重要的是与真理/真相的关系发生了变化。尽管在希腊经验中,它使得个体不可能(至少短期内)获得真理/真相;在基督教模式中,更需要人们去发现性真理/真相。(SV 159–160)该问题变成询问"我的色欲的真相是什么?……我的欲望的真相是什么?"(SV 160)。因此,基督教"对性与真理/真相的关系问题进行分裂或加倍",这样做在某种程度上使得性欲望的真理/真相本身成为一个问题。(SV 160)因此,不是基督教把性放在不纯洁的一面,因为希腊人在这方面是领先基督教的;因为希腊人真的认为性关系是与真理/真相不相容的。福柯认为,这是一种根本性的关系,它把主体性与我们欲望的真理/真相联系起来,不仅是基督教的特征,也是"我们整个文明以及我们整个思想方式"的特征。(SV 160)在性行为被定位在婚姻中之后,它就成为"哲学分析的对象,这种真相话语的分析对象……知识的对象,真理/真相的对象"(SV 170)。因此,这是奥古斯丁对于真理/真相与欲望之间关系的探讨。(SV 170)①

143

这导致了一系列后果。一个很重要的问题是,这种"在今天如此深刻地影响着婚姻以及男女关系的新性悦体制"是如何产生的。(SV 206)福柯指出,这类文献资源是非常碎片化的(SV

① 福柯对奥古斯丁的引用来源并不清楚,但这些问题在《忏悔录》中都探讨了,尤其是其中的第 10 章。

206），因此他依赖于如韦纳（SV 207）以及克劳德·瓦坦（Claude Vatin）（SV 235-236）这些历史学家的作品。[①] 在过去，婚姻是一种私人的而非法律意义上的行为，它是一位未来妻子的父亲与一位未来的丈夫之间的协定，但福柯指出，在希腊和在罗马之前的埃及存在一种发展，即宗教对婚姻的公开许可，婚姻最终成为由世俗制度所许可的公共制度。（SV 208）然后，特别是在奥古斯都统治下的早期帝国，开始形成了一系列针对淫荡、强奸和通奸的法典。（SV 208）在《通奸法》（*lex de adulteriis*）中，长期为人所知的关于通奸的道德罪被转变成一种可制裁的犯罪。（SV 208-209）总之，有一整套生产这种婚姻观念的实践——文学的、社会－文化的、哲学的和法律的实践。（SV 222）

一项很重要的变化是打破了社会－性关系的同构（isomorphism）观念。如果婚姻成为性关系的特权场所，那么它就是性悦的场所，其他的性关系则在它之外。（SV 260-261）另一项转变是，在古代模式中只关注成年男性，此时，即便还谈不上平等，但已更关注婚姻中伴侣双方的平衡。（SV 261）个体与其性行为之间的关系变得很重要了。个体不是参与某些行为的个体，而是在某种程度上成为这些行为界定的个体、由一种性－地位界定的个体。（SV 263）

福柯认为，在古代，尽管女性的通奸被视为不道德的，但男

[①] 保罗·韦纳：《罗马帝国盛期罗马的家族和爱情》（"La Famille et l'amour à Rome sous le haut-empire romain"）；克劳德·瓦坦（Claude Vatin）：《希腊化时期女性婚姻状况研究》（*Recherches sur le mariage et la condition de la femme mariée à l'époque hellénistique*），Paris：de Boccard，1970。

性通奸却不被视为一个重要问题，此时一个明显的转向是它对二者而言都成了问题。尽管这种变化并不只是源于基督教，而是可以追溯至公元初期两个世纪的发展，追溯到斯多葛派思想那里。（SV 164-165）例如，在穆索尼乌斯·鲁弗斯（Musonius Rufus）的文本里，福柯认为我们可以看到"一种在司法或司法－道德层次上把女性提升到男性层次上的现象……但同时，又存在把男性的快感降低到女性的快感层次上的情形……男性制定了生存的司法规范。女性制定了快感的道德规范"（SV 165）。婚外性行为受到禁止，无论男女皆是如此，也包括男人与其女奴的性行为。（SV 165-166）在读解穆索尼乌斯·鲁弗斯的文本时，福柯指出，如果女性不能有婚姻外的性关系，不能与奴隶有性关系，那么为什么一个男人就允许有呢？（SV 266）这出自一个有关自我控制的观点："对性关系的欲望太过强烈和暴烈，以至于他无法控制，他也就不再是其自身的主人。"（SV 267）鲁弗斯认为，在婚姻之中这一点是很重要的，因为丈夫必须指导、引导妻子，他必须"教导"她。如果他无法掌控自己，他又如何能做到这一点呢？这种关系不是"基于司法上的平等，而是基于道德上的不平等"（SV 267；参见 HS Ⅲ，201-202/150-151）。

此外，还有一套法典，即"一整套针对婚姻内性行为的规定"（SV 166）。首先，把繁衍子女而不是享受快感变成目标。（SV 166-167）其次，在基督教中很重要的一点是创造"丈夫与妻子之间的情感纽带"（SV 167）。其他的新规涉及端庄：性行为只允许在夜里和暗中进行等等。（SV 168）福柯指出，这距离中世纪的"复杂的法典"仍然有很长的一段路，但在前基督教的文本中就已经有这样的预示。（SV 169）爱欲（*eros*）的关系在古希腊的文献中关注的是男人与男童之间的关系，如今转向婚姻内部，转向丈夫与妻子之间的关系："一种婚姻关系的爱欲化"，与之相伴随的是这些关系的法典化。（SV 169）

生活方式

福柯以弗朗索瓦·德·萨勒的大象的故事来开始他的课程，该故事他此前已经在"性态与孤独"课程中进行过讨论。（SV 3–6，9，17，39–40，230）福柯感兴趣的是，大象如何被当作一种与性和婚姻相关的道德行为范例。[①] 但是，这种对故事的使用也是有趣的，因为它促成对古希腊文本中动物的广泛讨论，如：《生理论》（*Physiologus*），这是一本动物寓言集，大概源于基督之后的第二个世纪（SV 6–8，17–18）；索利努斯的著作（SV 8–9）；以及亚里士多德关于动物的著作，尤其是他的《动物志》（*History of Animals*）（SV 10–12）。但这在某种程度上也是对古希腊思想中生命（*zōē*）与生活（*bios*）之间区分的讨论。当然，今天我们不能回避吉奥乔·阿甘本（Giorgio Agmben）对此提供的用法，但福柯是以如下的方式进行区分的：

---

① 参见 HS Ⅱ，25–26/17。

你们知道，希腊人有两个动词被我们译成了一个相同的词：*vivre*（英文 live）。你们知道 *zēn* 这个词，意思是：拥有活着的特性，作为一个活物存在的性质。在 *zēn* 的这种意义上，动物当然是活的。接下来，你们知道 *bioūn* 这个词，意思是经历他的生命，与经历生命的方式有关，与引导它、经营它的方式有关，也与让它幸福或不幸福的方式有关。*bios* 是某种既可以好又可以糟糕的东西，但因为个人是一种活的存在，其所过的生活只是自然所赋予的。*bios* 是一种可被限定的生命，是又有意外又有必然性的生命，但也是个人自己制造、自己决定的生命。*bios*……是一种生存过程，但这种过程被认为是与管理、改变和引导它的可能性有着不可分割的联系……*bios* 与改变这种生活可能性相关，以一种理性的方式改变它，并发挥一种生活艺术原理的功能。对希腊人以及之后的拉丁人而言，所有这些艺术，所有这些技术（*technai*），已经得到发展，这些生活的艺术影响着 *bios*，在人生的这个部分，形成一种可能的技术，一种基于思考与理性的转变。（SV 36）

福柯认为，在希腊生活艺术中存在三种重要的元素：*mathēsis*（传授）、*meletē*（沉思）、*askēsis*（修行），亦即，与他人的关系或教导，与真相有关的沉思或反思，以及修行和训练、"自我对自身的修炼，自我与自身的关系"（SV 35-36）。"我已讨论过一种存在的艺术，一种存在的改变，一种自我对自身的行动"（SV 36）。

福柯认为，希腊人的生活艺术（*tekhnai peri bion*）可以理解为"生命技术"（biotechniques），尽管该术语有着相当不同的现代含义。（SV 37）在一篇至今尚未发表的手稿中，福柯继续道：

> 生命诗学（biopoetics）是合理的，因为它很明显是一种对自身生命的个人打造……因此，我们可以跟踪关注对性的引导问题：生命诗学关注的是个体存在的美学－道德引导；生命政治关注的是对性的引导行为的规范化，因为这在政治上被视为一群居民的需要。（SV 37 n.a.）

但这些技术直到在这门课程的后期才成为一个主题。当福柯返回这一议题时，是为了把有关婚姻的话语描述为 *tekhnai peri ton bion*，意即"以生活为对象"的技术，"生活的技术"（SV 253）。

146

> *tekhnē*（技术）不是一种允许或禁止的准则，它是某个有关行动的系统整体，是某种特定的行动方式……当希腊人讲 *bios*（生命）时，当他们讨论这种生命，它必须成为技术的目标，很明显，他们并不是在这一术语的生物学意义上来界定"生命"……基督教对在这个世界的生命与死后的生命之间的分割使得我们丢失了希腊词 *bios* 的统一性和内在意义；但对于我们来说，生命（的定义）是根据职业与地位的社会分割。（SV 253）

　　相反，福柯引用了赫拉克利德斯·彭提乌斯（Heraclides Ponticus）的观点，后者把生命（生活）描述为一种市民集会（*panegyris*），即一种宗教的节庆或集会。"有些人去那里是为了在比赛中竞争，有些人则是为了做生意，还有人是为了去看景观……有些人生来追逐荣耀，有些人贪求财富，但对于哲学家们则追求真理/真相。"（SV 254）那里有三类人：竞争与追求荣耀的政治家，渴求财富的卖家，以及享受景观的哲学家。"比赛，集市，景观。政治，理财，哲学：这是三种生活方式"（SV 254）。但福柯关注的不是对立或关联，而是三种范畴之中的生活意义。正如不管他们各自的角色如何，市民集会都是所有人的节日一样，生命也有一些共享的特征，它超越了被选择的特定生活（SV 255）。

　　福柯甚至宣称，"看上去，希腊人并不知道什么是主体性，或者说他们没有这个概念"[①]；在希腊语中并没有直接对应的术语，"最接近我们所理解的主体性的……是这个 *bios* 的概念。*bios* 就是希腊人的主体性"（SV 255）。福柯强调，我们的主体性观念以及我们思考希腊人 *bios* 的方式，是通过基督教的框架来理解的。（SV 255）其根本性的差异在于，在基督教中，有一种与来世的关系，一种皈依以及一种真实性，"一种有待发现的深刻真相，它构成我们主体性的根基、底座和土壤"（SV 255）。这意味着，希腊模式与基督教模式之间的差异有三个方面。其一，希腊人是"按照每个人为自身设定的目的"来思考 *bios* 的，

---

① 格罗认为（SV 271 n. 4，318），这可能是指海德格尔。

而不是按照一种来世或共同的、绝对的目标来思考它；其二，它不是根据"接受信仰的可能性或禁令"来设定的，"而是依据自我对自身的持续修炼"来设定的；其三，不是为了发现真相或隐藏的真实性，而是对正当的生存方式的持续追寻。（SV 256）

然而，福柯并不想把这一点视为古代思想与基督教思想之间的根本性断裂。尤其是在公元前最后几个世纪到公元第一个世纪的斯多葛派中，有一些对"基督教的肉体教义"的预示，使之更像是一个连续体，只是在这个过程中做了一些小小的修改。在这方面，福柯认为，历史学者已经做了一段时间的研究。（SV 257；参见SV 45）然而，他明确地认为，的确有一次转变，但不是直接发生在古代思想与基督教思想二者之间。他对此勾勒了一些非常简要的轮廓，关键性的转变不是因为"基督教的出现，而是基督教内部的某种变动"（SV 258）。古代的自我技术，或者说古代的主体性的技术，被缓慢地转变成"新主体化技术，新的生活技术（*new tekhnai peri ton bion*）"，基督教的肉体观念"不是一种新的性举止规条，而是构成一种新经验的模式"（SV 259）。

从性悦到肉欲，以及主体性的出现

福柯认为，性悦在（古）希腊、希腊化时期和罗马早期都是很重要的，只是随着基督教的兴起才发生了反转。他从性悦的特征中发现的两个重要原则——同构性以及主动性（在这里只有主动的主体才重要的），这两个原则直到大约 8 世纪到 12 世

纪还很重要，这之后展开了"一次密集的关于性活动的法规制
定"（SV 101）。福柯把这一转变的时间确定为"从 7 到 8 世
纪的第一批悔罪手册，直到 12 世纪大规模组织的私密告解"（SV
101）。这是基督教、西方、欧洲、现代文明极为重要的一部分。

在这里非常重要的是基督教内部发生了一次转变，所有的性
关系都被纳入法律：

> 行为的立法，关系的立法，思想的立法，欲望与诱惑
> 的立法，婚内与婚外的立法，围绕着异常关系、众多类型
> 的乱伦（在中世纪晚期得到界定）的立法，围绕着假定的、
> 想象的、从未完全固定但总是指向违反自然的界限的立法，
> 以宗教戒律形式出现的立法，以民事立法形式出现的立法，
> 以及以医学规范形式出现的立法。毫无疑问，围绕着性态，
> 我们已经展开了一场令人生畏的立法活动。（SV 101）

因此，福柯在性悦与基督教的肉体经验之间建立了一种对
比。（SV 102）在性悦中，福柯强调很少有绝对的限制——除了
父母－子女的乱伦，以及"一种禁忌，对口交关系的恐惧"（SV
102）。这就是为什么古代人需要"驱散法规幻象、司法幻影"
（SV 103）。很多历史学家的问题在于，他们试图追溯古代为基
督教道德所做的"准备"，"古代异教道德向基督教严格与纯粹
理想的缓慢发展"，但福柯想要否定那种认为"一种法规转变为
另一种法规，或者用一种法规来取代另一种法规"的观念。（SV

148

103）他认为，在古代，哲学家、道德家以及良知导师并不试图建构一种新的法规，而是试图"改变伦理认知"（SV 103）。福柯指出，人们通常认为有一个基本的法规，然后是对这一法规的修改——"我想颠倒过来，从禁令之前的细微差异，限制之前的渐变，越轨之前的连续统开始"（SV 100）。

因此，同构性与主动性这两个重要的原则被改变了。不能说在基督教之前婚姻不被重视，相反，恰恰是因为同构性，它受到高度重视，但基督教打破了那种认为婚姻只是社会与性的一种同构形式的观念，而用"性关系在夫妻生活中的排他性定位原则"来取代它。（SV 104-105）主动性的原则也受到质疑。原来认为主动性中的快感是好的而被动性中的快感是危险的，此时取而代之的是，"无论什么样的快感，即便是主动主体的快感，本质上也面临风险和危险，可能让主体脱离了对自身的驾驭"（SV 105）。这种"仅存于夫妻之间、享乐被抑制的肉体的性关系"的产生，与弗朗索瓦·德·萨勒的大象很相似。（SV 106）福柯认为，这一原则的转变比法规替换更能讲得通。（SV 106-107）

因此，对福柯而言，生活艺术应当理解为"一整套哲学的、道德的以及医学的规定"（SV 274），这里，自我的技术或技艺被置于"一种举止模式与一种评价系统之间"（SV 274）。这些艺术并不只是美学的；它们也具有重要的政治反响。一方面，福柯注意到，希腊贵族在支持"传统的性悦伦理"方面的作用，但强调这一阶级的权力在亚历山大之后随着罗马帝国的兴起而消失了。（SV 276-277）因此，对于他所追溯的转变有一个更广泛

的社会 – 政治背景。但当福柯提供一些有关自我治理与古罗马记述中的君主之间关系的有趣讨论时，他也发现了另一种政治意义。福柯的例子是苏维托尼乌斯（Suetonius）的《恺撒传》，塔西佗的作品，尤其是他关于不列颠总督的《阿古利可拉传》和他的《奥古斯都历史》（*Historia Augustus*）。（SV 281）其中一再出现的主题是政治权力与性活动之间的关系，以及对那些在治理他人之前不能治理自身的政治统治者的批评。（SV 281–284）当然，福柯最后课程的议题在这里已有所预示，但也是对《不正常的人》课程中发现的政治权力与畸形之间关系的回归。（SV 284–285）正如福柯所指出的："这因此提出了一个基本的问题，即君主对于他人的权力以及自身的技术，君主作为主体，君主在管理他人时必须管理自我。"（SV 286）因此，对福柯所谓的"治理术——自我对自身的治理以及通过他人对于个体的治理"，在古代就有预示。（SV 286）

福柯这里主要关注的是身体、欲望以及快感之间关系不同理解的转变。福柯不断强调，希腊的性悦观念无法还原到我们今天所谓的性态，也不能还原成基督教所谓的肉体："希腊人既不知道性，也不知道肉体……性悦对希腊人而言，就像 *venerea*① 对拉丁人一样，它是一种活动。它不是一种自然属性，它不是一种自然特征，不是一种主体性的维度。"（SV 287，参见 290）这种技术在公元最初两个世纪的转变，尤其是在斯多葛派那里，尚非

---

① 拉丁语 *venerea*，意为维纳斯女神的性快感、色情、邪淫等。——译注

肉体或性态。然而，福柯宣称，"性的主动性成为……一个永恒的主体性维度，或更确切地说，个人具有的自我与自身的一种关系"（SV 288）。性悦，即自我与他人之间的关系，变得内在化了，以至于它成为一种自我对于自身的关系，一种主体化的过程。（SV 288）然而，这一过程中有一个平行的发展，福柯称之为性悦的对象化，其中这种关系不仅是一种对自我的评估，而且对自身产生影响，"成为自身的对象"，这一变化预示着早期基督教中存在的良知检查，福柯在《对活人的治理》中对此做了考察。（SV 289）然而，在斯多葛派如塞涅卡与马可·奥勒留等人那里一些最早时期的良知检查，并没有把性作为一种优先的对象，而是关注于"野心，暴怒，行为的反应"。正是由于第四五世纪基督教中的心灵技术（spiritual techniques），重点发生了变化。（SV 289-290；参见 WDTT 252/258）

150 　　对福柯而言，自我的技术打破了性悦的"严密的整体"，打破了"身体、心灵、快感、欲望、感受、身体机制"之间的联系，把焦点从快感本身、从行为转向促成行为的欲望。（SV 291）因此，福柯讨论了性悦的主体化与客体化以及欲望的产生："性悦整体的解体与欲望的产生"，代价是"行为与快感、身体与快感的分隔或相对中和"（SV 292）。① 因此，福柯再次修订了他的性史计划。需要探讨的不是"怎样以及在何种条件下，欲望受到了压制"（SV 292）。相反，我们需要质询欲望、快感以及身体

———————————
① 正如格罗指出的（SV 315-316），这不是福柯这一时期其他作品中所发展的主题。

如何成为欲望之本身、欲望的主体：

> 人们必须在比较中展示，在受到压抑很久之前，欲望作为某种从快感与身体的机制中一点一点提取出来的东西，它是如何被有效地提取的，是如何以及用何种方式，围绕它同时也针对它，使它集中体现了所有操作，体现了所有与性有关的正面或负面的价值……欲望是我们可以称之为具有历史先验性的东西，我们可以也应该由此出发来思考性态的历史。因此，欲望的出现是性行为的主体化/客体化的原则。（SV 293）

接下来的一段话，表明福柯表面上的迂回对于这项工作是多么重要：

> 考虑到问题的范围与复杂性，想要从对欲望的压抑的角度来讲述性态的历史，可能有点不够恰当，而且也不完全充分。相反，我们必须从自我技术的历史开始，在我看来，自我技术的历史是相对丰富的理解结点，也应当从治理术——对自我和他人的治理——的历史开始，展示欲望的时刻是如何被分离出来加以推崇的，如何由此形成某种类型的自我与自身的关系，这种关系本身现已历经一系列变化，因为我们见到它是在一种装置中得到发展、组织和配置，这首先是肉体的装置，在很久之后成为性态的装置。（SV 293）

大约在 1981 年 6 月，福柯撰写了课程概要，他的重点已经发生进一步的变化。很明显，他在继续发展自己的思想，重新调整与定向自己的研究。课程概要指出，该课程将会是一本将要出版的作品的基础，因此这里只需要给出一个"简单的概要"（SV 299 n.1；EW I，87）。的确，在 1984 年 5 月，福柯就提到，他在三年之前就已经完成了有关性态的著作。（DE#354 Ⅳ，704-705；PPC 252）尽管直到去世时他还在继续修改这些文稿，但所有随后的课程材料都是为了性态研究之外的未来计划准备的。

甚至在 1981 年 6 月，这一课程被纳入一个更广泛的对于主体性 – 真相关系的探究中，后者关注的是自我知识以及"自我技术"。希腊人的"认识你自己"的神谕被纳入这一种转向自身的更广泛的技术讨论中。（SV 299；EW I，87）这不是对课程的一个完全精确的概述，对柏拉图的《阿尔基比亚德篇》的援引也不是"出发点"。（SV 299；EW I，88）实际上，这个对研究计划的回顾性总括，以及对《阿尔基比亚德篇》的分析，非常接近 1982 年的《主体解释学》课程。在《主体性与真相》中，《阿尔基比亚德篇》只是被简单地提及，而在 1982 年它成了分析的基础性文本。然而，福柯确实做了一个引人注目的提示——根据我们在此所做的解读，这个提示符合该次课程和之后所有的课程，即这一"计划位于此前已探讨的两个主题的交叉处：主体性的历史，对'治理术'形式的分析"（SV 300；EW I，88）。福柯接着在第一个主题的大旗之下将他之前有关"疯癫、疾病以及犯罪"的探讨，甚至是有关"语言、劳动以及生命"的知识的探究，连接在一起；将他近年的讲座课程以及关于权力、"禁闭和规训"
的研究作为第二个主题的例子，还包括即将与阿莱特·法尔热一
起进行的有关《密札》的研究。（SV 300；EW Ⅰ，88）

　　一份同期的报告援引福柯的观点："让我感兴趣的与其说是
权力……不如说是主体性的历史"[1]，这一声明也见于他提供给
拉比诺和德雷福斯的综述，当时他们在致力于写一本有关福柯作
品的著作。（EW Ⅲ，327；DE#306 Ⅳ，223）这篇综述的开头
部分是"为什么研究权力：主体问题"，以英文写成，系 1981
年 10 月 29—31 日福柯在南加州大学的"知识、权力、历史：
米歇尔·福柯著作的跨学科探讨"研讨会上做的一次演讲。[2] 第
二部分，"权力是如何行使的"是用法语写的，由莱斯利·索伊
（Leslie Sawyer）翻译成的英文，收入该书。[3] 由于没有注明日
期，在拉比诺的回忆中，这是一个稍早的文本，福柯也高兴有个
地方来发表它。[4] 在第一部分，福柯把焦点从权力转到主体，援

① 奥托·弗里德里克（Otto Friedrich）、桑德拉·伯顿（Sandra Burton）：《法国的权力哲学家》（"France's Philosopher of Power"），*Time*，16 November 1981：58–59。
② 路德·H. 马丁（Luther H. Martin）、赫克·古特曼（Huck Gutman）、帕特里克·H. 赫顿（Patrick H. Hutton）编：《自我技术：与米歇尔·福柯的研讨会》（*Technologies of the Self*：*A Seminar with Michel Foucault*），London：Tavistock，1988，p.8，n. 3。关于这件事，参见威廉·R. 哈克曼（William R. Hackman）：《福柯研讨会》（"The Foucault Conference"），*Telos*，No.51，Spring 1982，pp.191–196；奥托·弗里德里克、桑德拉·伯顿：《法国的权力哲学家》（"France's Philosopher of Power"）。
③ 休伯特·L. 德雷福斯、保罗·拉比诺：《米歇尔·福柯：超越结构主义与解释学》（*Michel Foucault*：*Beyond Structuralism and Hermeneutics*），p.208。法文原本是"Le pouvoir，comment s'exerce t'il？"（BANC 90/136z 1:14）。
④ 2015 年 5 月 20 日保罗·拉比诺的私人通信。

引了康德，分析了"权力关系的经济学"，并把他的工作与法兰
克福学派和启蒙运动联系起来。这些主题同时指向过去和将来，
指向了他讨论康德《什么是启蒙？》的那篇文章的各种样态以及
他对于权力和主体性的持续关注。① 在 1981 年的课程概要中，福
柯已经把这一总体计划重置入一个广泛的强调关心自我的框架之
中。在这方面将会是以不同的方式探讨主体性的历史——要点在
课程开始时就提到了，即不再是外部强加的限制，而是自我指引
的方式；并通过重新定向有关治理术的研究，考察"在与他人关
系的勾连中自我对自身的治理"（SV 300；EW I，88）。课程
概要的其余部分是对课程内容相对清晰和精确的描述，但开篇却
将其与过去的项目联系起来并对其未来发展的方向做了披露。然
而，正如格罗指出的，这一课程与之前一年的课程相似，但不像
很多此前的课程，"仍然屏蔽当前的政治局势"②。不过，我们
知道，福柯在某种程度上是 1981 年法国大选的一个超然的观察
者，但比较积极地参与救援越南"船民"和抗议波兰戒严法的运
动。（C 57，59-61/71-72，74-76）③ 后者导致了他对密特朗政
府的幻灭。④ 但是，最诡异的一次政治干预或许是他的名字很大
程度上被抹掉的那一次：1980 年 5 月为律师等团体的"自由辩
护"行动会议准备的文件。这个简短的文件中有一个重要的句子

① 对 1978 年讲座的简介参见第 4 章；更长些的讨论在第 7 章。
② 见 SV 320。
③ 据凯斯·甘达尔说，他是团结工会法国分支机构的财务主管。《知识分子的工作
与政治》（"Intellectual Work and Politics"），*Telos*，No.67，1986：121-134，p.125。
④ 迪迪埃·埃里蓬：《米歇尔·福柯传》（*Michel Foucault*），pp.478-487/297-302。

是："不是因为存在法律，不是因为我有权利，我才有权为自己辩护，而是只要我为自己辩护，我的权利就会存在，法律就会尊重我。"①

主体解释学

在结束《主体性与真相》课程之后，福柯立即开始了他在鲁汶大学的讲座。考虑到该讲座与《对活人的治理》在主题上更为密切，我们已在第5章进行了探讨。除了在讲学期间进行的一些访谈外，从这两个讲座课程结束到1982年初的课程《主体解释学》之间，关于福柯思想发展的资料是有限的。然而，我们知道，在这一时期，福柯正热心于撰写一本名为《快感的享用》的书稿，以进一步拓展他首次在《主体性与真相》中探讨的观点②，还有一本暂定名为《关心自我》（*Le Souci de soi*）的新作。1983年4月19日，福柯提到后一本书将由瑟耶出版社（Éditions du Seuil）而非伽利玛出版社来出版。③尽管这些是最终出版的《性史》

153

---

① 米歇尔·福柯、亨利·优瑞米（Henry Juramy）、克里斯蒂安·勒翁（Christian Revon）、雅克·韦尔热斯（Jacques Vergès）、让·拉佩里（Jean Lapeyrie）、多米尼克·诺科迪（Dominique Nocaudie）：《为自己辩护》（*Se défendre*），《为自由辩护》（*Pour la défense libre*），《行为》增刊（*supplement to Actes*），24–25，1979：5–6。参见 C 57/73。
② 该手稿在巴黎可以看到：《性史》（*Histoire de la sexualité*），BNF NAF28284（2–5）。
③ 1983年4月19日与德雷福斯和拉比诺的对谈，见 IMEC D250（5）第2页；参见戴维·梅西：《福柯的生活》（*The Lives of Michel Foucault*），p.425，以及迪迪埃·埃里蓬：《米歇尔·福柯传》（*Michel Foucault*），pp.519–520/319，其中叙述了同样的故事，但是认为这指的是承诺的《治理自我与治理他者》（埃里蓬的解释在参考存档访谈的两个版本之间进行了修正）。

第二和第三卷的标题，但当时书稿的内容并不完全一致。

具体的材料划分将在下一章讨论，但这里有必要指出的是，因为《主体解释学》课程呈现的内容原本是暂定名为《关心自我》的那本书的一部分，因此当时它被视为是独立于《性史》的。（EW I，255；DE#326 IV，383）福柯后来在《性史》系列的一卷中使用了同样的标题，但关注的议题有所不同，大致对应1983年《快感的享用》手稿的第二部分。相对来讲，1982年课程中的详细分析很少被纳入福柯生前出版的作品中。这是福柯上过的最长的一次课程，因为他放弃了主持一个单独的研讨课，因此每周要上两个小时的课。

与法兰西学院上年度的课程一样，《主体解释学》继续推进主体性与真相关系这一更大课题。（HSu 3-4/2，201/209-210，243 n.*/253 n.*）正如福柯特别说明的，该课程的焦点是"讲真话与主体治理之间关系问题"（HSu 220/230）。这一重要主题只是在上年度课程探讨的性悦／肉体／性态关系中顺带提及，并且议题转向了对福柯称之为"关心自我"的补充性分析。这里说的是一种观念，即我们应当自己关心自己，即我们应当呵护自己。这一翻译的术语在希腊语中是 *epimeleia heautou*，在拉丁语中是 *cura sui*。福柯的一个核心观点是，著名的德尔斐神谕"认识你自己"（*gnōthi seauton*），是更大的规划"关心你自己"的一部分。（HSu 4-5/2-3）他后来强调，这不是降低认识你自己的重要性，也不是暗示它只是从属性的，而是为了强调二者是"缠绕在一起的"，是一种"动态的纠缠"（HSu 67/68-69）。"认识

自己"往往遮蔽关心自我：福柯的目的是重新实现二者之间的平衡。（HSu 473/391）

福柯表明，关心自我的观念可以在希腊和拉丁时期的大量作品中找到，这其中包括《申辩篇》（*Apology*）中苏格拉底的形象，对话录《阿尔基比亚德篇》，诸如伊壁鸠鲁和爱比克泰德这些稍后的思想家的作品，以及包括塞涅卡和马可·奥勒留的形象在内的斯多葛派的思想。此外，它也可以在亚历山大里亚的斐洛（Philo）的《论沉思的生活》（*On the Contemplative life*）、普罗提诺的《九章集》（*Enneads*）以及该撒利亚的圣巴希勒和尼撒的格里高利的作品中看到。课程概要以苏格拉底与尼撒的格里高利为结尾（HSu 473–474/492），但在课程之中福柯做了少许的延伸，他提到"我在力图追溯从《阿尔基比亚德篇》到圣奥古斯丁的漫长谱系"（HSu 181/188）。这意味着，关心自我的观念被用来解释很多文本与历史时期。因此，福柯认为，关心自我的观念贯穿了整个希腊哲学、希腊化时期的哲学和罗马哲学以及基督教灵修神学。它是一种存在方式，发展过程长达千年之久，从公元前5世纪到公元5世纪。（HSu 13/11–12）当然，它历经众多的"变化与转型"（HSu 173/180），即便今天也还有影响，对此福柯在一些访谈中进行了讨论。然而该课程大多数时间都专注于与《主体性与真相》相类似的一个时期。这就是古代晚期的希腊化时代一直到公元2世纪，尤其是罗马帝国早期直到弗拉维王朝时代。

福柯认为，对自我文化进行研究，本质上是为了阐明主体性的历史，以及主体与真相之间关系的历史。这种关系在某种意义

154

上是《性史》系列的关键议题，它之所以重要在于几方面原因。
首先，福柯在一些地方提出，处理主体这一有争议的观念的方式
是探讨这种观念的谱系。该标题中的解释学不是简单地对主体的
不同形式的编目，也不只是一种历史的探讨，而且是"现代主
体谱系学"的一部分（ABHS 201；OHS 33），福柯在后来的一
次访谈中称之为"关于我们自身的历史本体论"（EW I，262；
DE#326 IV，393）。它是对主体建构的考察，福柯称之为"在
我们的文化中把人塑造成主体的不同方式的历史"（EW III，
326；DE#306 IV，223）。其次，福柯认为它具有政治上的重要
性，因为它是理解治理观念的核心。对自我和他人的治理，对个
体生活的管理以及对城市的管理（HSu 81/83），是该课程的核
心主题。它很明显地与之前更早时期对于身体和社会体（或者说
人口）的关注联系了起来，而且对理解福柯对于基督教的兴趣是
至关重要的。该课程从头到尾不断提及灵性、修道生活以及禁欲
主义与羊群观念和牧领权力的观念之间的联系（例如，参见 HSu
172/178，240-243/250-253，345-347/363-365），即便在其他
作品中已有对它们的充分解释。

阿尔基比亚德

虽然该年度的课程大多讨论的是另一时期，但福柯是从对古
希腊的一篇对话分析着手，这篇对话是《阿尔基比亚德篇》，通
常被认为是柏拉图所作。福柯在该课程中经常返回到这篇对话。

155

尽管焦点放在《阿尔基比亚德篇》，但福柯是通过《申辩篇》中的三段文字开始他对柏拉图的读解。（HSu 7-8/5-7）福柯的观点是，苏格拉底经常告诉他的对话者，他们应当关心自我——关爱他们的美德、身体健康以及灵魂，而不是去关心"财富、名声以及荣誉"之类的身外之物。（HSu 491/473）福柯指出，更早之前的例子，如斯巴达人（Spartan）宣称，他们役使希洛人（Helots）来照顾他们的土地，原因是这样做能够让他们关心自己。（HSu 32-33/31）[1] 然而，福柯指出，对斯巴达人而言，这不是一个哲学的问题，而是标志着一种特权，一种"政治的、经济的和社会的"特权。（HSu 33/31）在《阿尔基比亚德篇》对话中，苏格拉底是以这段历史为基础的。

这篇对话的作者是谁是有争议的，但福柯不关注这一点，他认为重要的问题不是谁写了它，而是何时所写。（HSu 33/32，43/43）[2] 苏格拉底是在与一位漂亮的、在某种程度上有点冲动的年轻人进行对话，他建议后者关心自我，认为这对他政治职业（城邦里的职业）的准备是必不可少的，也是不应当留到最后去做的事情。他在能够关心他人之前必须关心自我。苏格拉底视自己的角色为教育者，对他人进行教导与指导。在这样做时，苏格拉底也放弃了他自己对于阿尔基比亚德的欲望，认识到这种欲望将阻碍他担负的教导职责，但福柯指出，阿尔基比亚德此时已过

---

[1]　普鲁塔克：《斯巴达人的谚语》（*Sayings of Spartans*），收入《道德论集》（*Moralia*），Vol. III，217a。

[2]　关于归属与日期，参见柏拉图：《阿尔基比亚德篇》（*Alcibiades*），ed. Nicholas Denyer，Cambridge：Cambridge University Press，2001，导论。

了"著名的临界年龄",在这个年龄之后,男孩变成男人,他不再成为性欲的对象。(HSu 34/32-33)这里有两个重要的问题——他应当关心的自我是什么,以及应当如何关心它。(HSu 39-40/38-39;51-52/51-52,436-454)最后,这两个问题被关联起来:关心自我需要认识你自己,认识你灵魂的本性。(HSu 66/67,400-401/419)

在最初一番讨论之后,焦点转向希腊化时期以及帝国早期。福柯对这篇对话感兴趣的部分原因,正如后来表明的那样,是公元 2 世纪的新柏拉图主义者认为这一文本是基础性的,应当放在柏拉图对话集的首位。(HSu 163-167/170-173)因此,该课程的不同部分既可作为《主体性与真相》中研究工作的绪论,又可作为一项平行的研究;既引用了某些相同的文献,又有目标不同的计划,即书写古代自我实践、自我技术的历史,书写关心自我的历史。福柯提供了许多例子来表明他的观点,往往都是相当具体的。我只讨论两个重要的主题:该作品与治理问题有关的情形,以他对斯多葛派的讨论为例;该作品与更广泛的有关基督教和主体性的研究之间的联系。

多种形式的治理与斯多葛派的训练

福柯时常有意地把他这里所做的研究放入他更大的计划框架之中,指向关心自我、被他人治理以及能够治理他人这三者之间的关系上。阿尔基比亚德故事的部分要点是,在适合于城邦中扮演领袖角色之前，他需要关心自我。因此，福柯试图探讨的是伦理学与政治学之间的关系，与从政治行动中得出什么规则无关，而是与从伦理戒律中得出的政治规则相关——首先治理自我，然后才是治理他人。福柯后来指出了一种转向，即关心自我并非是为关心他人做准备，它是关心的目的本身。（HSu 108/111-112）正如他在课程开始不久后所指出的："治理"、"被治理"以及"关心自我"形成一个序列，其长期而复杂的历史延伸到 3 世纪至 4 世纪基督教会中牧领权力的形成。（HSu 44/45）

福柯后来认为，对治理他人的观念可以一直追溯到 16 世纪，至此它才被国家理性（raison d'État）所取代。（HSu 239/250）这一序列并不仅仅把《主体解释学》与《对活人的治理》联系起来，而且再次返回到《安全、领土与人口》，并指向他最后两年度的课程，标题都是《治理自我与治理他者》。该主题已经开始出现在这次讲座课程中，parrēsia（直言）、自由言说（free-speech）也是如此。① "因此，哲学家大声地宣布自己是唯一能治理人、治理那些治理人的人，并且能在一切可能的程度上构建一个普遍的治理实践：治理自我，治理他人。"（HSu 131/135）在建立这些广泛的联系时，福柯把他更早时期有关权力的研究置于更一般的治理术理论中。这是因为，我们必须"在该词最广泛意义上而非仅仅在政治意义上"，把治理术理解为"一种权力关系的战

---

① 关于 parrēsia（直言）参见 HSu 132-133/137，158/164，231-232/242，348-349/366-367，尤其是 1982 年 3 月 10 日的讲座。

略场域……一种可流动、可转变以及可逆的权力关系的战略场域"。反过来，这"必须指涉由自我与自我关系界定的主体伦理"（HSu 241-242/252）。对治理、被治理以及关心自我的更早序列而言，福柯之后增加了一些要素："权力关系—治理术—治理自我与治理他人—自我与自我的关系，这一切构成一条链、一条线。"这些概念使得"政治问题与伦理问题"的关联成为可能（HSu 242/252），也更广泛地把福柯的课程及其这一时期作品的全部主题联系起来。

格罗指出，尽管福柯允诺解释关心自我与君主问题之间的联系（HSu 191/199），却在该课程中没有兑现，但他确实撰写了有关这一主题的材料，这保存在他的笔记中，部分出现在1984年的《关心自我》之中。① 而该课程主要通过解读马可·奥勒留，以有限的方式来阐述这一主题。（HSu 191-194/199-202）② 当然，马可·奥勒留既是我们所知道的《沉思录》的作者和罗马皇帝，而且他与马库斯·科尔内利乌斯·夫隆托（Marcus Cornelius Fronto）的通信，也提供了有关他的生活以及他为统治所做的准备的宝贵见解。福柯指出，这些书信被忽略了（HSu 151-152/157），但他认为一位未来的皇帝与其修辞老师之间的

---

① 参见 HSu 195 n.17/203 n.17。

② 亦参见："Plonger sur place ou plonger du sommet chez Marcus Aurèle: deux exercises spirituels"（从1982年2月24日的课程讲座中选取），载于菲利普·阿蒂埃（Philippe Artières）、让-弗朗索瓦·伯特、弗雷德里克·格罗、朱迪斯·雷维尔（Judith Revel）编：《莱恩的笔记本95：米歇尔·福柯》（*Cahier de L'Herne 95: Michel Foucault*），Paris：Éditions de L'Herne，2011，pp.105-106。

关系，用"我们现代友谊与爱的范畴毫无疑问是完全不足以解释的"（HSu 478/497-498；参见 153/158-159）。福柯认为很多的通信，尤其是《沉思录》，构成了一系列针对他在之前课程中所勾勒的重要主题的反思，如："身体，家庭圈子与家宅，爱，养生法，家政学和性爱论"（HSu 156/161）。这些是他所描述为修行（*askēsis*）的例子。福柯简略地提及阿多关于马可·奥勒留的作品对于他自己理解的重要性——"我自己是不会想到的"（HSu 280/292）[1]。他尤其对《沉思录》第五卷中"晨间检查"印象深刻，它不是对已经做的事情的反思，而是投射性的："在这种自我实践中，只有这次是一种真正面向未来的训练……一个切近的和直接的未来。"（HSu 461/481）关键的术语是 *askēsis* 的观念，它指的是一种实践或训练，类似于运动员的身体训练。这其中的一个层面是话语（discourse/*logoi*），我们应当用它装备起来，为各种事件或状况做准备——这些可比作 *pharmakon*（某种药或毒品），或者是马可·奥勒留提到的外科医生的工具箱。（HSu 480/499）正如福柯在 1981 年与《性吟步履》（*Gai Pied*）杂志所进行的一次访谈中提到的，"禁欲主义（asceticism）作为对快感的否弃具有不好的名声。但修行（ascesis）是另一

---

[1]　参考的是皮埃尔·阿多：《古代哲学中的灵修》（*Exercices spirituels et philosophie antique*），Paris：Albin Michel，2002，pp.145-164。关于他对福柯使用他作品的讨论（可能相当具有批评性的），参见该书第 305-311 页，以及《"自我文化"的观念的反思》（"Réflexions sur la notion de'culture de soi'"），载于《米歇尔·福柯哲学：国际碰撞》（*Michel Foucault philosophe：Rencontre international*），Paris 9，10，11 January 1988，Paris：Seuil，1989，pp.261-270。

回事：这是你自己对自己所做的，以便改变自己或者让自我现身的工作，但幸好，这从来就不会达成"（DE#293 Ⅳ，165；EW Ⅰ，137）①。尽管在这次访谈中，福柯把他与"同性恋修行"（homosexual ascesis）的可能性联系起来，但课程中对 *askēsis* 的理解是通过对斯多葛主义者穆索尼乌斯·鲁弗斯的作品《论修行》（*Peri askēsēos*）的讨论而展开的，尽管他也指出了之前更早的范例。（HSu 301–302/315–316；参见 408–409/426–428）

158　　福柯认为，*askēsis* 是"一种真理实践……而不是一种让主体屈服于法律的方式；它是一种把主体与真理/真相联系起来的方式"（HSu 303/317）。在这种对斯多葛派的讨论中，我们能够看到它与《主体性与真相》之间的连续性，但当他重新踏在同一历史的土地上时，强调的主题则有所不同。这里关注的是与自我的关系，而不是主体性和真相是如何与性态的问题相联系的。实际上，福柯称这一时期是"关心自我历史上的一个真正的黄金时代"（HSu 79/81）。在各种转变中，福柯追踪的一个关键变化，是关心自我这一律令的普遍化。如今这个律令运用到所有人，无论其社会地位如何；目的也发生了变化——此时的最终目标与其说是让人们能更好地治理他人，不如说是更好地关心自我；而且关心自我不再把认识自己作为关键（今天依然如此，但是在一个更大框架内进行）。（HSu 80–81/83–84）在所有这些方面，这

---

① 亦参见《同性恋知识》（"Le gay savoir"），见《二十年后》（*Vingt ans et après*），蒂埃里·弗尔策尔著，pp.11–40；以及 EW Ⅰ，163–173；DE#358 Ⅳ，735–746。

一时期的发展改变了更早时期的重点，其中《阿尔基比亚德篇》是作为一个范例。在这些后来的发展中，"对自我的关心""从与教学法的特殊联系中解放出来，它如何摆脱其政治目的……因此关心自我就采取了一种一般的和无条件原则的形式"（HSu 237/247）。考验的观念，在巴黎讲座课程的最初三次课中是非常重要的，在这里再次成为一个重要的主题，尤其是在考验自身的意义上，而不是像以前一样作为一种被验证的方式。它伴随着节制，是一种根本性的修行实践："生活就是考验。"（HSu 411-415，419/430-432，438）这一主题从一个高位概念变成基督教中的一个基本观念；在基督教中，"每一位基督徒都会被号召把人生视为只是一场考验"（HSu 428/446）。

转向基督教与主体性

借助《对活人的治理》来读解这次课程，很明显，福柯是多么希望把这些分析与他无论是在讲座中还是在未发表的论文中已经做过的分析联系起来。尽管福柯不断提到，他将会更详细地讨论基督教模式，或者他有时所称谓的"禁欲－修道"模式，但在这次课程中却很少讲到。（HSu 244-245/255）福柯承诺，他将会在"公元 4 至 5 世纪从异教哲学的修行向基督教禁欲主义的转变"中，展开关心自我这一主题（HSu 32/30），但很遗憾的是，这无论是在该课程中还是在接下来的课程中都未能实现。[①] 很可

---

① 参见 HSu 41 n.7/40 n.7。

惜的是，鉴于他在 20 世纪 80 年代初所展开的对古代文献更细致具体的研读，这次课程却没有真正提供一个很好的有关基督教材料的例子。尽管如此，他在 1980 年前后所做的很多分析似乎依然成立，而对这些分析的介绍以及比较性的层面，将受到后来工作非常大的影响。

159

福柯继续强调的一件事是，为了理解基督教是如何出现的——既历史性地又较为具体性地与它在《性史》中的地位相关，我们需要理解它是如何建立在异教中的自我关系的基础上并将其转化，而不只是仅从性悦向肉体的转变。（参见 HSu 174/180-181，202-206/211-214，316-317/333）因此，重点更多放在古代观念与希腊化时期之间的转变上。正如在上年度的课程中，这是发生许多重大转变的时期。一个例子是生活的艺术（*tekhnē tou biou*）："这种艺术，是反思性的生存程序，生命技术……生活艺术"（HSu 171/177-178）。这种对生活艺术的兴趣先于福柯后来的"生存美学"观念①。福柯认为，至少从犬儒主义起，它就成为哲学的主导形式。"把他的生活变成一种技术的对象，因此把他的生活变成一部作品，一部美好的作品（因为由精良的技术、合理的技术所创造的一切都应当如此），这必然意味着使用这种技术的人的自由与选择"（HSu 405/424）。特别是，福柯认为古代的自由是重要的，因为它是"这些哲学训练与基督教训练之间的分界线之一"，它强调了 *regula citae*，

① 参见 HSu 416 n.14/434 n.14，他列出了关键节点。

即一个"秩序良好"的生活的规则。（HSu 405/424）但是一个重要的转向更早之前就出现了。福柯认为，在古代，生活的艺术要求关心自我。相比较而言，在希腊化时期，"关心自我不再是生活艺术的一个必不可少的要素"，相反，生活的艺术"完全落入如今已自主的关心自我的框架中"（HSu 429/447–448，参见465/485）。关心自我成为一个普遍的和绝对的条件，而不是限于那些想要治理他人的人。福柯认为，这是"西方主体性历史中一个相对重要的事件"（HSu 430/449）。正如福柯在课程之初提到：

> 无论谁想研究主体性的历史或者说主体与真相的关系史，都应该试图重新发现一种主体性装置非常漫长又非常缓慢地向另一种主体性装置的转变过程，前一种主体性装置是由主体的认识的精神性与真理实践界定的。后一种是我们的主体性，我认为它受制于主体对自我的认识与主体对法律的服从这两个问题。（HSu 304–305/319）

但这并不只是与主体性相关，因为通过与胡塞尔和海德格尔的隐性对话，福柯认为，西方的客体性也与这个问题相关，即何以"世界变成技术的相关物"（HSu 466/486，参见 HSu 469–470 n.27/489 n.27）。实际上，该课程值得注意之处在于，它是福柯讨论他与海德格尔关系为数不多的地方之一。在福柯讨论真理 / 真相与主体性时，一位听众向他询问拉康的概念所带

160

给他的影响。福柯认为，在 20 世纪，提出真理、主体以及二者
之间关系的问题的人并不多。在他看来，只有两个人：海德格
尔与拉康。他认为，就像人们会猜到的那样，他正是从海德格
尔出发，努力去思考这些议题。（HSu 180-182/187-189；参见
DE#354 Ⅳ，703-704；PPC 250）[1] 尤其是，福柯拿起了海德格
尔的问题，即对于理解存在是如何被遗忘的这一问题而言，对技
术及相应的对象知识的特定理解何以重要。对福柯而言，有必要
去追问这种技术观念是如何与西方主体的形成以及与之相关的自
由、限制、真理与错误联系在一起的。[2] 对于那些认为很难用海
德格尔式的方式解读福柯 20 世纪 80 年代的核心关注——主体性、
真理和伦理学的人来说，这应该是一种有价值的纠正。[3] 在课程
总结中，除了若干非常一般性的评论外，福柯并未对此进行阐释，
但最后几行文字以及一句未宣读的讲稿结束语，暗示着这是如何
与他对于启蒙问题的兴趣相关联的。（HSu 467/487 与 n.*）他将
会在 1983 年度课程开始时重返这个话题。

---

① 1981 年 9 月，在与迪迪埃·埃里蓬的讨论中，福柯叙述了他所认为的拉康与
萨特共同受到的影响：黑格尔、伊波利特（Hypollite）与海德格尔。埃里蓬的注
释澄清道："海德格尔把从笛卡尔到胡塞尔的全部主体哲学带到问题之中，萨特
再度拿起该问题或他被认为再度拿起该问题。""附录"见迪迪埃·埃里蓬：《米
歇尔·福柯和他的同时代人》（*Michel Foucault et ses contemporains*），Paris：
Fayard，1994，pp.261-263，p.262。
② 见 HSu 505/523-524。
③ 关于这种更一般的关系，参见我的著作《标绘当下：海德格尔、福柯与一项空间史
计划》（*Mapping the Present：Heidegger，Foucault and the Project of a Spatial History*）。

自我技术

1982 年五六月间，福柯在多伦多大学开设讲座，讨论了从古代到基督教时期的关心自我，涉及自我技术这一主题。[①] 当年 10 月和 11 月，福柯在佛蒙特大学以"自我技术"为主题的六次研讨课再做阐发。在后一次学术之旅中，福柯接受访谈并针对 1979 年"全体与单一"演讲的第二讲发表了新版本，此次题目为"个体的政治技术"。[②] "政治技术"这一用语被用来将这次演讲中的研究（利用了 1978 年和 1979 年有关治理术课程的探讨）与研讨课中的探讨区分开来，后者研究的是"关于自我的伦理技术……自我技术"（EW Ⅲ，404；DE#364 Ⅳ，814）。这些材料以及研讨课其他参与者所提供的一些论文被收入 1988 年出版的论文集中。[③] 这些文字整理稿是极为有趣的材料。

福柯首先讲述他如何抵达这一点，表示自己意识到行为与真相之间的关系是一个关键的议题，因此，该项工作成了"一个相当独特的计划：不是研究性行为的演变，而是研究讲真话的

161

---

① 《符号学会议，多伦多大学，1980 年夏》（"Conferences on Semiotics, University of Toronto，Summer 1980［sic］"），BANC 90/136z，1:10。

② 开始的一些段落是不同的（EW III，403-407；DE#364 Ⅳ，813-816），接近于 1980 年普林斯顿的讲座，后者是一个扩展和修正的版本。

③ 我所参考的文本出现于 EW I 和 III，与 DE 中的编辑注释一致。——原注

此处提到的论文集是《自我技术：福柯主持的研讨课》（*Technologies of the self. A Seminar with Michel Foucault*），Amherst, The University of Massachusetts, 1988。——译注

义务与性态禁令之间关系的历史"（EW Ⅰ，224；DE#363 Ⅳ，
784）。在该年更早时期的一次访谈中，他已经以相关的方式
提出：

> 我并不试图书写一种性幻想的考古学。我试图勾画的
> 是有关性态话语的考古学，这实际上就是我们在性态领域
> 所做、被迫做、被允许做、被禁止做的事情与我们被允
> 许、被禁止或被迫谈论我们性行为之间的关系……这不是
> 一个幻想的问题；它是一个言语表达的问题。（EW Ⅰ，
> 125-126；DE#336 Ⅳ，530）

在佛蒙特，福柯利用这一取自巴黎课程的题目，把该项计划
描述为一种"自我技术的解释学"（EW Ⅰ，224；DE#363 Ⅳ，
784），并且解释说，可以有多种方式来理解技术：生产技术、
符号系统技术、权力技术以及自我技术。他表示，他的工作主要
讨论第三种和第四种技术，尽管它们很少是完全孤立存在的。福
柯在此处强调，与 20 世纪 70 年代"或许过于强调支配与权力技
术"的研究不同，此时关注的是后一项技术。（EW Ⅰ，225；
DE#363 Ⅳ，785）

正如在八个月之前的（相当长的）鲁汶讲座中那样，福柯在
这些研讨课整理稿中提供的，是对此前几年围绕该主题进行的一
份颇为吸引人的综合性研究，充分利用了此前三年在巴黎的讲座
课程。他把他的两个议题概括为"两个具有历史连续性的不同脉

络：（1）公元最初两个世纪罗马帝国早期的希腊－罗马哲学，以及（2）4世纪和5世纪罗马帝国后期发展的基督教灵修学与修道准则"（EW Ⅰ，225–226；DE#363 Ⅳ，786）。关键的议题是关心自我，这一点在《主体解释学》课程中就作为一个焦点出现。福柯探讨了柏拉图的《申辩篇》和《阿尔基比亚德篇》，伊壁鸠鲁，斯多葛派，塞涅卡与自我书写，马可·奥勒留与夫隆托之间的通信，亚历山大里亚的斐洛，释梦，约翰·卡西安（Jean Cassian）①，尼撒的格里高利，德尔图良以及奥古斯丁。

这其中大部分现在都可以在他的巴黎课程中见到。这是内容高度浓缩的概要，但极为好读。但在当时，很少有人接触过这些巴黎课程的资料——无论是他1982年佛蒙特的听众，还是1988年更大范围的英语读者。现在，由于这些课程演讲系列的出版和翻译，我们能够看到那些概念与解读首次在何处出现，他对自己论点的信心是如何增强的，以及各种联系又是如何建立起来的。尤其有趣的是，在佛蒙特的研讨课上，他按着大致的历史顺序来展开探讨。他原来的课程是倒着追溯的，1980年探讨早期基督教，1981年和1982年回溯讨论帝国与希腊化希腊时期，1982年分析柏拉图，但在佛蒙特的研讨课福柯对顺序进行了颠倒。因此，我们看到，他在某种程度上可能已经呈现了所构想的《性史》内容，尽管这里的工作被视为一个与性态研究平行的计划。

---

① 文中出现 John Cassian（约翰·卡西安）和 Jean Cassian（让·卡西安），同为一人，前者为英语用法，后者为法语用法。同样还有 John Chrysostom（约翰·屈梭多模）与 Jean Chrysostom（让·屈梭多模）。——译注

就像该卷的编者们一样，德菲尔指出，这次研讨课的整理稿不是福柯本人去世前编辑的，但他认为，福柯曾试图把这些材料编进"一本有关自我技术的书中"。按照德菲尔的描述，该书计划将伦理学与政治学联系起来，收录的材料有"阿尔基比亚德，或关心自我与政治生活的观念；爱比克泰德，聆听，书写以及自我实践；自我与他人"（C 61/78）。在福柯生前，唯一问世的部分是《书写自我》这篇论文，该文 1983 年刊载于《铭写之身》（*Corps écrit*）杂志关于自画像（*L'autoportrait*）主题的专号中。（DE#329 Ⅳ，415–430；EW Ⅰ，207–222）这篇文章大量利用了 1982 年课程中呈现的材料，尤其是 3 月 3 日有关"私人个体写作"实践的课程演讲（HSu 341/359），并且讨论了阿塔纳修斯的《安东尼传》、普鲁塔克的《论愉悦》（*Peri euthumias*）、普林尼与西塞罗的通信，塞涅卡给卢基里乌斯的信以及马可·奥勒留与夫隆托的通信。

这不是福柯此时筹划的唯一一本著作。在佛蒙特讲座前后，即 1982 年后期，福柯还谋划了一项研究，为瑟耶出版社写了一本名为《治理自我与治理他者》的著作。（C 61/78）当然，这将是他在巴黎最后两次课程的标题。这本计划中的著作将纳入由福柯、韦纳以及弗朗索瓦·瓦尔（François Wahl）编辑的《工作成果》（*Des Travaux*）系列中。[①] 这两本著作本打算放在《性史》之外的，因为此时——1982 年末和 1983 年初——福柯认为他已接近

---

① 参见迪迪埃·埃里蓬：《米歇尔·福柯传》（*Michel Foucault*），pp.470–471/293。书中抄录了福柯为该系列写的广告。

完成了。

　　这一自我对自身的长期修炼，被所有作者描述为漫长与费力的劳动，其目标并不是分裂主体，而是把他与他自己而不是任何其他东西系在一起，不是把他系于任何人而只系于他自身，在这种形式中，自我与自身关系的无条件特征与自我目的性得以确定。①

---

① 　未出版手稿，收入《自我的文化》（"Culture de soi"）卷宗中，引自 HSu 514/532。

164

7
《性史》的两种历史计划

1983 年 3 月的草稿

　　基于在三个年度的课程——《对活人的治理》《主体性与真相》《主体解释学》——中所初步陈述的研究和相关的材料，福柯认为他可以创作若干部专著了。我们知道，他在 1979~1980 年间撰写的有关基督教的那一卷《肉体的坦白》初稿，在他研究古代时被暂时搁置了起来。但他在 1982 年 5 月发表了一篇关于约翰·卡西安的讨论，题目是《为贞洁而战》，收入由菲利普·阿利埃斯主编的文集《西方的性态》。福柯对这篇文章做了如下描述：

　　　　这篇文章摘录自《性史》第三卷。在向菲利普·阿利埃斯咨询了该文集的基本方针之后，我觉得这篇文章与其他文章属于同调。在我们看来，关于基督教的性伦理，流行观念需要彻底的修正，并且手淫问题的核心价值与 18、19

世纪医生的讨伐有着完全不同的起源。（DE#312 Ⅳ，295；
EW Ⅰ，185-186 n.＊）①

很明显，福柯认为，他接近完成了有关古代的那一卷，因为
有关基督教的这一卷被作为这一系列的第三卷，而不是第二卷。
到 1983 年 3 月，他完成了此前提出的第二卷的手稿，题目是《快
感的享用》。② 在 4 月与拉比诺和德雷福斯的谈话中，他勾勒了未
来的出版计划。此时，《性史》被设想为一个更注重时间顺序的
历史研究，将性态这个主题追溯到古代。《肉体的坦白》将考察
自 1 世纪到 5 世纪的基督教，包括约翰·卡西安、修道制度、奥古
斯丁以及基督教的自我解释学等议题。福柯认为，在这一时期发生
了伦理实践从一小群精英到一个更大社会人群的转变，我们可以追
溯到与基督教有关的一种发展。（EW Ⅰ，254；DE#326 Ⅳ，383）

165

---

① 　福柯应该读过 1960 年出版的菲利普·阿利埃斯：《儿童的世纪：旧制度下
的儿童和家庭生活》（*L'enfant et la vie familiale sous l'Ancien Régime*），Paris：
Plon，1960。因为他们在同一家出版社出书，阿利埃斯也是《疯癫史》的读者之
一（DE#348 Ⅳ，649）。《儿童的世纪》第一部分的第五章标题为"从不知羞耻
到天真无邪"，与福柯 1974—1975 年的课程材料共享一些题材，但他既未有在
讲座中也未在编者注释中被提到。他在《规训与惩罚》中被提到。福柯在 1978 年
评论了阿利埃斯的《面对死亡之人》（（DE#225 Ⅲ，503-505），并在 1977 年
的一次访谈中简单地提到他（DE#195 Ⅲ，192；P/K 148-149）。之后，福柯在
1984 年写了一篇关于他的讣告文（DE#347 Ⅳ，646-649），并与阿莱特·法尔热
一同参加了一场由《晨报》（*Le matin*）举办的有关其作品的访谈（DE#348 Ⅳ，
649-655）。
② 　该手稿的残篇保存在巴黎：*Histoire de la sexualité*（《性史》），BNF NAF28284
（2-5）。但该文档并不包括早期起草的全部手稿，相反它们包括若干部分的多个
版本，尤其是 HS Ⅱ 的导言与首章；加上其他材料一起被重新改写进实际出版的
第二卷和第三卷。

此时，福柯的《快感的享用》草稿——如今被视为《性史》第二卷——具有以下结构：

前言

导论：问题

　　　　方法

　　　　目标

第一部分：快感的享用

I：概念与原理

——性悦

——用途

——测量与时刻

——自我掌控

II：一个例子：《释梦》

——方法

——分析

——梦与行为

第二部分：节制的实践

I：养生法

II：家政学

III：性爱论

第三部分：自我的文化

I：发展与脉络

——关心自我

——政治游戏

——婚姻的角色

Ⅱ：各种技术

——自我的转变

——自我的警觉

第四部分：禁欲的需要

Ⅰ：身体

——伽利安

——他们是好是坏？

——快感的体制

Ⅱ：妻子

——婚姻纽带

——性关系与婚姻关系

——婚姻的快感

Ⅲ：男童   166

——普鲁塔克

——卢西安 ①

——性爱小说 ②

---

① 卢西安（Luciar，约 125—180 年），又译琉善。——译注

② BNF NAF28284（2），Folder 2，第 1—5 页。这在 C 61/78-79 中有相应的概
括，也参见菲利普·阿蒂埃、马蒂厄·波特 - 邦维尔的《追随福柯：势态、斗争、
规划》（*D'après Foucault：Gestes，luttes，programmes*），Paris：Points，2012，
pp.173-174。

在这一时期的讨论中，福柯也论及了第三卷的进展：

> 《关心自我》（*Le Souci de soi*），一卷与《性史》系列无关的著作，［它］由关于自我的不同文章构成——例如一篇关于柏拉图《阿尔基比亚德篇》的评论……在建构自我的过程中阅读与书写的作用，可能还包括关于自我的医学经验的问题，等等。（EW I，255；DE#326 IV，383）

正如在 1983 年初所设想的，福柯发表了这三卷中的部分内容——1982 年，取自《肉体的坦白》的《为贞洁而战》；1983 年，分别取自《快感的享用》的《梦见他的快感》（*Rêver de ses plaisirs*）和《关心自我》的《自我书写》（*Self-Writing*）。在《福柯精萃》（*The Foucault Reader*）中，福柯也发表了 1982—1983 年课程导论手稿的部分内容，就像署名"莫里斯·弗洛朗斯"的文本一样，对于福柯学术生涯做了一个概观，将其有关性史的著作置于一个更长的年表和作品计划中，也提及了一些似乎属于附带的计划，如皮埃尔·里维耶、阿莱希娜·B.（即艾尔库里娜·巴尔班）、治理术与密札。① 福柯提到《性史》原初的专题研究计划时称"我计划研究作为性主体的儿童、妇女与'倒错者'"，但他也指出，尽管有三种可能的方式——"一种知识领域，一种

① 《福柯精萃》（EW I，199–205）后来在法语中呈现为 DE#340 IV，578–584。但这并不是一个译本，即便这是首次以另一种语言所发表的作品的参照标准。这一残篇的完整版本可见于 BNF NAF28284（2），Folder 10；以及 BANC 90/136z 1:13。只有"前言"公共发表了；"导语"被分成"问题"与"方法"，它本身并未出版。

规则体系以及一种与自身关系的模式"——来对此进行分析，但他最后仍将注意力聚焦在最后一种方式上，这是以牺牲整个计划为代价的。（DE#340 Ⅳ，583；EW Ⅰ，204）

他试图解释这一推延并放弃原有计划的原因："我发现自己面对一个很长时间都无法解决的选择：究竟是固守我最初设想的编年体大纲，还是循着优先研究与自我关系的模式这样一种路径。"（DE#340 Ⅳ，538；EW Ⅰ，204）在1983年4月，福柯宣称他为这卷写了三稿：一稿与性有关，另一稿不涉及性而是关注"自我与自我技术"，最后一稿则要保持"二者之间的平衡"。（EW Ⅰ，254，DE#326 Ⅳ，384）这一说法适用于《快感的享用》手稿，它当时包括了最终出现在第二卷和第三卷的材料。从偏离原计划的转变来看，身心疲倦似乎也是一个主要因素：1984年，在两篇独立的论文中，福柯承认自己感到无聊了。（DE#350 Ⅳ，668；PPC 255；DE#357 Ⅳ，730；PPC 47）在同期的一次采访中，他表示自己若只是一名学者，他可能已经完成这一最初的计划，"事先就知道我想要做什么以及我希望达成何种结果"，但他也是一名知识分子，因而他也想要有所改变，让自己的思想被研究过程所改变。（DE # 350 Ⅳ，675；PPC 263-264）不仅让研究方法而且让探究的主题都由所发现的材料来决定，正是这种意愿，使福柯有别于许多同时代的人。

福柯继续道："我不再把这项工作的重点仅仅放在去关注出发点或历史背景；我不是让自己站在性态经验形成的门槛上，而是试图分析在肉体经验中与自我关系的特定模式的形成。"

167

（DE#340 Ⅳ，584；EW Ⅰ，205）有关肉体（*la chair*）的情况，
将会在计划中有关基督教的那一卷进行考察。但福柯指出，为了
进行这项研究，他需要对所考察的时期做出彻底的改变。"在
对这种与自我关系（就其本身而言）的形式进行分析之时，我
发现自己跨越了不同的时代，从而让我离自己最初决定的时间
框架越来越远……"（DE#340 Ⅳ，583；EW Ⅰ 204）这个被探
究的时期属于古代晚期，当时"基督教肉体伦理的重要因素开
始成型"（DE#340 Ⅳ，584；EW Ⅰ 205），不仅在基督教的
思想家那里，而且在他们之前的思想家那里，都能看出来这一
点。很自然，这把福柯带入对他而言完全未知的领域，但他觉得
"牺牲一个明确的计划去探寻一个有前途的研究路线是最好不过
了"，并且这些是值得去写的著作，因为它们能教给作者他此前
所不知的事情。（DE#340 Ⅳ，584；EW Ⅰ，205）这里提到的
那一卷是有关古代晚期的著作。但在这里，它是单独的一"卷"
（DE#340 Ⅳ，578； EW Ⅰ，199 n. *），而不是两卷（实际出
版的《性史》第二卷和第三卷）。正如他在1984年这两卷出版
时所表示的：

> 的确，当我在七八年前写下《性史》的第一卷时，我
> 绝对是想写关于从16世纪开始的性态的历史研究，并分析
> 这种知识一直到19世纪的演变。当我做这项工作的时候，
> 我注意到它是不成功的。依然有一个重要的问题需要解答：
> 为什么我们把性态当作一种道德经验？所以我闭门思考，放

弃了我对 17 世纪的研究，并开始往回追溯，回到公元 5 世
纪，以便考察基督教经验的开端，然后回到它之前的时期，
即古代的结束时期。三年前，我终于完成了对于公元前 5 世
纪和公元前 4 世纪性态的研究。（DE#354 Ⅳ，704-705；
PPC 252；参见 DE#357 Ⅳ，730；PPC 48）

这是开始出现在福柯 20 世纪 80 年代早期的演讲中的那些构
想的基础，对此，在第 5 章已有所讨论。福柯提到的"三年前"
应该意味着他在《主体性与真相》课程结束后的 1981 年完成了
大部分关于性态的研究，而非关于自我技术的研究，尽管我们知
道他在之后的很长一段时间里都在不断修改。在 1983 年初的介
绍中，他对这个计划进行了阐述："这项工作与其说是有关道德
历史的一章，与其说是对于道德法则起源的探寻，不如说是旨在
研究道德主体的谱系以及它借以构成自身的实践。"①

1983 年 9—10 月间的改写稿

1983 年 4 月间，福柯作为特聘讲座学者再次到伯克利，12 日，
他做了一场名为"自我的文化"（"The Culture of the Self"）
的讲座。讲座包括很多内容，从卢西安讲到康德，概述了从柏拉
图的《申辩篇》到尼撒的格里高利等人与关心自我相关的作品，

---

① BANC 90/136z 1:13，第 48 页。

涉及斯巴达人、斯多葛派和《阿尔基比亚德篇》，结尾是对有关书写自我的一些评论。这个讲座几乎没有什么特别新颖的内容，但也有一些颇具启发性的后续讨论。① 这同时也促成了一名本科学生对遇见福柯所做的一次最富个人性的回忆。② 在一次接受校报周刊杂志的采访中，福柯承认，他曾希望在这次旅行之前就能完成正在撰写的两卷（有关古代和基督教的那两卷），但事与愿违，如今"每天早上拼命工作"，力争完成它们。③

然而，在 1983 年晚些时候，福柯改变了有关内容安排的设想。他拿出了《快感的享用》手稿，将其一分为二，分成实际出版的第二、三卷。令人困惑的是，除保留较长版本手稿的标题作为第二卷的标题外，他还使用"与性史系列不同"的标题作为第三卷的标题，尽管其内容现在已有很大的不同。1983 年《快感的享用》手稿变成了两卷本著作：《快感的享用》与《关心自我》。德菲尔指出，福柯的这一决定是在 1983 年 8 月做出的，9 月完成了修改稿。（C 63/80）④ 但资料的分列并不只是将手稿一

169

---

① 《自我的文化》（"The Culture of the Self"），12 April 1983，BANC CD 839（lecture），840–842（discussions）；收入 QC。

② 菲利普·霍维茨（Phillip Horwitz）：《学术界别为我哭泣》（"Don't Cry for Me Academia"），见《吉米和露西的"K"之家》（*Jimmy and Lucy's House of "K"*），2 August 1984，pp.78–80。

③ 彼得·马斯、大卫·布洛克：《米歇尔·福柯的权力与政治学》（"The power and politics of Michel Foucault"），*Inside*（*Daily Californian*），22 April 1983：7，20–22，p.22。德菲尔告诉莫里亚克，当他表达了对最后完成作品的赞美时，福柯的反应是，书写时并未给他太多欣快之感。克劳德·莫里亚克：《凝止的时间》（*Le temps accompli*），Paris：Grasset，1991，p.32。

④ 参见 BNF NAF28284（3）。

切为二的事情。尽管围绕着"快感的享用"观点和原则的那部分
出现在第二卷中——这一卷现在讨论的是性悦、享用（*khrēsis*）、
节制（*enkrateia*）、自由和真理，但对于《释梦》的分析则出现
在第三卷中。有关"节制的实践"的那一部分在第二卷中重新进
行了讨论。关于"自我的文化"出现在第三卷中，但被分成了两
个部分，正如对"禁欲的需要"所做的分解一样。福柯的原计划
是将古希腊和罗马时期分为三个部分进行分析，并对它们进行更
为详尽的比较。这最先出现在《主体解释学》之中，福柯在后者
中勾勒了三个要讨论的主题：一是关心自我与医学和身体的关
系，这涉及养生法的问题；二是社会活动，尤其是家庭（*oikos*）
的社会活动，关涉的是古希腊的"经济（家政）"观念；三是爱
之关系，属于性爱论的问题（HSu 58-59/59-60）。养生法—家
政学—性爱论。这折回到他对马可·奥勒留以及夫隆托的分析。
（HSu 156/161）这种分类建构了最初的计划以及第二卷和第三
卷：《快感的享用》的第二部分到第四部分实际出版时的标题是
"养生法""家政学""性爱论"，《关心自我》的第四部分到
第六部分各部分的题目分别是"身体""妻子""男童"。[①]

　　将1983年3月起草的第二卷分成1983年9月的第二卷和第
三卷，这也就意味着，关于基督教的那一卷被后移，成了第四
卷。福柯去世时，该卷并未出版。当然，未出版的也并不只有这
一卷。最初宣称的《关心自我》那一卷也从未出版。福柯纠结

---

① 参见 HSu 63 n. 36/63 n. 36。

于两个平行的项目之间，通常为着不同的目的却使用相同的材料。一方面是关于古代对于我们今天所谓的性态的思考方式的历史——其中的关键术语是性悦与肉体，它们与各种自我技术相关；另一方面是这些自我技术本身的历史，这些技术很多与性态并不相关。曾有一段时间，这确实是福柯的计划，正如他向德雷福斯与拉比诺所描述的那样。[①] 当我们看到以《关心自我》为书名出版的一本书，不应当感到困惑。[②] 我们知道，按照福柯最初的构想，它将会包括哪些内容——对柏拉图《阿尔基比亚德篇》的解读，一章是 1983 年 2 月发表的《自我书写》一文，还有就是对于医学的讨论，等等。[③] 福柯把《自我书写》这篇论文视为"一系列针对'自我技艺'的研究，考察的是罗马帝国最初两个世纪希腊 – 罗马文化中的存在美学以及对于自我和他人的治理"（DE#329 Ⅳ，415；EW Ⅰ，207）[④]。以《关心自我》为名出版的那一卷中第二章和第三章的内容有迹可循，但不足以涵盖他的全部计划。例如，并没有对《阿尔基比亚德篇》展开讨论，后者是《主体解释学》课程中的一个主要议题。既没有关于书写或阅读的内容，也没有可期待的对于塞涅卡或普鲁塔克的延伸讨论，尤其是考虑到福柯认为是这些促使他转到此项工作上来。（EW Ⅰ，

170

---

① 也参见 HSu 493-494/513-514。

② 例如，我的解释与迪迪埃·埃里蓬有所不同，他认为这一计划是整体性的，也是合二为一的。迪迪埃·埃里蓬：《米歇尔·福柯传》（*Michel Foucault*），pp.520-521/310-311。

③ 参见 HSu 496-497/514-515。

④ 对书写相当长的讨论可见：EW Ⅰ，272-277；DE#326 Ⅳ，403-408。

254-255；DE#326 Ⅳ，383）所有这些都在《主体解释学》中得到了更为详细的论述。这门课程非常明确地指向关心自我的问题，相较于实际上出版的冠以《关心自我》书名的那一卷，它更接近于福柯原本设想的《关心自我》。正如格罗所认为的，在某种意义上，该课程是对那本问世的《关心自我》的第二部分的详细解释。①

然而，该课程只是福柯对于该议题探讨的一部分，格罗讨论了另外四份材料卷宗，除了课程手稿外，它还包括一系列有关这些议题的文件和手稿。这些卷宗命名为"阿尔基比亚德，爱比克泰德""对自我和他人的治理""自我的文化——草稿""其他方面"。最后两种是将会出现在《关心自我》之中的内容的草稿，但前两种包括"一系列主题研究（"聆听、阅读、书写""批评""对自我和他人的治理""年龄、教育学、医学""退休""社会关系""引导""战争"等）"②。他认为这些卷宗包括了"许多整页的完成稿，其中涉及的要点……当然，在三个月的课程中，福柯没有时间报告他对古代自我技术的所有研究……在福柯的最后几年，即从 1980 年到 1984 年，无论我们从何种角度去看，的确是一个令人讶异的观念加速发展的时期，也是一个问题意识激增的时期"③。

---

① 参见 LHS 489/507-508，496/514-515。

② 参见 HSu 497-498/516-517。

③ 参见 HSu 499/517。

已出版的《性史》系列

尽管福柯有三篇发表的论文是出自依据 1983 年 3 月计划完成的研究工作，但只有一篇出现在实际出版的《性史》系列的第三卷中。1983 年的论文《梦见他的快感：阿特米多鲁斯的〈释梦〉》（'Rêver de ses plaisirs. Sur l'"*Onirocritique*"d'Artémidore'）是《关心自我》的第一章三节内容的一个先期版本。① 这个文本显然是基于 1982 年 5 月 18 日在格勒诺布尔（Grenoble）的一个讲座，但如果所有内容都讲授的话，它可能就是一个很长的讲座。② 1983 年的文本和最后的 1984 年书中的文字有许多不同之处，尽管大多数是小修小改。1983 年的文本没有注释，甚至没有参考书和关于《释梦》的那一部分。③ 最重要的变化出现在最后部分：书中的两小段（HS Ⅲ，50−51/36）取代了文章中一个更长的段落（DE#332 Ⅳ，487−488）。先期版本在做论断时是有附加条件的，在得出需要吸取的一般教训时也是谨慎的。但在书中有这

171

① 《关于哲学与言语活动的研究》第 3 期（*Recherches sur la philosophie et le langage*，3），1983：54−78。
② 最近发表的一篇源于格勒诺布尔的讲座［"La Parrêsia"，*Anabases*，16，2012：157−188；trans. Graham Burchell as "Parresia"，*Critical Inquiry*，41（2），2015：219−253］，可追溯到 1982 年 5 月 18 日。该手稿有福柯手写的日期（2015 年 1 月 24 日，阿诺德·I. 戴维森的私人通信）。我们并不清楚两个讲座是否在同一天进行，因此可能的是，福柯另行给了《格勒诺布尔房屋杂志》（*the Grenoble House Journal*）一篇关于阿特米多鲁斯的文章。风格上的差异表明，演讲与发表的文本之间有非常明显的反差。
③ 该文本在 DE Ⅳ 中的重印包括几位编者的注释。原版没有注释。

么一段话就不那么克制——"在这里，人们很容易就能从古典时代的文本中发现性悦的道德经验的主要特征"①。福柯接着讨论为何后来的文本提供的不是"断裂，根本的变化和一种新型快感经验的出现"，而是"敏感的曲折"和对"道德思想界定主体与其性活动之间关系的方式"的一种修正。（HS Ⅲ，50-51/36）此外，文章部分内容被从书中删除的原因，很可能在于它的主要关注点——享用（khrēsis）的观念——在第二卷第一章第二节已经讨论过。当福柯发表演讲时，很可能也是在他把这个文本作为一篇文章来发表的时候，在手稿中，对于《释梦》的讨论紧接着"概念与原理"这一部分之后，其中有很大一部分是关于"快感的享用"。这种对材料的重新安排，似乎能够解释 1983 年的论文和最后书中文字之间的某些变化。

　　甚至在这本书即将付印的时候也存在相当大的争论，福柯必须被说服这是最好的安排，而不是首先出版《肉体的坦白》，或者将三个部分合在单独一卷之中。② 当然，这意味着福柯在不同时期对计划的讨论往往与实际的情形很不一致。事实上，与德雷

---

① 英译本有时用 ethics，有时用 morality 来译 la morale，即便这些词被用来表达其他的法语词。我译成 moral。福柯把它界定为"一种行动的价值与规则总体，它被通过各种规定性机构如家庭、教育机构、教会等等推荐给个人"，有时是以一种明确的具体方式，有时以一种"复杂的元素相互作用"（HS II 36/25）。

② 迪迪埃·埃里蓬：《米歇尔·福柯传》（*Michel Foucault*），pp.520-521/319-320；戴维·梅西：《福柯的生活》（*The Lives of Michel Foucault*），p.466；皮埃尔·诺拉：《他极需要被爱》（"Il avait un besoin formidable d'être aimé"），*L'Evénement de jeudi*（《星期四事件》），18-24 September 1986，p.82；丹尼尔·德菲尔：《我相信时间……》（"Je crois au temps..."），*Review Recto/Verso*，1，2007：4。

福斯和拉比诺的访谈，一年后在法国出版时福柯自己做了修订。[①]
他此时把提纲改为："一本与希腊古典思想中养生法、家政学和
性爱论有关的性行为问题的著作，即《快感的享用》；然后是对
(罗马)帝国最初几个世纪同样主题的重新解释，即《关心自我》；
再就是 4 世纪至 5 世纪基督教中性行为的问题探讨，即《肉体的
坦白》。"（DE#344 Ⅳ，611）这是在《快感享用》与《关心自
我》的初版插页上可以看到的计划，讨论了变动的原因并列出了
最终的卷帙顺序。[②]

卷一　《求知意志》
卷二　《快感的享用》
卷三　《关心自我》
卷四　《肉体的坦白》（即出）

172　　　　这里，对《肉体的坦白》的描述是：它"将探讨基督教最初
几个世纪的肉体经验，以及解释学和对欲望的净化解读所起的作
用"[③]。福柯以第三人称谈论自己，提出"把性态视为一种独特

---

① 休伯特·L. 德雷福斯、保罗·拉比诺：《米歇尔·福柯：哲学之旅》（*Michel
Foucault: Un parcours philosophique*），trans. Fabienne Durand-Bogaert，Paris：
Gallimard，1984，pp.322—346。这一 1984 年的版本见 DE#344；1983 年的英文译
本见 DE#326。其中有若干重要的变化。
② 也参见 DE#338 Ⅳ，546 及 HS II，20/12。
③ 参见福柯《快感的享用》和《自我的技术》的插页（insert in *L'Usage des plaisirs
and Le Souci de soi*，p.2），完整的文本重印于迪迪埃·埃里蓬：《米歇尔·福柯传》
（*Michel Foucault*），pp.521—523/320—321。

的历史经验，意味着进行欲望主体的谱系学研究，不仅要返回到基督教传统的开始之际，也要返回到古代哲学那里"①。甚至更明确的是，他认为自己是"从现代返回，越过基督教直到古代"②。依据福柯的讲座课程，我们从其实践中可以看到这一点。他向后进行探索，正像历史学家经常做的那样，即便他的作品是以向前的顺序呈现的："这些作品延迟出版的一个原因，是出版的顺序与写作的顺序恰好相反。"（DE#354 IV，697；PPC 242）

《快感的享用》

1983 年 11 月，福柯在《争鸣》（*Le Débat*）上发表了《性史》系列导论的一个新版本。（DE#338）在校样上，他只是做了少许改变，其中大多数都只是进行一些小修改——删除一些词，偶尔对一些句子进行补全或增加一些短句子，添加注释，改变标点符号以连接或断开句子，如此等等；这就是最终出版的《快感的享用》的导言。

在该卷导言中，福柯首先承认，这一系列的出版晚于"预期，而且采取了完全不同的形式"（HS II 9/3）。他指出，该计划是追溯性态的出现，性态是对一种实践的术语和描述，实际上是 1976 年第一卷中提出的性态装置（性态部署）。福柯认为，这种探讨需要沿着三个轴线进行："（1）有关性态的知识的形

---

① 参见福柯《快感的享用》和《自我的技术》的插页，p.1。
② 参见福柯《快感的享用》和《自我的技术》的插页，p.1。

成；（2）规制其实践的权力体系；（3）个体在其中能够而且必须认识到自身作为性态的主体的形式。"（HS Ⅱ 10-11/4）① 前两点利用了他以前研究医学、精神病学、惩罚以及规训的策略，但最后一点则要求一种不同的方法。福柯认为，作为与基督教"肉体"观念不同的形式，"性态"的出现不能从 18 世纪的视角来进行理解，而是要求一种对"欲望之人"（man of desire）的谱系学研究。（HS Ⅱ 11-12/4-5）这种重新定向，不能简单地通过与原有计划相应的"对欲望主题进行快速的历史考察"而解决，而是要求重新组织"围绕着自我解释学在古代的缓慢形成展开的整体研究"（HS Ⅱ 13/6）。这将是一种更广泛意义上的"真理/真相史"这个被福柯视为自己的更大计划中的一个元素，并且他也感谢他在法兰西学院的听众，是他们一直伴随着这项工作的"进展和迂回"（HS Ⅱ 14/6-7）。他意识到自己对古希腊与拉丁世界理解的局限②，因此感谢一些对他非常有帮助的人——布朗、阿多、德雷福斯与拉比诺，弗朗索瓦·瓦尔、韦纳。他甚至感谢伽利玛出版社耐心的编辑皮埃尔·诺拉：20 世纪 70 年代中期二者之间的争执至少在某种程度上得到和解。（HS Ⅱ 14-15/7-8）福柯在结束导言第一个部分时提示，尽管研究的材料是历史性的，但这些研究不是历史学家的工作。福柯试图从不同的角度，把它们视为一种"修行"（ascesis/askēsis），"一种

173

---

① 这种编号方式并未出现在法文版中。

② 早期手稿中的一篇文章（见 DE#338，Ⅳ 549 n.2）讨论了使用的文本，福柯对希腊与拉丁术语的使用在译本中做了改动，他对于（杜索尔舒瓦图书馆）的感谢从 HS（26 n.2/255 n.4）中删除。

在思想活动中针对自身的训练"，一种具有"某种理论收益"的
对研究主题和时间顺序的改变。（HS Ⅱ 16/8）这种收益来自两
个方面。首先来自我们去追问为什么性行为会成为一种道德关切
的对象，而不是简单地考察禁令，而且认识到"这种禁令是一
回事，道德的问题化（problematization）是另一回事"；其次来
自考察这些性的规则与问题化如何成为他所谓的"'生存艺术'
'自我技术'"这类更广泛的实践的一部分。这就是福柯最后几
年所交叉进行的两个平行计划："对古代（如何将）性行为问题
化的研究可以被视为'自我技术'总体历史的一章，或前几章之
一。"（HS Ⅱ 19/10-11）

　　导言中最引人注目的一点，是它明确地把考古学分析模式与
谱系学分析模式结合在一起。（HS Ⅱ 19/11-12）与1983年11
月的草稿（DE#338 Ⅳ，456）比较，最后版本中的一个重要段落
有着实质性的不同：

　　　　但由于这一对欲望之人的分析处于一种问题化的考古
　　学和一种自我实践的谱系学的交叉点上，因此在开始之前，
　　我想要在那两个观念上稍作停留，亦即，解释我选择考察的
　　那些"问题化"形式，指出什么是"自我实践"，并且解释
　　由于某些悖论和困难，使我如何用一种从自我实践出发的
　　伦理问题化的历史，去取代一种从禁忌出发的道德体系的历
　　史。（HS Ⅱ 21/13）

在英语世界的讨论中，占主导地位的是这样一种奇怪的解读，即考古学被谱系学所取代，继而又被问题化所取代，但在这里，我们看到了一个有关它们关系的明确阐述。在 1983 年 4 月的一次讨论中，福柯直截了当地提到："我从未停止进行考古学的探讨；我也从未停止谱系学的探讨。谱系学界定了这项工作的目标和结局。考古学标志了我进行谱系学研究所涉及的领域。"①在 1984 年的一次访谈中，他也提到："我从一个当今流行的术语中所表达的问题出发，试图弄明白它的谱系。谱系学意味着我从一个当前的问题开始我的分析。"（DE#350 Ⅳ，674；PPC 262）另一个刻画福柯的常见方式，是说他从知识转向权力再转向伦理学，但情况同样是，这些后面的术语是前者的补充而非替代。

然后，导言的第二和第三部分解释了这两个主题："各种问题化的形式"与"自我的道德与实践"。鉴于在第 6 章所讨论的课程内容以及本章前面的讨论，特别新颖的内容并不多。但令人惊叹的是，这些事情是如何恰到好处地嵌入福柯的图式。人们往往想要批评的一些普遍持有的立场，似乎实际上正是福柯本人在进行细致工作之前所赞同的。福柯不是把古代描述为一种基督教的背景——在导言草稿中福柯说他放弃了这种观点，并且这促使他花了几年时间去详尽地考察异教思想——而是给我们提供了一些有关基督教的思想的诱人暗示，借助对古代更为深入的分析而细致地读解基督教的思想。这里还有一些对更早时期的文本和

---

① 1983 年 4 月 19 日《自我的文化：与历史学系的讨论》，BANC CD 842；QC 132。

19 世纪的文本的明确对照。（参见 HS Ⅱ 27-28/18）

然而，历史材料总是服务于更大的计划，即对"驯服模式"（*mode d'assujettissement*）、个体对自身进行的"伦理工作"（HS Ⅱ 38/27）或者说"有关自我的修行"或"实践"（HS Ⅱ 40/28）的考察。这种 *assujettissement* 观念是这种转变过程的一个重要观念，福柯认为它是"个体如何确立与这一规则的关系并认识到自己有义务将规则付诸实行的方式"（HS Ⅱ 38/27）。福柯的第一项评估认为，尽管行为准则出现较晚——不是在早期的基督教思想中而是在中世纪的发展中，但古希腊与希腊化罗马更关注"自我与修行的实践"（HS Ⅱ 42/30）。福柯明确地提到，他所考察的是"一种男人的道德：一种由男人想出、写出、传授并且针对男人的、明显针对自由男人的道德思想"。女性只是作为对象或伴侣出现，其本身没有资格成为性主体。（HS Ⅱ 33/22）对人类而言，这些问题与四种领域有关：身体、妻子、男童与真相（HS Ⅱ 35/24，45/32），这些是该书第三到第五部分的议题——养生法、家政学和性爱论以及"真爱"（*La véritable amour*）。

鉴于篇幅的考虑与福柯分析的丰富性，这里不得不放弃对这些部分的详细读解。令人吃惊的是，第二卷的内容在法兰西学院课程中被预先讨论得非常之少。最接近的是《主体性与真相》，但这门课主要讨论的是第三卷中所分析的帝国时期，并与为第四卷《肉体的坦白》所准备的材料进行了比较。第二卷基本上讨论的是古代和希腊化时期的希腊，福柯在他的课程讲座中很少讨论

175

到这些。他所做的，正如对柏拉图《阿尔基比亚德篇》的解读，重点有所不同，所进行的分析也是为着一本不同的书。

第二卷最重要的部分是第一章，它讨论了一些关键的概念——性悦（aphrodisia）、享用（khrēsis）、节制（enkrateia）、自由与真相。这里福柯考察了一系列作品，尤其是色诺芬、柏拉图与亚里士多德的作品。福柯认为，第一个概念，是希腊人最接近现代的"性态"或基督教的"肉体"的。aphrodisia（性悦）被译成拉丁文的 venerea，最为接近的现代概念是"快感"（pleasures/plaisirs）。（HS Ⅱ 49-50/35）[①] "性悦是人们生产某种形式的快感的行为、姿态与接触。"（HS Ⅱ 55/40）在福柯看来，对希腊人而言，"道德反思的对象"不是事实、欲望，甚至也不是快感，而是"以循环的方式把三者连接起来的运动……正是这种运动关系构成了可被称为性悦伦理经验的基本成分"（HS Ⅱ 59-60/43）。福柯在澄清前面宣称这是一种男人的道德的观点时，阐明了这种区分怎样与男性的主动性和女性的被动性有关，并且这也标志着一种区分：古代的性悦、对男女都适用的基督教的"肉体"、"男女之间存在巨大差异"的现代"性态"。（HS Ⅱ 64-65/46-47）

"享用"（khrēsis）意思与该卷的标题中"用"（use）一致；它"让我们可以把握这些快感实践为在道德上受到好评而必须驯服的类型"（HS Ⅱ 52/37），它与以合宜的方式来享受

---

① 鉴于该术语的重要性及其二重性，罗伯特·赫里让人惊讶地选择用 *The Use of Pleasure* 来翻译 *L'Usage des plaisirs*，尽管这种二重性在英译本的很多地方都会出现。

快感有关。正是这些"'享用'的条件与形态",而非一种规则,界定了希腊人的性悦(HS Ⅱ 72/53),并且它被诸如它与需要的关系、恰当的时间(*kairos*)以及地位问题这些事项所决定(HS Ⅱ 73-82/54-61)。这些促成另外两个关键的概念:一是 *enkrateia*,它指的是一种控制,"它定义了为了被建构成道德主体所必须具有的对自我的态度"(HS Ⅱ 52/37);二是 *sōphrosynē*,意指节制或适度、智慧,"它所刻画的是作为完善的伦理主体的特征"(HS Ⅱ 52/37)。这些术语意思相近,有时被互换使用,但"还远不是同义词",因为 *sōphrosynē* 是一个更为一般的概念,而 *enkrateia* 是一种"更为主动的自我控制形式,它使得个人能够去抵抗或斗争,并在欲望和快感的领域中获得支配地位"。依据海伦·诺斯(Helen North)的观点,福柯认为,亚里士多德的《尼各马可伦理学》提供了第一个系统的区分。(HS Ⅱ 87/64)[①] 正如他后来所做的进一步澄清,这种作为 *enkrateia* 的自我控制技术是从动词 *kratein* 衍生出来并且与 *arkhein* 相关,指的是行使权力、统治、治理。这正是治理自我以及治理他人的根源(HS Ⅱ 94-95/70-71,102-103/75-76),并且正如其他的追求一样,为了达到这一点需要进行训练、练习、修行(HS Ⅱ 97/72)。在个人能够关心并引导他人之前,个人必须关心自我(*epimeleia heautou*)。(HS Ⅱ 98/73)*sōphrosynē* 被理

176

---

① 海伦·诺斯(Helen North):《审慎:希腊文学中的自我认识与自我约束》(*Sophrosyne:Self-Knowledge and Self-Restraint in Greek Literature*),Ithaca:Cornell University Press,1966,pp.202-203;亚里士多德(Aristotle):《尼各马可伦理学》(*Nicomachean Ethics*),1118b-1119a,1150a-1152a。

解为一种自由，这不是独立或自由意志意义上的自由，而是不受快感控制的自由，"不做它们的奴隶"（HS II 108/79）。这再次与对他人的治理相联系："最高贵的人是自身的国王"，"他的自我节制缓和了他对他人的控制"，从而使他有别于暴君。（HS II 110/81）

尽管这些美德对于女性也是重要的，但节制属于一种阳刚的特征，主要被理解为属于男性的，在男性身上，社会性的与性别上的阳刚联系在一起。（HS II 112–113/82–83）因此，这些美德的主动性特征变得很重要，其结果是，"不节制就属于与女性气质相联系的被动性"（HS II 114/84）。这对于一种希腊式的思考模式而言至关重要，这种模式把"主动性与被动性之间的对立"视为根本。福柯做了进一步的澄清，认为这种主动／被动之区分既不对应我们当代人对于"异性恋和同性恋之间"的区分，"也不可归结为主动同性恋与被动同性恋之间的对立"。（HS II 115/85）相反，它仅仅与向快感屈服有关，不能控制它们，在它们面前是被动的。（HS II 115–116/85–86）此外，这种"标志着有节制的男人存在方式的自由－权力，若脱离了与真理／真相的关系，是无法想象的"，关心自我与"认识你自己"的律令相关：成为一个伦理主体也要求能够把自身变成一个"认知主体"。（HS II 116–117/86）这种与真理／真相的关系"并没有导致了一种欲望的解释学，如在基督教灵修神学（Christian spirituality）的情形中那样"，而是导致了"一种生存美学"。（HS II

120/89）①

　　在对这些关键概念探讨结束之时，福柯指出这"只是一个旨在一些初步目标的粗略提纲"（HS Ⅱ 123/91）。正是在对与身体、婚姻以及男童等的关系的详细分析中，福柯解读之细致和深刻才显现出来。养生法、家政学和性爱论这些主题再次构成本书的结构。（HS Ⅱ 126/93）在养生法方面，福柯的基本观点是，把这方面有关性的讨论放在一个更广阔的脉络中。他提出的要点是，"古希腊人对于性行为的道德反思并不是为了证明禁令的正当性，而是为了塑造一种风格化的自由"（HS Ⅱ 129/97）。这意味着，尽管古希腊人常常建议节欲、限制与监管，但他们并不要求这样做，这些建议可以在生活中的各个方面看到，而不只是在性的方面，是一种普遍的"对于身体的健康与生命的管理"的一部分。（HS Ⅱ 130/98）此外，这还包括训练、饮食以及睡眠："养生法就是一种生活艺术"（HS Ⅱ 133/101）。实际上，福柯认为，值得指出的是，在这种"快感养生法"中，相较于其他方面，人们对性关系的关注是有限的。（HS Ⅱ 151/114）因此，即便这一卷较为详细讨论了所谓的关于自我技术，但这些自我技术在我们保存下来的书面文本中也总是作为指导意见，而不是严格的道德法典。性悦养生法也同样如此，尽管建议进行节制，但并不是因为这种行为是坏的或者这种行为不符合原则，而是因为这些活动对于身体产生的影响。（HS Ⅱ 153/117）此外，福柯也对性行

177

---

① 英译本这里省略了一个法语从句。

为的身体性质进行了一些讨论，主要基于《主体性与真相》的分析。正如他后来所概括的："性悦的身体养生法是一种健康预防；它同时也是一种生存的修行（*askēsis*）。"（HS Ⅱ 166/126）

福柯将养生法分析与关于家政学的部分连接起来，认为"快感的身体养生法及其所要求的家政学（economy）是整个自我艺术的一部分"（HS Ⅱ 183/139）。因此，这里的 economy（家政学）观念与我们今天对该术语的理解（经济学）只有一种有限的关联。它是关于家庭（*oikos*）的管理。因此，福柯在此处也讨论了古希腊有关婚姻、情妇、处置奴隶、家庭预算及其在一个更大城邦（*polis*）中的处境的文献。男人的婚姻状态并不规定其忠诚的义务，他可以有外遇、狎妓、眷爱男童或其奴仆。但婚姻状态会阻止他重婚，或者说阻止他与另一个人的妻子发生性关系："妻子属于丈夫，而丈夫只是属于他自己。"（HS Ⅱ 192/147）男人的义务因为"他是一家之主，有了一种权威，行使一种在'家庭'之中的权力，同时履行影响其公民声誉的义务"。（HS Ⅱ 197/151）尽管福柯讨论了柏拉图和伊索克拉底（Isocrate）的作品以及亚里士多德的《家政学》（或许是由其学派的某个人所写），但他主要关注的是色诺芬的《家政学》（*Oeconomicus*），认为它包含了"古希腊人留给我们的有关婚姻生活最充分的论述"，但这只是如何管理家产的更广泛研究的一部分（HS Ⅱ 198/152）。婚姻问题很大程度上都与更广泛的管理任务有关，正如福柯所指出的，这个文本对该问题论述详尽，但"在性关系的问题上则非常谨慎"（HS Ⅱ 207/159）。福柯只是在讨论该

178

问题在基督教中的法典化和"肉体罪恶",以及在此之前普鲁塔克作品中的论述时,暗示了这一分析会在未来几卷中出现。(HS Ⅱ 238-239/183-184)然而,更广泛的治理问题也很重要:"一种管理的艺术,管理自身和管理妻子的艺术。"(HS Ⅱ 215/165)

《性爱论》一章关注的是对于男童之爱。福柯极力强调的是,"古希腊人并不把对同性别的爱与对另一种性别的爱对立起来,当作两种相互排斥的选择,两种截然不同的行为"(HS Ⅱ 243/187)。相比之下,节制与自我控制的问题更加重要。像同性恋与双性恋这类现代的术语对于理解这一点并无帮助,对这种行为的容忍观念也同样无用。(HS Ⅱ 243-244/187-188)福柯的问题是,为什么对这一议题有如此之多的关注,当时这并不是一个有关谴责或禁止的问题。为何这种实践产生了这样"一种特别复杂的道德疑难"?(HS Ⅱ 251/193)。这个问题某种程度上是难以解决的,因为尽管我们知道曾经有过很多文本,但只有一些得以保存,因此柏拉图对话中的言论,就与色诺芬的《会饮》(Symposium)和德摩斯梯尼的伪篇《性爱论》(Erotikos)一样,具有重要的意义。这里出现了两个议题:社会地位的问题与主动/被动角色的问题。被动性往往受到贬低,但如果社会地位低下或年龄较小时,则是可以接受的。爱与教育或训练之间的联系是重要的,伴侣之间的差异也很重要。(HS Ⅱ 251-254/193-195)同样重要的是,欲望的对象最终将会成为性主体本身,对这种转变时刻需要观察与重视。"正如我们所知,初生的胡须被认为是决定性的标记,而且刮掉它的剃刀也一定会切断爱情的连线。"

（HS Ⅱ 259/199）① 在此时，爱欲（*eros*）关系可以转成一种友谊（*philia*）关系。（HS Ⅱ 261/201）

福柯指出，"在童年期结束和达到成年人状态的年龄之间的年轻人，构成了古希腊道德和古希腊思想的一个微妙且疑难的因素"（HS Ⅱ 277/213）。问题不在于希腊人对男童的爱之本身，而是围绕这种男童之爱所发展的"求爱实践、道德反思以及……哲学禁欲主义"的本质。（HS Ⅱ 278/214）正是在这里，福柯引入了社会关系与性关系同构性的议题——这是在《主体性与真相》中通过对阿特米多鲁斯作品的解读而提出的。（HS Ⅱ 279/215）在这里，福柯引用一系列的古代文本，来支持有关身份地位及其与主动和被动性角色之间关系的观点。这是为什么会出现关于男童之爱的文本的部分原因：女性、妓女以及奴隶被认为社会地位低下，因此在性方面是被动的。由于男童将来会成为主体，自己去行使"权力与责任"，因此他们处于一种更为复杂的位置。（HS Ⅱ 286/220–221）

通过性爱论与治理自我和治理他人之间的关联，福柯将养生法、家政学与性爱论这三个主题联系了起来。首先，与身体有关，它是一种自我掌控的问题；在家庭中，它与掌控妻子的权力有关；在德摩斯梯尼的伪篇《性爱论》中，它事关男童实现"自我掌控，而非向他人屈服"，是对他人权力的抵制。（HS Ⅱ 276/212）有点图式化的概括：这是对于自我的治理，对于他人的治理，对

179

---

① 福柯参考的是柏拉图的《普罗泰戈拉篇》（*Protagoras*，309a），它证实了该宣称的第一部分。

于治理的抵抗。这些仅仅是"由自由成年男性所组成的人口中最少的那部分人"所关心的问题，但这为他们生产了"一种生存美学，一种被视为权力游戏的深思熟虑的自由艺术"。（HS II 326/253）在该书的最后论述部分（第五章），福柯考察了这些议题与真理／真相之间的关联，也再次表达了对文本缺乏的遗憾，并警告不要对苏格拉底－柏拉图的观点做过度的推论。（HS II 296/230）然而，他发现一个重要之处在于，在柏拉图那里，爱是"一种与真理／真相的关系"（HS II 309/239）。在引入真理／真相的过程中，福柯也把这种研究与他早前的一系列议题联系起来，并期望在未来的一卷对坦白问题进行研究。事实上，福柯指出，某种程度上令人惊讶的是，古希腊人对于男童之爱很少有谴责和禁令，但在他们的讨论中开启了一种更为节制的性伦理："在这种爱的关系中对称性和互惠性的要求；与自我进行长期而艰难的斗争的必要性；对只是指向真相之中自身存在的爱情的逐渐净化；以及人对自身作为欲望主体的探询。"（HS II 317/245）这将会随着时间发生深刻的变化，但这些发展的根源可以在这里找到。此外，这也与自我技术的更大议题相关。对福柯而言，这些是一种伦理史，而不是一种法典史中的要素；前者被理解为"对一种能够让个体把自身形塑成道德行为主体的自我关系模式的诠释"。对于理解"道德经验的转变"，这种伦理史更具有决定性意义。（HS II 324/251）直面真理／真相，尤其是在一种把爱欲与教育学联系起来的关系中；认识有关自身的真相；向一位精神咨询师说出真相。《快感的享用》可能很少直接

180

使用福柯讲座课程的内容，但它以多种方式与课程中反复出现的议题相联系。

这一卷也显露出福柯试图与基督教进行比较的迹象。福柯认为在基督教中"两种相反但又互补的实践"得以发展："一种是对性行为越来越精确的法典化……另一种是形成一种欲望解释学和各种自我译解程序。"（HS Ⅱ 124/92）书中提示，一种根本性的转变是人们更关注女性和婚姻，而不是男童之爱。这也透露出第二卷和第三卷中的分析是如何与第一卷议题相关联的："我们也能够看到，从 17、18 世纪开始，人们开始关心儿童的性态，以及更一般意义上关于性行为、正常与健康之间的关系，问题化的焦点发生了新转变（这次是从女性转向身体）。"（HS Ⅱ 327/253）这段话正好出现在第二卷的末尾，随后是一段关于奥古斯丁与基督教的简短文字，再后就勾连第三卷的议题，提示说很多基督教之前的重要变化能够"在公元最初两个世纪的道德家、哲学家以及医生的反思"中找到见证。（HS Ⅱ 327/254）随着这些段落的推进，我们可以清楚地了解福柯最终构想的《性史》应该如何来阅读。不仅第四卷要完成这一系列，而且在第四卷之后，从新视角来看，第一卷的分析也将会焕然一新。正如他在 1983年 4 月所言：

当基督教这个教会建立起一套关于坦白（忏悔）、补赎等的技术，它在一种制度背景下使用并整合了那些自我技术，在这种背景中，这些在古代曾自成一系的自我技术成为

了一种规训结构的一部分；而且我认为，在后来，在 16 世
纪以来的教育机构中，与自我的关系一直是由这些机构组织
起来的，或至少是由这些机构向人们所提出的。①

《关心自我》

《性史》第二卷出版后，仅隔一个月第三卷就面世了。福柯
在去世前五天收到样书。出版时间如此接近，因此毫不奇怪，第
三卷会流畅地对接第二卷的结尾，兑现了前面的承诺。如第二卷
一样，它的确是"对罗马帝国最初两个世纪相同议题的一种再解
释"（DE#344 Ⅳ，611）。因此，结构非常相似：该卷的主体内
容集中在第四章到第六章，题目分别为"身体"、"妻子"与"男
童"，对应了第二卷养生法、家政学和性爱论的部分。这三章之
前是对阿特米多鲁斯的解读（第一章）以及最为接近 1983 年初
所构想的《关心自我》的两个重要部分，即"自我的文化"与"自
我与他人"（第二、三章）。该卷没有导论：大幅改写的第二卷
导言可以作为这两卷共同的导论。该卷结论只有寥寥数页。福柯
已预期第四卷不久就会出版，因此与第二卷一样，他是以一个开
放性的、过渡性的而非结束性的结尾结束了第三卷。因此，第三
卷是福柯作品最缺乏独立性的一卷，它依附于此前已经出版的和
之后将出版的各卷。此外，该卷大部分内容也依赖讲座课程中发

181

---

① 1983 年 4 月为《政治与伦理》（"Politics and Ethics"）准备的材料（BANC 90/
136z 1:4，pp.2–3）。

布的内容——实际上它是福柯所有著作中与课程内容最为接近的一本书。

因此，这里对该卷几个部分的讨论也会较为简略。第一章是对阿特米多鲁斯《释梦》的解读，利用的是《主体性与真相》（见第 6 章）中的分析和 1982 年格勒诺布尔讲座——或至少是其书面发表的内容。（DE#332）但如果说在 1981 年的讲座中，这个文本（《释梦》）需要背负揭示性悦的重任，那么如今在第二卷对古希腊文献做了广泛分析之后，它被置于一个更为丰富的语境中，对它的解读也更具体深入。福柯认为它类似于一种综合而不是开启一个新的时刻或者说是预示一个新的时刻，相反它的重要性在于提供"对流行的评价模式和普遍接受的态度的说明"（HS Ⅲ 17/9）。福柯也提醒，不要把该文本视为"一种直接有关性行为的价值与合法性的文件"。它不是一种行为的规则，而是表明"一种主体的伦理"（HS Ⅲ 27/16）。然而，讲座课程中对该文本解读的大多数要素得以保留，即便讲座的内容更为精细也更为系统。福柯认为，在《释梦》这个文本中，展现了主导性的性行为模式：男人既是分析的对象也是性关系的主体；婚姻是一种重要的框架，因为社会与性具有同构性，但与情妇、奴仆、妓女以及男童的关系都是可以接受的，只要男童符合"年龄与地位"的差异。（HS Ⅲ 49/35）然而，我们还可以发现一种法规的某些迹象：对于口交的禁令、禁止女性之间的性行为、禁止女性占据男性的角色，以及某些乱伦禁忌形式。这些禁忌与被贴着"肉体"或"性态"标签的事物有很大不同，此外，这一文本仍然具有第二卷中所分析的"有关性悦的道德经验的主要特征"（HS Ⅲ 50/36）。因此，这一解读起到了第二卷后记的作用。有一系列的文本标志着一个曲折而非一个中断，它们关注的是"道德思想借以界定主体与其性活动之间关系的方式"（HS Ⅲ 51/36）。

该卷的第二章"自我的文化"，也主要取材自1981年的课程。该章表明，在公元最初几个世纪，有"一种对性悦进行问题化的强烈倾向"。这可以在一系列斯多葛派和其他派别的思想家那里发现，基督教的作者们对他们多有借鉴，常常不加以注明。（HS Ⅲ 55-56/39）福柯认为这里有更广泛的社会政治原因，但它们并不重要。例如在恺撒·奥古斯都的时代，尽管存在一些限制，但它们是零散的，福柯这里引用的作家并不建议进行公共干预，而是主张个人的自我改变："不是收紧规定被禁止行为的法规，而是强化与自我的关系，借此将自己建构为自己行为的主体。"（HS Ⅲ 57-58/40-41）正是在这里，研究性态的计划与研究自我技术的计划最为紧密地联系起来，问世的《关心自我》（《性史》第三卷）也与原本设想的《关心自我》最为密切相关。但这一章只是为整个研究工作提供更宽泛的情境：充分地阐释应该另外展开，而1981年的《主体性与真相》课程，尤其是1982年在巴黎和佛蒙特所做的讲座，为我们提供了现存最好的替代作品。然而，福柯确实在这里花了很多时间演练这些关键的议题。他提到以生活艺术（*tekhnē tou biou*）为特征的更宽泛的生存艺术，其中关心自我占据主导地位。（HS Ⅲ 60-61/43）他的很多例子都取自《主体解释学》的课程，包括柏拉图的《申辩篇》以及简要提及的《阿尔基比亚德篇》；普鲁塔克有关斯巴达人的故事；伊壁鸠鲁学派、爱比克泰德、塞涅卡、穆索尼乌斯·鲁弗斯以及马可·奥勒留。

这一时期，即公元最初两个世纪和罗马帝国的开始时期，"可以看作一种曲线的顶点：自我文化的黄金时代"，虽然同之前一样，福柯警告说，这种表述仅适用于一个严格精选的社会群体。（HS Ⅲ 62-63/45）然而，这是一个关键点，这种关心自我的教导并不是像苏格拉底所提出的那样是针对年轻人的，塞涅卡与普鲁塔克是为男人们提供指导。（HS Ⅲ 64/49）另一个关键点是，关心（epimeleia）这个词不仅用于自身，也应用于他人——一个男人对于家庭的关心，统治者对其臣民的关心，医生对于病人的关心。在所有这些呵护之中，包括对自身的关心，"关心都意味着一种辛劳"（HS Ⅲ 70/50）。相应的医学变化也很重要（HS Ⅲ 75-81/54-58）；认识自我与关心自我之间的关系也是如此（HS Ⅲ 81-89/58-64）。关心自我渗透到一系列社会交往之中——不仅仅在正式的制度之中，也在"亲属、友谊与义务的习惯性关系之中"（HS Ⅲ 73-74/52-53）。在这些实践中并且在它们的传播中，福柯发现"快感道德"（la morale des plaisirs）的发展。这不是一种"禁令的强化"，而是转变成"个体把自己建构成道德主体的方式"（HS Ⅲ 93/67）。福柯打破了他习惯性的权力（pouvoir）用语，认为"性快感作为伦理实体，仍然并总是从属于力量秩序（de l'order de force）"，并且这种力量正是个体必须要与之斗争和抵抗的，在此他们必须"使自身服从于一种界定生存美学标准与伦理标准的生活艺术"（HS Ⅲ 93/67）。这些标准似乎越来越一般化或普遍化，而自我认知以及与真理的关系变得更加重要，但最终这种修行仍然是"个人对自身的主权"。福柯认为，（与性快感经验相联系的）①罪恶、法律以及"欲望的译解"还远未到来，但是，这些转变的开端已然可见。（HS Ⅲ 93-94/67-68）

这些议题在第三章继续进行，该部分简要地考察了福柯认为对自我文化产生影响的两种转变：婚姻和政治。婚姻和夫妻的重要性，以及新的政治角色，对此前章节和第二卷中所讨论的男性伦理提出了挑战。正如福柯所言，这一章，尤其是有关婚姻的一节，依赖于前人的研究（HS Ⅲ 97/71），特别是韦纳、瓦坦与萨拉·B. 波默罗伊（Sarah B. Pomeroy）的著作。②尽管婚姻已经在1981 年的课程中讨论过，但这部分的功能似乎将后面的章节置于一个更大的社会政治语境之中。婚姻之所以引人注意，是因为它的多重作用：是一种对家庭和城邦都很重要的制度，是通常用以组建家庭的手段，也是一种"共享的生存、个人的纽带"的基础。（HS Ⅲ 107/78）福柯认为，正是最后一个功能变得越来越重要，也成为男人"必须规范自己的行为"的一种手段，因为它涉及一种"培养、教育和指导的治理功能"，男人也借此"在夫妻关系中把自己建构成道德主体"。（HS Ⅲ 110-111/80）

就政治而言，福柯试图把这些变化置于城邦的式微与帝国的

---

① 译者添加。
② 萨拉·B. 波默罗伊：《女神、妓女、妻子和奴隶：古典时代的女人》（*Goddesses, Whores, Wives and Slaves：Women in Classical Antiquity*），London：Robert Hale and Co.，1975；前文提到过韦纳与瓦坦。

184　出现之中，同时他也认识到，一种围绕等级模式组织起来的"中央集权的帝国主义"尚不存在。他认为，后者实际上是公元3世纪的产物。相反，对初期帝国的更佳理解，是认为它是"一种复杂空间的组织……在这种空间中，权力中心是多样化的，而且有着许许多多的活动、紧张和冲突，它们沿着几个维度发展，经过各种交易获得平衡"（HS Ⅲ 114/82-83）。正如他稍后所提示的，在这一时期，"行使权力的人必须将自己置于一个复杂关系的领域中，并在其中占据一个转折点"（HS Ⅲ 122/88）。马可·奥勒留当然是一位关键证人：他提供了"一种有关政治权力经验的最清晰的表述，这种经验一方面采取一种与地位不同的职业形式，另一方面则需要仔细践行个人的美德"（HS Ⅲ 123-124/89）。和婚姻的转变一样，这里的要点是思考这些早期的模式，尤其是自我掌控（self-mastery），是如何被改变的：

> ［自我掌控］意味着个人对自身施展的优势、在家庭架构中施展的优势，与在竞争性社会领域中施展的优势之间的密切关联……因此，我们就处于这样一个世界中，其中这些关系不再以同样的方式发挥作用：在家庭中和对妻子施展优势的关系，必须用一些互惠和平等的形式来组成。至于人们借以表明与确保自己对他人优势的竞争游戏，它必须被整合进一个更广泛、更复杂的权力关系领域。因此，要使掌控自我的优势原则成为基本的伦理核心，heautocratism（自治主义）的一般形式就必须重构。（HS Ⅲ 130-131/94-95）

福柯接着提示，在自我与他人的关系中存在某种脱节。此前紧密联系在一起的"三种掌控（对自己、对家庭以及对他人）"并未消失，但都从根本上转变了，一切都源于一场危机，并不完全是主体的危机，而是"一场主体化的危机"（HS Ⅲ 131/95）。这一议题——这一章的标题是"自我与他人"——是未来研究的一个主题，其中一些研究是在巴黎最后两年度的课程中展开的（参见第 8 章）。但即便在那里，政治因素也未得到充分的展开，很少几页关于早期帝国权力结构的文字仅仅是令人好奇的残篇。我们不免去推测福柯对于权力去中心化的著名分析——首先出现在《求知意志》课程中对古希腊的分析中，后来改头换面应用于中央主权之外的现代规训的兴起——会如何来解释这段时期。他确实将此描述为"复杂的权力网络"（HS Ⅲ 127/92），但考虑到这是一个权力逐渐集中的时期，尽管这个过程是不完善的、多样的、在地理上也是不均衡的，对此就需要一种不同的研究思路。至少，这使得他更早之前的分析所具有的历史特定性变得更为清晰。

如果说第二卷的相应部分专注于食物和饮料以及身体行为，那么第三卷第四章有关"身体"的论述更感兴趣的是医学和总体环境。① 例如，这里有关于环境与时间的医学认知的有趣讨论。（HS Ⅲ 138–139/101–102）"对身体、健康、环境以及状况"的广泛关注是对性快感进行医学理解的架构。（HS Ⅲ 141/104）

185

---

① 但福柯确实指出，与这一时期有关饮食的大量作品相比，他这里的关注是有限的。

福柯这里较为详细地阅读了伽利安的作品，讨论了"性行为的生理学"（HS Ⅲ 145/106），以及它们与"癫痫和惊厥"以及淋病之间的关系（HS Ⅲ 149-150/109-110）。后来，他把分析范围扩大到其他人的作品，讨论了精子与精液，以及诸如淫荡行为与男子色情狂这样的情形。这一次，"超出了它们病理学的特定领域，性行为被置于……一种复杂病理学的十字路口"（HS Ⅲ 158/116）。尽管性行为不是"一种病态"，但它确实展现了"一个各种可能恶疾的永恒病灶"。（HS Ⅲ 191/142）考虑到所有这些关切，福柯认为，性行为不断被置于"一种极为谨慎的养生法"之中，但这并不应该涉及进行哪种行为以及与谁发生关系。相反，这涉及四个变量："有利于生育的时机，主体的年龄，有益的时刻（季节或一天里的时辰），个人的体质"（HS Ⅲ 167-168/124-125）。这不是限制，而"完全是对性悦的一种治理"，这个表述是用来描述生育后代的，但适用于这种整体的分析。（HS Ⅲ 172/127）尽管焦点是放在身体之上，但福柯表明了这类医生如何将这种分析与心灵联系在一起。（HS Ⅲ 179/133）他还指出，这里很少提及手淫的问题——完全不同于基督教的修道主义将开始关注的重点，因此它被普遍视为自然的与积极的。（HS Ⅲ 188-189/140）

在第五章里，福柯将自己的注意力转向婚姻与家庭的问题，提供更多的文本证据来讨论他在第三章第一节所提出的观点。他认为，如果说在古希腊婚姻已被更直接地置于城邦的事务中，甚至服从于它，那么如今（罗马帝国早期）婚姻本身就被更多地作为一个主体来审视。"总之，在婚姻中自处的艺术较少是由治理的技术来界定，而更多的是由个人关系的风格来定义"（HS Ⅲ 199/148）。从分析夫妻关系的角度就有了一种结果，"一种性垄断的学说，一种共享快感的美学"（HS Ⅲ 200/149）。性快感逐渐被限于婚姻之内，当然对妻子一直如此，但如今也适用于男人了，对此福柯称之为"性关系的'婚姻化'"（HS Ⅲ 222/166-167）。婚姻被视为"性结合（conjonction）和享用性悦的唯一合法架构"（HS Ⅲ 227/170）。通奸受到"法律上的制裁和道德上的谴责"，它既对女性的丈夫造成伤害，如今也对男人的妻子带来伤害。（HS Ⅲ 227-231/171-173）这里的大部分分析都是根据《主体性与真相》课程中所呈现的材料，尤其是对穆索尼乌斯·鲁弗斯和爱比克泰德这样的斯多葛派思想家的解读。但基于第二卷中提供的大量参考资料和细节，与古典希腊的对比更加清晰明了。福柯还特别指出，如果说在柏拉图、亚里士多德和伊索克拉底那里，对于将性关系保持在婚姻之中加以赞扬，那也是因为由此表现了自我掌控。如今这是更广泛的道德方案的一部分，有助于为后来的"婚姻关系和性实践的'司法化'"奠定基础。（如 HS Ⅲ 246/184）在这一论断中，也包括在其他地方，暗示了这是如何与之后的基督教分析联系起来的。（如 HS Ⅲ 241/180-181，245/183）

第六章关于男童也做了类似的论断。福柯在这里讨论了普鲁塔克的《性爱论》——在1981年的课程中也进行了分析——并将它与其他更早的文本加以关联，还暗示了未来的走向。他把这篇对话与一篇归到卢西安名下的对话——这仅仅在 1981 年的课程摘要中提及（SV 304）——以及蒂尔的马克西姆斯（Maximus of Tyre）的四篇演讲，一起做了解读。福柯认为，普鲁塔克与伪卢西安"证明了对男童之爱依然是正当的，也证明了它作为一种生存风格的鲜活主题日益式微"（HS Ⅲ 255/192）。然而，在对普鲁塔克的解读中，他表明了两种类型的爱，一种指向性悦，另一种指向灵魂；有两种爱的对象，女性与男童。（HS Ⅲ 279/210）但男童之爱被认为缺少 kharis，后者在 1981 年的讨论中被认为是恩宠或恩惠，在这里被表达成［依据达夫那俄（Daphnaeus）与萨福（Sappho）的观点］"一种女性心甘情愿给予男性的同意，一种只能到了适婚年龄出现的同意"（HS Ⅲ 274/206）。这方面的缺陷是很重要的，它意味着男童逐渐被排除出一种架构，在这种架构中，"爱是通过快感的互惠性而获得活力的"（HS Ⅲ 279/210）。实际上，男童之爱日益式微，被视为出于对婚姻内性关系的关注，福柯在此前的部分已经追溯了这一点。

187 （HS Ⅲ 247/185）在该章的最后一节，福柯对童贞主题在某些希腊浪漫文学或小说中的出现进行了简要的讨论，其中包括《凯雷阿斯和卡莉罗埃》（Chaerus and Callirhoe）以及《留基伯和克里托丰》（Leucippe and Clitophon）。童贞不只是婚姻之前的一种准备状态，而且是由男性以某种方式所选择的"一种选择，一种生活风格，一种高贵的生存形式"，以回报女人对这种状态更长久的期待。（HS Ⅲ 306/230）这种贞洁不仅在这种关系之外，也内在于它，直到"爱与童贞在婚姻中得以完成"（HS Ⅲ 307/231）。

这如何与早期教父尤其是约翰·卡西安的作品相联系，很大程度上仍然是悬而未决的。该卷的结论只是在这个方向上进行了一些初步的探讨。概括地说，福柯指出，禁欲正在成为帝国早期的一个主要议题。斋戒和童贞受到赞扬；婚姻之外的性关系不受欢迎；男童之爱逐渐被取消。这些在何种程度上影响了日后基督教的发展，他对此提出一系列追问；他还简要地讨论了天主教和新教中有关这一点的争论，并总结了异教伦理与基督教法规之间可能存在的关系。（HS Ⅲ 311-313/235-237）然而，福柯在这里没有沿着这些思路展开讨论，而是向后回溯，认为相关的主题甚至可以在公元前4世纪的古希腊思想中找到。（HS Ⅲ 314/237）尽管这样确实可以把这里的分析与第二卷的分析联系起来，但第三卷的收尾也因此而相当平淡。福柯只是指出，公元最初两世纪在道德、医学以及哲学文本中的性行为风格与古典时期和基督教都不相同。最后的结语提示说，某些议题需要进行讨论——"与自我关系的其他形式"；有限，堕落与邪恶；主体化/驯服，服从，法律与神的意志；"针对自身的一种工作意味着一种对灵魂的解读和一种对欲望的净化解释学，以及一种倾向于否弃自身的伦理实现方式"（HS Ⅲ 317/239-240）。这与该卷中提到的主题有很多相似之处，但却是源于"一种经过深度修改的伦理和另一种把自我建构成自己性行为的道德主体的方式"（HS Ⅲ 317/240）。鉴于第二卷、第三卷和第四卷本应该作为一个整体来阅读，因此，这种比较在分析的过程中是被切分的。关于古代的研究成果，无论是像福柯在20世纪80年代早期所说的那样，是一本论述基督教的著作的导论，还是他在 1983 年 3 月构想的单独一大卷，抑或是 1984 年实际出版的两卷（指《性史》第二、三卷），他始终打算在这项工作之后进行对肉体、色欲和坦白的讨论。从这两卷中可以清楚地看出：福柯是多么的谨慎而不敢妄言；他的观点是如何以文献为依据的；他是如何不断拒绝与当下建立明确的联系；以及他是如何在很大程度上把自己的声音隐藏在古代文本之后的。正如前文所述，福柯明确提到他借鉴了同时代人的近期学术研究。从很多方面看，这两卷是他最循规蹈矩的作品。① 所有这些暗示着，第四卷将会继续沿袭这一理路。

188

一种令人关注的可能性是，这项对基督教的研究如何有助于弥合福柯 20 世纪 70 年代中期的作品和《性史》最后两卷之间的明显差距。本研究的分析试图强调他所关注问题的连续性以及焦点变化是如何与研究进展和后续问题相关联的，如上文所述，随着《性史》系列的重新安排，第一卷的分析应该接续第四卷的分析。1983 年在伯克利的一次讨论中，福柯有一个评论很明确地提到这种联系。

　　　某些时候，关心自我的技术与规训技术之间存在着联系。
　　例如，在修道院中……在中世纪的修院机构中，尤其是本笃

---

① 关于它们在当代的接受，参见卢卡·帕尔特里涅里（Luca Paltrinieri）编：《米歇尔·福柯的〈快感的享用〉和〈关心自我〉：关于批评，1976-1979》（*L'Usage des plaisirs et Le Souci de soi de Michel Foucault：Regards Critiques 1976-1979*），Caen：Presses Universitaires de Caen/IMEC，2014。

修院，你会发现这种关心自我与规训之间非常有趣的联系。
我们知道，本笃修院机构直接脱胎于罗马教会，脱胎于罗马
军队。它也是一种组织，修道制度采取罗马军团的模式，有
十人队，队长，等等。它们既试图采用这种规训模式也采用
这种自我技术……灵性神学与军队没有什么关系……你也
可以在 19 世纪看到，在一些……甚或在，让我以 17 世纪
与 18 世纪的耶稣会教育机构为例——你也会看到这种关心
自我与这些规训技术之间一种非常有趣的关系，一种联系。
一些大的学院，这里说的是法语意义上的"学院"，在 18
世纪是为男童开设的公共机构，考察二者之间的关系是非常
有趣的。[①]

　　德菲尔回忆，在 1984 年 4 月，即生病与住院之间这段时期，
福柯重读了卡夫卡的《日记》（*Journal*）并"重新对《肉体的坦白》
手稿进行修改"（C 64/81）。除了可能是作为导论的一个残篇
外（见第 5 章），我们从这部手稿中看到的关键文本仍然是发表
于 1982 年的《为贞洁而战》，对约翰·卡西安进行的讨论。这
个文本展开了 1980 年的讲座中的主题。与已出版的第二卷和第
三卷的许多篇章一样，它是对一些文本的直白解读，是对它们观
点的耐心建构与阐明。贞洁成为一种应该追求的目标，因为通奸
"在本源上是天生的、自然的、肉体性的，需要像贪婪与骄傲之

---

① 1983 年 4 月 19 日《自我的文化：与历史系的讨论》（"The Culture of the Self"），
BANC CD 842；QC 144。

189　类的灵魂的罪恶一样被完全清除"，并且如果足够地克制，"就可让我们生活在身体里同时从肉体中释放出来"："你要远离这肉体，而要生活在身体中。"①（DE#312 Ⅳ，298；EW Ⅰ，188）这一表述是很重要的，因为它让我们洞见福柯在 1976 年所宣称的第二卷的最初标题《肉体与身体》的意涵。福柯认为，卡西安之所以重要，是因为他的分析超出了中世纪"罪行条目"或其"罪行大法典"的范畴。（DE#312 Ⅳ，296，300；EW Ⅰ，185，189）这一文本与预期的那一卷之间有何不同，我们尚不得而知。我们确切知道的是，在《性史》第二卷和第三卷中发表的文本《快感的享用与自我的技术》以及《梦见他的种种快感》只是在最终形式上稍作了改动，但《为贞洁而战》可以追溯到1983 年底针对该历史计划所做的新安排之前的几年。

德菲尔回忆说，直到 1984 年 5 月，福柯还在旺德夫尔（福柯出生地）撰写关于基督教一卷的书稿。他认为对福柯而言，"在旺德夫尔……在他所钟爱的那栋房子（福柯母亲故居）完成他的著作，是一种仪式"。

在他生命的最后几个月，他取回《肉体的坦白》的打字稿。他希望能完成它。他知道自己来日无多……所以他在最后几个月开始修改《肉体的坦白》。我一直无法去读那些手稿，太令人触景生情了。他开始重写书稿，因为打字稿

---

① 引自卡西安：《修道制度》（*Institutiones*），Book Ⅵ，6；*The Institutes*，trans. Boniface Ramsey，New York：The Newman Press，2000，p.155.

不够完善。他的侄子（亨利－保罗·福尔肖德）花了更多时间在打字稿上，据他说，福柯拿走打字稿并在上面改写。它的进展比我想象得更快。①

福柯5月29日接受了一次访谈，这通常被认为是他的最后一次访谈。在此次访谈中，福柯表明他自己仍然在工作："我正在重读我为这部道德史所写的涉及基督教开端的手稿。"（DE#354 Ⅳ，697；PPC 242）② 这次，他告诉人们他只有一两个月的工作要做了，期望在10月能够出版。③ 这卷有关基督教的著作，从20世纪70年代中期所计划的第二卷，到80年代初期所计划的第三卷，再到1983—1984年即将出版的第四卷，是不断延迟的过程：无论在三次计划中处于什么位置，这是福柯从未出版的一卷。德菲尔回想起，在福柯去世不久，他与家人认为手稿放在福柯的公寓中很不安全，因为有太多的人有公寓的钥匙，因此他把它们锁进一家银行的保管柜中，而不是伽利玛出版社的保险箱中。④ 因为福柯留下去世后不得出版的遗嘱，这部

190

---

① 2015年4月12日与德菲尔的访谈；参见丹尼尔·德菲尔：《我相信时间……》（"Je crois au temps..."），*Review Recto/Verso*，1，2007：4–5。

② 詹姆斯·米勒：《福柯的生死爱欲》（*The Passion of Michel Foucault*），p.465–466 n.53，表明该访谈是在福柯的床边进行的。福柯把它留给德菲尔来改正最后的版本。

③ 迪迪埃·埃里蓬：《米歇尔·福柯传》（*Michel Foucault*），pp.521/319–320。

④ 2015年4月12日与德菲尔的访谈；参见皮埃尔·诺拉：《他极需要被爱》（"Il avait un besoin formidable d'être aimé"），*L'Evénement de jeudi*（《星期四事件》），18–24 September 1986，p.83。有关福柯公寓使用的讨论，参见马蒂厄·林东（Mathieu Lindon）：《爱意味着什么》（*Ce qu'aimer veut dire*），Paris：POL，2011。

手稿和其他材料放在那里将近三十年了。它如今被卖给法国国家图书馆，但研究者们仍然无法接触到。尽管《肉体的坦白》最终很可能出版，但它目前对福柯研究者而言依然类似于一只圣杯。

8
面对权力讲真话

　　尽管《性史》仍然未有完成，但在去世之前，福柯却已在思考其他话题了。他显然并未完全放弃撰写一本有关自我实践的著作的想法，尽管他把原计划的书名用在了别处。在 1984 年 1 月的一次访谈中，福柯谈论了日后可能推进的研究，将围绕现代政治理论中关心自我与政治之间关系这样的当代问题展开。（DE#356 Ⅳ，722；EW Ⅰ，294）有关"关心自我"的素材有一些将可能纳入德菲尔和埃瓦尔德所称作的"一系列关于治理术的更一般的研究之中……即计划在瑟耶出版社出版的名为《治理自我与治理他者》的著作"①。这一标题为福柯在法兰西学院最后两年度的课程所用，第二次课程的副标题是《说真话的勇气》。此外，在 1983 年，福柯告诉德雷福斯与拉比诺，他有"不止一个关于 16 世纪性伦理学的著作草稿，其中自我技术、自我检查、关照灵魂的问题，也是非常重要的，无论是在新教还是在天主教

---

① DE#329 Ⅳ，415。英文译本（EW Ⅰ，207）省略了这个编辑注释。关于这种联系，还可参见 GSO 348/377。

中，均是如此"（EW I，255；DE#326 IV，383）^①。在最初的录音稿中，福柯被问到这是否是下一步的计划，而不是去考察中世纪。他的回答是，中世纪有"非常严格的和正式的法律"，因此，自我技术并不是如此重要。然而，在公开出版的版本的一段话中，福柯也提到，自己有"许多关于这些自我技术的资料"与中世纪相关，他认为，中世纪在关于食物与性的规制之间存在一种平衡。^② 在很多年间不断追溯之后，看上去福柯仍然认为自己能够返回他所关心的基督教起源时期。^③ 也或许是，他可能返回到了更早之前关注的问题。他明显没有放弃对这些话题的兴趣，例如在 1982 年的一次访谈中，他讨论了手淫与歇斯底里症。（EW I，126-127；DE#336 IV，530-531）

192

　　然而，除了两个年度的巴黎课程、一次在格勒诺布尔的演讲以及在伯克利利用同样素材所做的一次更短的课程讲座外，上述这些资料尚难以获得。因此，本书最后一章讨论这些讲座和同一时期的访谈。

---

① 1983 年 4 月 15 日与德雷福斯及拉比诺的对谈，IMEC D250（3），第 10 页。对这一时期的详细讨论，参见皮埃尔·佩耶：《性与悔罪者：性法规的发展（550-1150）》（Sex and the Penitentials：The Development of a Sexual Code 550-1150），Toronto：University of Toronto Press，1984。

② 1983 年 4 月 15 日与德雷福斯及拉比诺的对谈，参见 IMEC D250（3），第 3 页。这段话摘自：EW I 253；DE#326 IV，384。

③ 杰瑞·韦克菲尔德回忆了 1983 年末在伯克利伯特霍尔法学院图书馆与福柯一起考察中世纪的悔罪文本（私人通信，2015 年 6 月 5 日）。

密札

在转到最后年度有关直言（parrēsia）的讲座课程之前，有
必要考察一下福柯 1982 年与历史学家阿莱特·法尔热合作的《家
庭的失序》一书。这或许是福柯参与时间最长的项目，最早可以
追溯到他 20 世纪 50 年代末和 60 年代初的《疯狂史》。这本合
著的主题关注的是密札，即王印文书。这些密札可以具有各种各
样的用途，但最初吸引福柯注意的是，它们可能带来牢狱之灾，
通常是囚在巴士底狱。[①] 正如他在 1973 年所给予的解释：

> 密札不是一项法律或法令，而是一道来自国王的针对个
> 人人身的命令，强迫他去做某些事情。甚至可以通过密札来
> 强迫某人结婚。然而，在大多数情形下，它是一种惩罚工具。
> 人们可以通过一封密札来流放某人，剥夺他的某些职责，
> 监禁他。它是绝对王权的一个重要工具……（DE#139 Ⅱ，
> 601；EW Ⅲ，65）

20 世纪 60 年代中期，福柯就名为《巴士底狱的囚徒》（Les
Embastilliés）的著作与伽利玛出版社签署了一项合同，准备纳入

---

① 在福柯与法尔热合作之前，规范性研究是弗兰茨·丰克－布伦塔诺（Frantz
Funck-Brentano）：《密札研究》（Les lettres de cachet），Paris：Librarie Hachette，
1926。

皮埃尔·诺拉筹划的《档案》系列，但它从未面世；在 1973 年
4 月，他在阿森纳图书馆就该课题做了进一步的研究，80 年代早
期又对巴士底狱的档案进行了查阅。[①] 福柯在他的讲座中经常提
及这些密札，并试图在为《性史》第一卷所写的导论中使用密札
的内容，但没有成功。（C 49/61）这项研究最终促成了《家庭
的失序》一书。造成这一漫长过程的部分原因，在于福柯利用了
研究助理提供的帮助。在 70 年代中期，他的研究助理是克里斯
蒂安·马丁（Christiane Martin）（A 34/37），但后者在完成这
项工作之前去世了。[②] 最终，这项工作是由伊莱恩·阿罗（Eliane
Allo）完成的。[③] 在 70 年代末，这一项目注入了新的活力，项目
名称为"声名狼藉者的生活"（参见第 3 章），但最有意义的是
福柯遇到了法尔热的作品。福柯在《规训与惩罚》中引用了她的
作品[④]，她在 1978 年还参与了《不可能的监狱》（*L'impossible
prison*）的讨论。在她有关巴黎街头生活的著作中，她对福柯作

193

---

① C 43/53；皮埃尔·诺拉：《他极需要被爱》（"Il avait un besoin formidable d'être
aimé"），*L'Evénement de jeudi*（《星期四事件》），18–24 September 1986，p.82；
戴维·梅西：《福柯》（*Michel Foucault*），pp.135–137；迪迪埃·埃里蓬：《米
歇尔·福柯传》（*Michel Foucault*），p.442/277。参见戴维·梅西：《福柯的生活》
（*The Lives of Michel Foucault*），p.453，其中被计划的书用的是不同的标题。

② 见 A 49 n.6/53 n.6。

③ DF 8；迪迪埃·埃里蓬：《米歇尔·福柯传》（*Michel Foucault*），p.258。
尽管摘自 2011 年的第三版，但这些可以在《米歇尔·福柯传》1991 年的版本中
找到（*Michel Foucault*），Paris：Flammarion，1991，p.273。

④ 阿莱特·法尔热（Arlette Farge）：《违法与犯罪：18 世纪巴黎的食品盗窃》
（*Delinquance et criminalité：Le vol d'aliments a Paris au XVIIIe siècle*），Paris，
Plon，1974，引自 DP 91 n. 4/311 n. 2，92 n. 3/77。

品所产生的影响表达了敬意。[1]1980 年，法尔热收到福柯邮给她的一个摘抄本包裹，还有一张询问她建议的便条。在被她说服需要给这些摘抄资料做一个评注本之后，福柯便邀请她合作完成这个项目。[2]

这些密札是"主权直接意志的表达，无须大臣的副署"[3]。关于"旧制度"时期的密札存在着争论，因为它们被视为无责任权力的行使。是《人权宣言》终结了这一切：它规定正当的法律程序是剥夺个人自由的唯一方式。[4]然而，福柯与法尔热并不只是以这种方式理解这些密札。你能够想象如何分析那种砍掉国王的手的想法。但他们在自己的研究中认识到，即便这些密札是由国王封印的，但许多请求并不出自他。

　　在特定情形下，他这样做是为了王国的事务；但这些密

---

① 阿莱特·法尔热：《18 世纪巴黎的街头生活》（*Vivre dans la rue à Paris au XVIIIe siècle*），Paris：Julliard/Gallimard，1979，p.10。参见德菲尔与爱华尔德的注释，DE#198 III，237。

② 阿莱特·法尔热：《与福柯的合作》（"Travailler avec Michel Foucault"），*Le Débat*，41，1986：164–167；参见戴维·梅西：《福柯的生活》（*The Lives of Michel Foucault*），pp.453–454；《福柯》（*Michel Foucault*），pp.136–137。也参见凯斯·甘达尔、保罗·西蒙斯（Paul Simmons）：《脆弱的生活：阿莱特·法尔热访谈录》（"La vie fragile：An Interview with Arlette Farge"），*History of the Present*（《当下的历史》），2，1986：23–24。

③ 弗兰茨·丰克-布伦塔诺：《密札研究》（*Les lettres de cachet*），p.49。

④ 阿莱特·法尔热：《家庭：荣誉与秘密》（"Familles：L'honneur et le secret"），载于菲利普·阿利埃斯、乔治·杜比编：《私人生活史（第 3 卷）：从文艺复兴到启蒙运动》（*Histoire de la vie privée Tome 3：De la Renaissance aux Lumières*），Paris：Seuil，1986，p.610。

札中的大多数——王权发出了数以万计的密札——实际上是由形形色色的人所请求的：被妻子惹怒的丈夫，对子女不满的父亲，想要甩掉某个人的家庭，受到某些人骚扰的宗教团体，对本堂神甫不满的教区。因此，密札本身——就它作为王权专制的恐怖工具而言——是作为一种"反权力"出现的，这是来自下面的这种权力，让团体、社区、家庭或个体能够对某人行使权力。它们是一种控制的工具，这种控制在某种意义上是自发的，一种由社会与社区由下而上施加给自身的控制。因此，密札是管控社会生活日常道德的一种方式，是一个群体或某些群体——家庭的、宗教的、教区的、区域的以及本地的——为它们自身提供治安控制并保证它们自身秩序的方式。（DE#139 Ⅱ，601；EW Ⅲ，65–66）

福柯与法尔热在书中分析的正是这种较为日常的用法，"与其说是君主的暴怒，不如说是普通人的激情"（DF 10）[1]。正如法尔热所描述的，这些密札是"首都的一种卫生机制"。[2] 重要的是，这些密札避开了公共审判或公共程序，因此有助于保守家庭的秘密。他们把自己的评论和密札摘录编织在一起。该书分

---

[1] 这是早就知道的。丰克-布伦塔诺的《密札研究》（*Les lettres de cachet*）（p.249）认为，它们不是"王权手中的压制手段，他对它们的用途施加了限制"。相反，它们只是一种"出自人民感受的自然爆发"。

[2] 阿莱特·法尔热：《家庭：荣誉与秘密》（"Familles：L'honneur et le secret"），载于菲利普·阿利埃斯、乔治·杜比编：《私人生活史（第3卷）：从文艺复兴到启蒙运动》（*Histoire de la vie privée Tome 3：De la Renaissance aux Lumières*），Paris：Seuil，1986，pp.581-619，p.601。

为四个部分：一个简要的导论；关于婚姻不合的部分；关于子女与父母的部分；结尾是对于国王的讨论。在两个主要部分中，一部分是关于婚姻的，主要是法尔热完成的；另一部分是关于儿童的，主要由福柯完成。[1]福柯收集的资料有些并没有收入该卷中，而是被法尔热用到她几年后出版的多卷本《私人生活史》(*Histoire de la vie privée*)中。[2]福柯与法尔热明确主张打破两种学科之间的界限："历史专注于'档案的去粗取精'，哲学专注于'观念的建构'，这样的理解在我们看来是无意义的。我们没有那样做。"（DF 9）在1982年有关该著作的一次访谈中，法尔热解释道："当然不放弃对档案的精细分析，但这项工作关注的是把它们融入一个理论整体之中"；福柯补充说，这一直是一个"思想史"的项目。（DE#322 Ⅳ，351）

　　该项工作旨在提供一种方式来理解"一种权力机制的具体运作"，不是"一种匿名的、压制的和神秘的'权力'，而是多个伙伴之间关系的一种复杂结构"。（DF 347）它是家庭制度和"宏大行政机器"之间的关系。（DF 347）福柯在1984年回顾这个项目时指出，该项工作让他们看到"国家与私人生活如何互相干扰、碰撞，同时又相互嵌入"（DE#348 Ⅳ，653）。同样，尽管其历史焦点有千百年之差，但主题与他最后讲座课程中的主题并没有什么不同。这是福柯最不为人知的作品之一，但考虑到从着

① 阿莱特·法尔热：《与福柯的合作》（"Travailler avec Michel Foucault"），*Le Débat*，41，1986：165；参见戴维·梅西：《福柯的生活》(*The Lives of Michel Foucault*)，p.455。

② 阿莱特·法尔热：《与福柯的合作》（"Travailler avec Michel Foucault"）。

手写作到完成这一议题之间的年头，这个话题很明显也是他的主要兴趣。

对自我与他人的治理

　　1982 年在格勒诺布尔有关直言（*parrēsia*）的讲座上，福柯以对基督教的讨论开始，然后比较了这一术语在基督教思想和古代思想中的用法。关于古代的讨论始于对欧里庇得斯、柏拉图的《法律篇》和《高尔吉亚篇》、昆体良有关修辞的作品以及伊索格拉底的讨论，然后转向精神导引的问题，亦即福柯所说的"话语的语用学"（pragmatics of discourse），他通过阿里安（Arrian）、塞涅卡、爱比克泰德、普鲁塔克以及伽利安等人的作品进行了阐释。① 所用材料对福柯当代的读者而言不是特别新颖，但它们很少出现在此时的法兰西学院讲座课程之中。该讲座的主要内容在 1983 年的课程《治理自我和治理他者》中得到详尽的阐述。

　　福柯以方法论的反思来开始这次课程，然后转向对康德《何谓启蒙？》论文的解读。尽管他在 1978 年的一篇为乔治·康吉兰的著作写的导读（DE#29 Ⅲ，431–433）中就讨论了康德的文章，并在 1979 年的书评中再次做了简要的讨论（DE#266 Ⅲ，783；EW Ⅲ，443），但此处的分析将为多个同题版本提供基础：其中 1984 年发表的一篇是 1983 年度讲座课程的节选（DE#351 Ⅳ，

---

① 《论直言》（"La Parrêsia" / "Parresia"）。

679–688），有一篇论文对议题做了深入探讨（DE#339 Ⅳ
562–578；EW Ⅰ 303–319），以及还有一些在其他各种场合的
讨论。在1983—1984年度课程的分析中出现的最重要主题，是
与当下现实性（actualite/present reality）有关的问题："何为现
实性？这种现实性意味着什么？以及当我在说这个现实性时我在
做什么？"这些问题为福柯所宣称的一项未来的计划奠定了基
础："一种谱系学，它更多不是现代性观念的谱系学，而是现代
性作为一个问题的谱系学。"（GSO 15/14）对福柯而言，康德
为哲学找到了两个平行的方向。其中一个是批判的规划，它"界
定一种可能真知的条件……一种对真相/真理的分析"。另一个
是这种对于当下的探究，"可能经验的现实场域"。正是这一点，
被理解为"一种当下的本体论，一种现实性的本体论，一种现代
性的本体论，一种关于我们自身的本体论"，福柯对此追溯了从
"黑格尔经由尼采、马克斯·韦伯等到法兰克福学派"的历史系
列，他想把自己看成其中的一员。（GSO 22/20–21）①

　　在解读了康德那篇文章后，福柯介绍了他的这部作品怎样取
代了他此前的某些分析。他表示，他的研究已经从知识转向真
言化，从权力转向治理术，从主体理论转向自我技术。（GSO
41–42）治理术仍然是非常重要的术语。正如他在去世前的一次
访谈中所说："治理术意味着自我对自身的关系，我用'治理

---

①　更长的讨论，参见我的《标绘当下：海德格尔、福柯与一项空间史计划》
（*Mapping the Present：Heidegger，Foucault and the Project of a Spatial History*），
pp.113–114。

术'这个概念是为了涵盖一系列实践，它们建构、定义、组织和利用个体在相互交往时自由使用的各种策略。"（DE#356 Ⅳ，728；EW Ⅰ，300）但转向他人取决于与他人的关系："不应当把关心他人置于对关心自我之前，关心自我在伦理上是第一位的，因为与自我的关系在本体论上是第一位的"，至少对希腊人来说是如此。（DE#356 Ⅳ，715；EW Ⅰ，287）正如他在同一访谈中较前部分所言："何谓伦理，如果不是指自由的实践，有意识的自由实践，那又会是什么呢？……自由是伦理的本体论条件。但伦理是自由所采取的深思熟虑的形式。"（DE#356 Ⅳ，711–712；EW Ⅰ，284）尽管这种本体论的探究至关重要，但它是历史性的，而非根本性的。福柯的作品是对思想史的贡献，这"不仅意味着观念的历史或表征的历史，也意味着试图回答这样的问题：一种知识如何被建构的？就其与真相的关系而言，思想如何具有一种历史？"（DE#350 Ⅳ，668；PPC 256）

尽管 1983 年 3 月《快感的享用》书稿完成之时也是课程结束之时，但《治理自我与治理他者》与《性史》在内容和问题上都毫无关系。但也存在历史上的相似之处，因为焦点是放在古代的直言上，并且他在稍早的一次课上简单介绍了有关该观念的古希腊时期的文本，它在希腊化时期的发展以及最终在基督教灵性神学中的运用。（GSO 46/46）在此意义上，从所涉及的三个宽泛时期以及一些相同作者的角度来看，这里被构想的是一种与性态研究相似的计划。

直言（*parrēsia*）的意思是自由言说（free-speech）或自由讲

话（free-spokenness，*franc-parler*）。它并不是所有人都拥有的美德或品格；是某种情景下要求的一种责任；也是一种可以获得与完善的技术。它对那些指导他人的人而言尤其重要。（GSO 42-43/43）讲真话本身是有风险的；以这种方式讲话的人会面临一些后果。（GSO 56/56）福柯还把它描述为"一种特定的讲话方式……一种讲真话的方式……正是因为讲真话这一行为让人面临风险"（GSO 63-64/66）。它还有其他两个重要的要素：它"是一种开启与讲真话相联系的风险的方式，是通过把个人建构成自己讲话时的自己的同伴，通过把自己系于陈述真相的行为，把自己系于真相的表述"；它"也是一种在真相表述中把自身系于自身的方式，自由地与自身绑定，同时采取一种有勇气的行为方式……通过自由的勇气个人在讲真话的行为中与自身绑定"。总的来说，*parrēsia* 是关于说真话这种冒险而自由的行为的伦理。（GSO 63-64/66）因此，它不只是一种自由言说，也是真相的言说，是真言，那些使用它的人是"讲实话的人"（GSO 64/66）。福柯接着探讨的一个重要议题，是自由与真相之间的关系：不是真相如何限制了自由，而是"说真话的义务同时也是自由的运用，这种自由的运用是有危险的"（GSO 64/67）。因此，该课程的目标是"研究我们可以称作政治话语的东西的历史、谱系学等等，一种治理术的话语史，它将把这种真实话语的戏剧作为主线，也将会尝试发现一些真实话语的戏剧的重要形式"（GSO 66-67/69）。该分析要点是一种处理"治理自我与治理他人"问题的特定方式。（GSO 71/75）

197

在该课程中，福柯讨论的作者范围非常广泛，他对这一历史时期也越来越游刃有余。这些作者包括柏拉图、普鲁塔克、伽利安、波利比乌斯、修昔底德、伊索克拉底、卢西安，也涉及16世纪探讨国家理性的那些人物。（GSO 67/70）该课程很大一部分致力于探讨欧里庇得斯的著作，尤其是《伊翁》（*Ion*），也包括《腓尼基的女人们》（*The Phoenician Women*）、《希波吕托斯》（*Hippolytus*）以及《酒神的女祭司》（*The Bacchae*）。福柯把这些作品与他熟悉的索福克勒斯（Sophocles）的《俄狄浦斯》的例子联系起来，这部剧涉及"真相讲述，是揭示真相的剧本，是讲述真相的戏剧，或者如果你愿意，可称之为 *alēthourgia*（显现真相）的戏剧"（GSO 78/83）。在读解接近尾声处，福柯在他的分析中利用了乔治·杜梅齐尔（Georges Dumézil）的作品。（GSO 113-136/122-125）[1] 这里我们不可能充分地分析福柯对《伊翁》的讨论，但有一个关键点很重要。直言不只是意味着成为一位公民，也不仅仅是对于权力的运用：

> 它是一种在城邦的框架内行使权力的言说，但当然是在非专横的条件下，这也就是说，在希腊，尤其雅典的政治生活所特有的辩论竞争中，给予其他言说以自由，给予那些也希望跻身前列的人和能够处于前列的人以自由。因此，它是一种自上而下的言说，但它给予了其他言说以自由，给

---

① 乔治·杜梅齐尔：《阿波罗号及其他短论：25幅神话素描》（*Apollon sonore et autres essais：Vingt-cinq esquisses de mythologie*），Paris：Gallimard，1982。

那些遵从之人以自由，或者至少在他们如果能够被劝服就会遵从的情况下，给予他们自由。（GSO 98/104）

福柯后来谈到了其他形式的政治言说的关系："让人能够治理自身的理性话语和谴责强者不公的弱者话语"。（GSO 126/135）福柯认为，在罗马帝国这一点变得尤其重要，因为此时话语遍及全罗马而非仅仅个别城邦。这两种形式的话语互相强化，因为统治者虽然在很大程度上可以依赖逻各斯（*logos*），但也需要弱者提供向导的声音，弱者"如果有必要就应该冒险转向他并告诉他他有什么不公之处"（GSO 127/136）。

在《伊翁》（602–603）中，直言与 *polei kai logo khrēsthai* 有关。福柯对此做了解释："*polei khrēsthai* 意味着照看城邦，处理其事务。*logo khrēsthai* 意思是利用话语，但这种话语是属于理性的话语、真相的话语。"（GSO 144/157）然后，依据波利比乌斯的用法，福柯展示了直言如何与政制（*politeia*）产生了关联；如何与 *isēgoria*，即"言说的权利，法定的言说权利"关联（GSO 145/157）；以及如何与权能（*dunasteia*）关联，该术语如今转变成表示寡头政治（*oligarchy*），但在当时它"指的是权力的实施，或者是权力借以在民主政治中实际实施的游戏……是形成、运用、限制以及确保某些公民对他人施加的支配权力"（GSO 146/158）。[①] 福柯认为，虽然政制与权能的问题是不同的，但他

198

———————————

① 正如格罗指出的（GSO 155–156 n.6/169 n.6），这让人想起 1972 年建议的"知识朝代"的计划（DE#119 II，406）。

关注的是政治性（the political，*le politique*）与政治（politics，*la politique*）之间所形成的转变。直言"是政制与权能之间，亦即一方面法律与政体问题与另一方面政治游戏问题之间的枢纽"（GSO 147/159）。在该课程的中点，福柯试图对直言的关系做一图解。他讨论了一个"矩形结构"。这个矩形有四个角——政体、政治游戏、真相与勇气。第一个关注的是民主，并保证平等与自由，是形式条件。第二个是支配地位或优势，是事实条件。第三个是讲述真相，"需要一种理性的逻各斯"，是真相条件。最后是斗争中的勇气，是道德条件。"这个矩形……建构了直言"（GSO 157-158/173-174）。

福柯不断地把直言这个主题返回到政治的关切上，或者说返回到言说与城邦（*polis*）的关联上。这体现在多个方面。通过对普鲁塔克的读解，福柯认为这可能是必不可少的、充满危险的，同时也可能是无能为力的冒险；它可以在民主制和专制体制中发挥作用；这不仅是一种公开行为，也可能是一种与个体、与他们的心灵——与君主的心灵——对话的方式；以及哲人在这种实践中扮演的突出角色。（GSO 177-178/193-194）第三个方面尤其有趣，因为这关系到更大的治理灵魂问题，即政治教育的问题。（GSO 180/196；282/306）福柯不断增加例子，其中就有对柏拉图的长篇讨论，既包括返回到《阿尔基比亚德篇》的几个对话，也包括讨论柏拉图的书信——尤其是在与狄俄尼修斯（Dionysius）有关的第七封信。他特别感兴趣的是哲学与权力之间的关系（GSO 272/294），指出大约600年之后的马可·奥勒留是"哲人君主，哲人皇帝……他在超越城邦单位之外的政治单元中行使权力"
（GSO 273/295-296）。

　　福柯在第三讲中说明该年度的课程将会"有点不连贯"，
这种表态看上去是合适的。（GSO 42/42）这里有很多吸引人
的材料，但很难看出有一个整体的计划。正如课程编辑弗雷德
里克·格罗所指出的，"在1983年，人们比前几年更能感觉
到福柯在权衡着自己工作的进展：他有时反复试探或停顿不前，
有时则做出概述并尝试综合。常常给人们的一个强烈印象是他在
酝酿一个研究思路，而且语气也从不武断"①。这次课程没有课
程概要，让我们无可参考，因为借助于数个月的后见之明，这
些课程概要往往表明福柯认为他已经完成或希望展开的工作，
尽管他对已讲的内容做过几次小结。（GSO 275-277/299-301；
312-314/340-342）福柯也说明了在课程讲座中进行文本分析的
难处，指出当听众从未读过文本时那样做是多么困难。（GSO
192 n.*/209 n.*）他后来试图提供一些材料的影印本，但由于听
众人数过多，复本数量给后勤方面的工作带来大量挑战，在最后
一次课上，他颠倒了两讲的顺序，结论先于一个后来的文本分析，
因为复本没有准备好。在提及雅克·德里达与卡尔·波普时一带
而过，有些随意和隐晦。（GSO 234-235/253-254）②在最后一
讲的第二节课，福柯做了一些暗示，表明这一分析如何与他长期
感兴趣的坦白/告解议题相关联，后者有着上千年的历史，其中，

① 参见GSO 356/384。
② 参见GSO 355/383。

"心灵的真正转变必须在司法舞台上通过一种坦白修辞来实现，在那里讲述有关自身的真相和受到他人的惩罚将带来从不公正到公正的转变"。然而，他立刻又提醒说，不能把基督教告解或刑法实践作为阅读古代文本的棱镜：我们不能"容许我们的视域被两个时代错误的图式所遮蔽"（GSO 332/361）。这是一个重要的提醒：福柯所研究的历史是当下的历史；但当下——或者说较晚近的过去——并不必然有助于我们去理解历史。这是在《规训与惩罚》导论中提出的一个观点。（DP 39-40/30-31）我们需要尽其可能地根据文本和语境，按其本意来考察那些论点。这一立场与课程开始时对康德的解读之间存在某些张力，其中现代哲学被理解为一种对当下的参与，而不是一种对过去的反思。

尽管课程确实与其关注的治理相关，但课程的标题在某种程度上是有误导性的，对于直言的关注才是主要目标。然而，与1982年格勒诺布尔的讲座和1984年巴黎的课程不同，这里专指政治上的直言。[①]甚至有些时候，讲稿把非常详细的文本分析置于福柯并不准备讲授的更大的计划中。例如，在一次课程结束时，福柯提到了"政治领域中讲真话的历史或谱系学"（GSO 236 n.*/255 n.*）。稍后，在课程行将结束时，他确实开始更为明确地认为我们需要对"真相话语的本体论或本体论体系"进行一种历史性的分析，而不只是进行形式上的分析。这种分析将会在三个论域中发挥作用：质询针对这种特定话语的存在方式；被这种

200

---

① 参见 GSO 351-352/380。

话语"赋予它所谈论的现实"的存在方式；以及被它施加给"使用它的主体"的存在方式。福柯在一个极为浓缩的段落中指出了这一意涵的多重性，遗憾的是并没有展开阐释。福柯认为，每一种话语都被理解成实践，尤其如果它是一种真相的话语，便更是如此；所有的真相都被理解成与真言化有关；每一种本体论"都是作为一种虚构来分析"，"思想史必定总是许多独特发明的历史"（GSO 285-286/309-310）。这些评论有助于理解福柯有关历史本体论的观念，但某种程度上仍然不够充分。①

同年晚些时候，福柯将这门课程的主要议题提炼成几次演讲，作为 10 月 10 日至 11 月 30 日在加州大学伯克利分校的"话语与真理"研讨课的部分内容。这些演讲首先作为一个小册子发表，副标题是"ΠΑΡΡΗΣΙΑ（直言）的问题化"（"The problematization of ΠΑΡΡΗΣΙΑ"），后来作为未经他授权的著作《无惧言说》（Fearless Speech）出版。② 尽管这曾经是关于福柯最后主要议题的思想的一个宝贵资源，但它如今很大程度上被最后两次巴黎课程的出版所代替。它的前半部分是 1983 年

---

① 在一篇大约 1983 年的未标日期的草稿中，福柯使用"历史本体论"作为描述谱系学的方式之一。BANC 90/136z，1:13，n.p.。

② 约瑟夫·皮尔逊（Joseph Pearson）编：《话语与真理：ΠΑΡΡΗΣΙΑ 的问题化——福柯在加州大学伯克利分校研讨课上的发言》（Discourse and Truth: The Problematization of ΠΑΡΡΗΣΙΑ - Notes to the Seminar given by Foucault at the University of California at Berkeley），1985，iii +121 pp.；约瑟夫·皮尔逊编：《无惧言说》（Fearless Speech），Los Angeles: Semiotext（e），2001。我很感激皮尔逊，他证实了副标题是后加上去的（私人通信，2015 年 7 月 26 日）。对该文本的批判性版本将由弗林（Vrin）出版社完成。

课程的概要，其中对亚里士多德论述中的直言的读解是新增内容；他在后半部分的演讲中引入了几个议题，这些议题在 1984 年巴黎课程中得到最充分的表达，尤其是有关柏拉图的《拉凯斯篇》以及第欧根尼和其他犬儒主义者的作品。在伯克利的最后一次演讲较为概括性地综合了他对自我技术的研究，论及了修行（askēsis）、塞涅卡的《论愤怒》（*De Ira*）以及《论灵魂的宁静》（*De tranquillate animi*）。

在伯克利这门课程进行的同时，福柯还组织了一个规模较小的非正式的每周讨论小组，他们在校园附近保罗·拉比诺的家中谋面。参加人员包括达里奥·比奥卡、阿图罗·埃斯科巴尔、凯斯·甘达尔、肯特·杰拉德、大卫·霍恩、斯蒂芬·科特金、凯茜·库迪利科、大卫·莱文、马克·马斯兰以及乔纳森·西蒙。[1] 还有一些人，如杰瑞·韦克菲尔德，花时间与福柯在一起，但没有加入有组织的小组之中。为了之后工作的开展，他们把议题设定在 20 世纪早期，追溯第一次世界大战和两次大战期间治理的机制。[2] 由于福柯来年就去世了，这项计划没有产生成果，但凯斯·甘达尔制定的"（第一次世界）大战和战后时期的新治理艺术"的项目大纲试图继续推进这一工作，研究战时的治理机制

201

---

[1] 这群人与福柯的一张照片中，福柯戴着他们给他的牛仔帽，该照片可以在埃里蓬的《米歇尔·福柯传》中找到。对达里奥·比奥卡、阿图罗·埃斯科巴尔、凯斯·甘达尔、大卫·霍恩、马克·马斯兰、乔纳森·西蒙与杰瑞·韦克菲尔德分享的他们这一时期的记忆，我都有所借鉴。

[2] 参见凯斯·甘达尔、斯蒂芬·科特金：《美国和苏联的治理工作和社会生活》（"Governing Work and Social Life in the USA and the USSR"），*History of the Present*（《当下的历史》），1，1985：4–14。

如何继续在和平时期发挥作用。该建议提出"谋划"（waging）
和平的观念，认为"和平成为治理的新目标"，在世界大战期间
就被视为一个问题。[①] 其想法是针对美国、苏联、意大利和法国
展开讨论。看上去，福柯在伯克利已经找到他长期寻求的跨学科
的、合作性的环境，只是他来日无多，未能来得及启动自己的研究。
然而，甘达尔、科特金与霍恩都出版了该项目的著作，他们每个
人都承认受惠于福柯的启发。[②] 计划的议题与《必须保卫社会》
课程中的主题密切相关，并且尽管后者在 20 世纪 70 年代有关治
理术的课程中得以继续，但这次展开的计划是为了 1984 年回到
伯克利举办一个有关治理术的研讨课。这将聚焦于 17 世纪和 20
世纪初，特别是 20 世纪 20 年代，拉比诺回忆说关键的问题是：
"是否有一种社会主义形式的治理术？"[③] 同样地，在法兰西学院，
福柯的研究返回到法律与惩罚问题。甘达尔认为，福柯及其同事
是在谋划有关"惩罚的人类学"的项目，关注的是"与犯罪和刑
罚实践严酷性有关的社会容忍限度的……新近变化"（或者说是

---

① 凯斯·甘达尔：《第一次世界大战和战后时期的新治理术》（"New Arts of
Government in the Great War and Post-War Period"），IMEC E.1.29/FCL2.A04-
06，pp.1，3。
② 参见斯蒂芬·科特金：《磁山：作为文明化的斯大林主义》（*Magnetic
Mountain：Stalinism as a Civilization*），Berkeley：University of California Press，1995，
p. xviii；大卫·霍恩：《社会主体：科学、再生产与意大利现代性》（*Social Bodies：
Science，Reproduction，and Italian Modernity*），Princeton：Princeton University Press，
1994，p. ix；凯斯·甘达尔：《枪与笔：海明威、菲茨杰拉德、福克纳和动员小
说》（*The Gun and the Pen：Hemingway，Fitzgerald，Faulkner，and the Fiction of
Mobilization*），Oxford：Oxford University Press，2008，p.vi。
③ 2015 年 5 月 20 日，保罗·拉比诺的私人通信。

决定"惩罚需求变动"的社会因素），另一方面考虑"医学与精神病学知识与刑罚实践之间的关系"以及"如何调整今天的刑罚制度与医学实践"。①

说真话的勇气

由于生病，福柯最后一次课程推迟了三个星期。在课程一开始，福柯就说，他想讨论一些问题以便结束"持续多年的希腊 – 罗马之旅"，返回到一些较为"当代的问题"。（CT 3/2）起初，他似乎在重述前一年的主题，但却是透过对一些不同文本的分析来进行的，尤其是柏拉图的《申辩篇》《斐多篇》《拉凯斯篇》，以及一些犬儒派的文本。他提到，他的总体计划——"讲述有关自身真话的各种实践的古代历史"（CT 9/8）——之前在某种程度上因强调政治性而被干扰，但如今走到前台，并且也是该次课程的一个主题。他认为，1983 年对政治方面的强调，不仅有助于研究主体与真相，而且有助于研究权力关系在这种问题中所发挥的作用。这三个主题，即真相、权力、主体被重新构思，它们一直主导着福柯的研究。依据对上年度课程的重新回顾，福柯认为，"把真言化的模式、治理的技术以及自我实践联结在一起，这基本上就是我一直努力做的事情"（CT 10/8；参见 GSO

---

① 引自凯斯·甘达尔：《知识分子的工作与政治》（"Intellectual Work and Politics"），*Telos*，67，1986：121-134，p.134，n.34。

42/42）。①

　　福柯指出，他已经看到在讲真话关系中他人的重要性，"倾
听的那个他，命令他讲话的那个他人，并且自己也说话的那个他
人"，其出现要远远早于"13世纪初告解的制度化，也早于罗
马天主教中牧领权力的组织与设置"（CT 6/5）。尽管有一些重
要的迹象表明，这一工作怎样在与中世纪基督教的关联中得到发
展（CT 28-29/29），而且最后一次课程的最后一小时开始讨论
了犹太教、《新约》以及早期教父（CT 296-309/325-338），
但课程的焦点是古希腊人。福柯指出，"在希腊文化中，讲真话
有四大形式（通过预言说真话，以智慧形式说真话，技术性说真
话和"直言"说真话）"（CT 63-64/67）。尽管他这里的重点
是最后一个，但其他的要素可以在此前的课程中找到，远的可以
追溯到《求知意志》的讲座。最后这次课程中有许多相当精彩的
解读，篇幅所限，这里只能进行概略的考察。

　　在对柏拉图的《申辩篇》和《斐多篇》的解读中，福柯借鉴
了乔治·杜梅齐尔的一篇文章。②苏格拉底在最后遗言中告诉克
里托（Crito）献祭给阿斯克勒庇俄斯（Asclepius）一只公鸡来偿债。
传统的理解是，由于阿斯克勒庇俄斯是治病之神，偿付债是因为
苏格拉底在垂死之际被治愈了某种病。很多解释，包括尼采所做
的解释，认为活着就是一种疾病。他的灵魂由此摆脱了他凡人的

---

①　亦参见 CT 315-316/344-345。
②　乔治·杜梅齐尔：《我们欠阿斯克勒庇俄斯一只公鸡》（"Nous devons un coq
à Asklépios），*Le Moyne noir en gris dedans Varennes*（《瓦伦斯的黑色和灰色》），
Paris：Gallimard，1984，pp.129-170。

身体。在两千多年的时间里这是占主导地位的理解，但是这种理解存在某些问题，正如尼采所意识到的那样，它不符合苏格拉底所曾经历的人生。这里列举了各种解释，但福柯被杜梅齐尔的观点所折服。这种治愈，克里托必须偿付，因为在与苏格拉底的讨论中他被治愈了一种疾病，即摆脱了所有人的观点，"通过建立在自我与真相关系基础之上的意见，去选择、选定和下定决心"（CT 96/105）。但这种债应共同承担："我们欠阿斯克勒庇俄斯一只公鸡。"[①] 苏格拉底与他的同伴包括克里托一起，已经透过使用直言而得以治愈，这种直言即"讲真话，其最终的目标和持续的关注是教导人们关心自我"（CT 102/110）。杜梅齐尔的解读，是一种虚构的对话形式，并且把对柏拉图的解读与对占卜者诺斯特拉德马斯（Nostradamus）的解读并置在一起。与之相比，福柯的解读更为复杂。然而，这一关心他人的主张，并不仅仅在一种简单的政治意义上，而是作为他们关心自我的准备措施，是福柯理解柏拉图的重要主题。福柯认为，这也是对他的治疗："作为一位哲学教授，在一生中必须至少有一次讲苏格拉底和苏格拉底之死。现在完成了。请拯救我的灵魂吧（*Salvate animam meam*）。"（CT 143/153）

福柯还表示，有必要开展合作项目或举办研讨会，以推进这些想法。（CT 30 n.*、30–31 n.*）他同样认为，他是在抛砖引玉："现在，我还没有能力以授课的方式给你们讲真实的生活这一主

---

① 柏拉图：《斐多篇》（*Phaedo*），118a。

题；或许将来有一天可以，或许永远都不行。我只是希望给你们一些框架和提要。你们中间如果有人对此有兴趣，那么可以进行更深入的研究。"（CT 151/163）他对犬儒生活的四个主题——"无遮掩的生活，独立的生活，正直的生活，以及主宰的生活（做自身的主人）"（CT 231/251）——的讨论，开启了一系列问题，涉及这些问题如何与自我技术的更大计划联系在一起。他同时提出"一本关于犬儒主义的书，把它当作西方文化中的一种道德范畴"的计划，并询问他的听众，如果他们可以组成一个小组来工作，他们会怎样着手。（CT 163/177）该计划会"构思有关犬儒主义的历史，再说一次，这并不是将它看成一种信条或学说，而毋宁视之为一种态度和存在方式"（CT 164/178）。他列举各种论述犬儒主义的作品，包括他已读的和觉得能够评论的，对于较晚近出版的彼得·斯洛特尔蒂克（Peter Sloterdijk）的《犬儒理性批判》（*Critique of Cynical Reason*），福柯没有阅读但"得知对该书的主旨存在着一些不同的观点"（CT 165/179）。[①]

在最后一次讲座的两小时中，福柯试图把这些内容整合在一起。他讨论了与犬儒主义相关的直言，但也想要解释"直言这个术语在最初几个世纪基督教作者那里的演变"（CT 281/307；参见 177/191-192）。这一允诺只是完成了一部分。他在讲座中稍后说道：

---

① 彼得·斯洛特尔蒂克：《犬儒理性批判》（*Kritik der zynischen Vernunft*），Frankfurt：Suhrkamp，1983，trans. Michael Eldred，*Critique of Cynical Reason*，Minneapolis：University of Minnesota Press，1987。

或许，明年我会试着继续探讨这些主题——但还不一定，
我承认我还不知道，也尚未决定。或许，我会尝试继续探讨
生活艺术的历史，哲学作为一种生命形式的历史，以及古代
哲学之后基督教中苦行与真理关系的历史。（CT 290/316）

他接着提示，他在这里所勾勒的对于"从异教的苦行到
基督教的苦行的过渡"的分析"可能需要推倒重来，从各个
角度重新进行审视，并以完全不同的方式重新开始"（CT
290/316-317）。这并不是一个对于《性史》第三卷与未出版的
第四卷之间过渡的提示，而是谈论另一个与之平行、有关自我技
术的研究计划，后者是巴黎最后三年讲座课程的共同主线。在讲
了这些话不到三个月后，福柯就与世长辞了。这是他最后的讲座，
也是最后有记录的公开活动。[①] 他最后的话是："我本来想跟你
们说说这些分析的总体框架。但是，毕竟，太晚了。好吧，谢谢
你们。"（CT 309/338）这是表示时间到了，讲座结束，但正如
德菲尔所指出的，它如今有了另一种意涵。（C 64/81）[②]

---

① 在这之后有一些访谈，但没有讲座。

② 关于福柯的疾病与后事，最佳的解释见于克劳德·莫里亚克：《凝止的时间》
（*Le temps accompli*）、马蒂厄·林东的《爱意味着什么》（*Ce qu'aimer veut dire*）
以及丹尼尔·德菲尔的《政治生活：菲利普·阿蒂埃与艾瑞克·法弗罗访谈》（*Une
vie politique: Entretiens avec Philippe Artières et Éric Favereau*），Paris: Seuil, 2014,
ch. 6。一个半虚构化的版本可见于埃尔维·吉贝尔（Hervé Guibert）：《献给没有拯
救我生命的朋友》（*À l'ami qui ne m'a pas sauvé la vie*），Paris: Gallimard, 1990。

中断的生命，中断的工作

福柯的学术生涯戛然而止，留下大量已完成的项目尚未出版。他最后的课程和晚期的访谈提供了有关未来方向的多种征兆。[①] 从 1974 年到 1984 年，福柯出版了四部专著、一部合著和两部编著：《规训与惩罚》、《性史》的前三卷、《家庭的失序》、《生境政治》以及《艾尔库里娜·巴尔班》。从任何标准来看，这都是一套让人印象深刻的作品集，但他的写作和言说涉及的议题更为广泛，所发表的作品也经历了多次的改变。在他去世之后，我们已有很多的收获，包括：文集《言与文》；十三个年度的巴黎讲座课程，其中有九个是在最后的十年进行的；在伯克利、鲁汶、佛蒙特等地的讲座；以及大量其他方面的文本和证据。所有这些使我们能够对他的学术研究工作做出极为具体细致的说明，这也正是我在本书中所努力的目标。

值得一提的是，鉴于这些材料，我们如今能更清楚地理解，福柯长期以来对于坦白议题的兴趣，何以在他这段时期的所有研究工作中一直是一个不断重现的重要主题。在 1971—1972 年的课程《刑事理论与刑事制度》中，坦白作为一个主题，它对于在刑事案件中运用精神病学专业知识是很重要的，后来福柯对基督

---

① 关于后期的福柯，英文文献中最佳解释之一是如下著作的第一部分：爱德华·麦古欣（Edward McGushin）：《福柯的修行：哲学生活导论》（*Foucault's Askēsis：An Introduction to the Philosophical Life*），Evanston，IL：Northwestern University Press，2007。

205 教实践产生了兴趣，并从近代早期经中世纪一直追溯到基督教早
期教父那里。对于坦白的关注伴随着福柯主要的理论兴趣，从
权力机制及其与知识的关系转移到真相生产与主体性生产之间的
关联。

　　主体性的历史或者说主体的谱系学，或许是福柯这十年的主
要关切。他经常引用对他研究工作的这种描述，有时把它解释为
主体与真相之间关系的问题。过去把这解读为福柯晚期研究中主
体的"回归"，我们现在可以清楚地看到，福柯试图通过对主体
的历史考察来探求如何解决主体的问题。这既是特定个体的主体
问题，也是一群人的集体的主体问题，福柯对于治理或者说治理
术问题的兴趣，也是他借以探求该主题的路径之一。即使是他有
关新自由主义的作品，在某种程度上也是试图追溯经济人（*homo
oeconomicus*）的出现。有关治理的作品至少包括从《必须保卫
社会》到《安全、领土与人口》和《生命政治的诞生》再到《对
活人的治理》这些讲座课程，但也延伸到他最后的两次名为《治
理自我与治理他者》的讲座课程。正如他在 1981 年所言，治理
术的计划应当理解为探寻"在与他人关系的连接中自我对自身的
治理"（SV 300；EW I，88）。再回顾一下《主体解释学》课
程中的建议，"'治理'，'被治理'以及'关心自我'形成一
个序列、一个系列"（HSu 44/45），福柯试图追溯从古代到公
元三四世纪牧领权力的出现。基于这样的理解，很明显 20 世纪
70 年代中后期有关治理术的研究工作，绝不是对福柯总体计划
的一个放弃，而是针对该计划的一个非常具有生产性的新思路，

这促发了福柯日后的研究兴趣与研究方案。

　　这并不是说，在这些讲座中讨论的材料里没有任何偏离他主要的关切之处，我们也不认为，他完全清楚他将要走向哪里或他在试图做什么。为撰写一本有关基督教的著作，福柯付出长期不懈的努力。从 1976 年计划中宣称的第二卷，到 80 年代初对议题的重新调配，最后到 1984 年计划的第四卷，这些调整表明他在探讨这些材料时所面对的挑战。此外，他有几次也谈到，在调和《性史》最后几卷中两个似乎冲突性的计划——对古代性行为的研究和对自我技术的探讨——时所面临的难题。这两个计划的冲撞最明显地发生在《关心自我》上——这个标题原本是在《性史》系列计划之外的一本书，材料也有所不同，但它却成为该系列一卷的标题，同时也带有另一个平行计划的某些痕迹。

206

　　另一个持续性的主线是福柯对合作项目的热情。他的政治行动主义通常采取一种合作的形式——不仅有监狱情报小组，也有关注健康和精神病院的团体，我们将在《福柯：权力的诞生》中对此展开分析。他参与波兰团结工会法国分会的工作，并就一系列关切的问题参与数不清的呼吁、请愿和记者招待会，直到他去世。他在法兰西学院最早的研讨课促成《我，里维耶》档案汇编的出版，并且正如第 1 章所述，福柯在后来的课程中利用了让 - 皮埃尔·彼得等一些同事所做的档案工作。他与 CERFI 的合作及时促成了《规范化设施的谱系学》（*Généalogie des équipements de normalisation*）、《生境政治》以及《治疗机器》这几本著作。为了完成长期计划的有关密札的工作，他与阿莱特·法尔热进行了合作。1981 年在鲁汶、1982 年在佛蒙特以及尤其在伯克利，他策划了在他死后完成的合著作品。伯克利有关"大战与战后时期的新治理艺术"的项目，原本会成为他希望探讨的社会主义治理术问题的方式之一。这是一个似乎尤其能激发他的兴趣的议题；这也是他晚年在巴黎与同事们所讨论的问题。

然而，最重要的是，这是他实施《性史》计划的十年。最初开始于 1974 年，但种种迹象表明至少可以再向前追溯十年，这是他一直在做的事情，直到去世。这个计划历经一系列重要的改变，我在本书中尝试着对细节做追溯。他承诺要出版的好几卷都只是起草了一部分，在讲座课程中有的试讲过，有的被放弃，也有些至少部分被销毁了。与最初按主题分卷的方式不同，该计划在 20 世纪 80 年代初采取了历史分期的形式，福柯开始在图书和杂志中发表一些节选或者概要，但对于材料的重组仍在继续推进。仅仅到了生命的最后几个月，福柯才最终出版了《性史》的另外两卷，而第一卷早在 1976 年末就已面世了。

《快感的享用》与《关心自我》这两卷，也是他最后出版的两部专著，曾经看上去与福柯此前的议题不太相关。现在，从那207些篇幅较短的作品和各种讲座来看，我们可以认为这两卷处于一系列不断发展的兴趣和问题的语境之中。正如第 7 章所表明的，这两卷的最终形式是在该进程很晚的时候才确定的。我们有幸得见这些著作，因为此前的几稿仍然存在档案之中。除了《知识考

古学》的一个早期书稿由福柯交给德菲尔阅读外①，福柯销毁了
为其他著作准备的材料。对于《快感的享用》与《关心自我》，
福柯似乎未有机会毁弃这些草稿。正如第 7 章所分析的，在国家
图书馆的四大箱文件中，有这些卷各章的许多草稿。第一箱包括
导论和开头一章的几份草稿，从中可以看到这两卷被构想为关于
古代的单独一卷的那个时期，然后是保留的各章的后续手稿。

　　福柯的书稿是手写的，因此每一稿都是从头写起：这是一个
辛苦的过程，不仅对文字润色加工，而且将结构调整得更加严
密。有些时候，福柯把文本交给法兰西学院的打字员，然后再对
后者提交的文本加工打磨。偶尔，打字员们会用问号标出手稿上
难以辨认的字词——对此我有很多同感。福柯会对这些机打的文
本进行改写，有时把一页剪辑成几片，然后把片段贴在新页面上，
写下关联的页码，再交给打字员以形成一个新的版本。与现代的
文字处理不同，我们从中可以看到这些文稿资料的原始情形以及
它们发展与改变的物理痕迹。福柯 1971 年对谱系学所做的著名
表述，认为它是"在被多次删改与重写的错综混乱的羊皮纸手稿
上"进行的作业，这既适用于他的资料来源，很大程度上也符合
他自己的写作。我在本书中一直努力循着他的指示，即处理这样
的材料必然是"沉闷的、谨慎的和耐心的文献工作"（DE#84 Ⅱ，
136；EW Ⅱ，369）。

　　直到最近，法国国家图书馆、伯克利班克罗夫特图书馆和当

---

① 　《知识考古学》这份草稿的完整手稿见 BNF NAF28284（1）。

代出版纪念协会的档案研究人员，才有权从这些手稿中看到福柯的工作实践。尽管现在我们有了一些早期草稿、讲座和准备性的阅读笔记的复印本①，但到目前为止，除了他生前出版的作品之外，审视其思想发展与工作实践的最重要的依据是他的讲座课程，当然这些并不只是那些在法兰西学院所讲授的。在追溯他的主要关切方面，这些课程提供了一种优越的视角，但它们绝不能取代那些缺失的作品。这些并不是福柯所写的著作，而是这一过程中的思想记录。按照他自己的话来说，他以"概述"（survols）的形式指出了一些潜在性的项目，"这些概述只是一些标记，只是可能的工作"（CT 174/189）。福柯在内容上和方法上就如何完成这些工作提出了很多建议。

我们应该认识到，虽然他不断地修改和重新考虑早期的构想，但他的工作没有明确的阶段划分，而且往往补充而不是取代前期方法上的发展。正如考古学没有被谱系学所取代，而是由后者加以补充，关于权力与规训的研究同关于真相与主体性的研究之间的关系，也同样如此。他在晚期的一次访谈中曾指出："权力不是规训；规训是权力的一种可能程序。"尽管如此，他仍然认为，他自己的分析是有限的、特定的，也是非总体化的："因此，在我看来，这些分析绝不能等同于对每一种可能的权力关系

① 《埃尔纳手册》（*Cahier L'Herne*）包含了关于《知识考古学》早期手稿导论的第一稿以及关于毕加索与马奈的讲座。他为《词与物》所做的阅读记录可在 http://lbf-ehess.ens-lyon.fr/ead.html?c=FRENS_00002_ref1475 上获得。

的一般性分析。"①在讨论、批评或者说在最有效地使用福柯
的成果时，如果能记得这一点，将大有裨益。

　　这些书面证据的性质也让我们有理由保持谨慎。在他死后的
三十多年里，我们对福柯作品的理解发生了根本性的变化。我们
没有理由认为，新资料一旦问世，原有的真知灼见就不堪一击。
同样地，若是自以为本书能一锤定音，也是不明智的。对于德菲
尔售卖的三万七千页材料，法国国家图书馆至今仍只允许研究人
员接触很有限的一部分。②在卖出之前，其中有些已为法兰西学
院讲座的编辑们所获得，这对本书而言是非常重要的。要把这些
材料全部编目，可供研究人员使用，或许还包括出版，这些都需
要一段时间。法兰西学院课程2015年中期完成出版，除此之外，
福柯题名《当下的哲学》（*Philosophie du présent*）的多卷本作
品以及包括未出版的材料，正由弗林（Vrin）出版社处理。目前
来看，这一多卷本作品很大程度上是各版本的讲座，有的是英文
版的，有的是未被授权的法文版本（OHS，QC）：下一卷将会
是1983年在伯克利关于直言讲座的校订版。此外，在可获得的
档案中，还有以录音形式或书面形式存在的其他材料。保留在法
国国家图书馆的大量材料，包括《性史》第四卷文稿，也可能成

---

①　《政治与伦理：一个访谈》（"Politics and Ethics：An Interview"），*The Foucault Reader*（《福柯精萃》），ed. Paul Rabinow，London：Penguin，1991，p.380；DE#341 Ⅳ，590。这段话是从原稿更长的一段文字中删去的："权力不是规训，它不是暴力，也不是支配……暴力关系是一种力量关系；权力关系是另外一回事。"（BANC 90/136z 1:4，p.27）
②　丹尼尔·德菲尔：《福柯的档案有一段政治史》（"Les archives de Foucault ont une histoire politique"），*Le Nouvel Observateur*，26 November 2012。

书出版。

209　　这些未来出版作品的性质，或许会以某些更微妙的细节来增添本书所形成的图景。鉴于现有的资料，尤其是法兰西学院课程所提供的眼界，本书就福柯最后十年的关切、计划及作品进行了扫描和概述。在这个阶段，不可能有任何定论，未来的研究毫无疑问将会继续向前推进。我希望本书的研究将被证明有益于这项工作。

术语对照表

abnormality 反常 / 变态

Abnormals，The（Foucault）《不正常的人》（福柯）

"About the Beginning of the Hermeneutics of the Self"
（Foucault）《自我解释学的发端》（福柯）

"About the Concept of the 'Dangerous Individual'"（Foucault）
《关于"危险个体"的概念》（福柯）

absolutism 绝对主义

abstinence 节欲

Académie Tarnier 塔尼学院

activity 活动 / 行为

administrative power 行政 / 管理权

adultery 通奸

aesthetics of existence 存在美学

Agamben，Giorgio 吉奥乔·阿甘本

Agricola（Tacitus）《阿古利可拉传》（塔西佗）

Ariès，Philippe 菲利普·阿利埃斯

Aristotle 亚里士多德

army 军队

ars erotica 性爱艺术

Artemidorus 阿特米多鲁斯

asceticism 禁欲主义 / 苦行主义

askēsis 修行

asylums 精神病院

Athanasius，St. 圣阿塔纳修斯

Augustine，St. 圣奥古斯丁

Aveux de la chair，*Les* （Foucault，unpublished *History of Sexuality* volume Ⅳ）《肉体的坦白》（福柯未出版《性史》第四卷）

Bacchae，The（Euripides）《酒神的女祭司》（欧里庇得斯）

Badinter，Robert 罗贝尔·巴丹泰

baptism 洗礼

barbarism 野蛮

Barbin，Herculine 艾尔库里娜·巴尔班

Barre，Raymond 雷蒙德·巴尔

Barret-Kriegel，Blandine 布兰迪恩·巴雷特－克里格

Barthes，Roland 罗兰·巴特

Basil of Caesarea，St. 该撒利亚的圣巴希勒

"Battle for Chastity，The"（Foucault）《为贞洁而战》（福柯）

of the King 国王的身体

and medicine 身体与医学

and power 身体与权力

and sexuality 身体与性态

Bové，Powl 保罗·博韦

Bonemazon，Henri 亨利·博纳玛宗

Borromée，Charles 夏尔·博罗梅

Botero，Giovanni 乔瓦尼·博特罗

Boulainviller，Henry de 亨利·德·布兰维里耶

boys 男童

Brown，Peter 彼得·布朗

Bruckner，Pascal 帕斯卡尔·布鲁克纳

Cajetan，Tomaso de Vio 托马索·德·维奥·卡耶坦

calculation 计算

Canguilhem，Georges 乔治·康吉兰

Cannibalism 食人

Capital，*Das* （Marx） 《资本论》（马克思）

capitalism 资本主义

care of the self 关心自我

Care of the Self，The （Foucault-*History of Sexuality* volume
III） 《关心自我》（福柯 《性史》第三卷）

Carpentier，Jean 让·卡朋蒂埃

de Ligouri，St Alfonso Maria 圣阿方索·玛丽亚·德·里古利

De officiis（Ambrose） 《论责任》（安布罗斯）

De sacerdotio（Chrysostom） 《论铎职》（屈梭多模）

de Sade，Marquis 萨德侯爵

de Saint-Simon，Henri 亨利·德·圣西门

De tranquillitate animi（Seneca）《论灵魂的宁静》（塞涅卡）

de Vio Cajetan，Tomaso 托马索·德·维奥·卡耶坦

death，power over 对于死亡的权利

Débat，Le 《争鸣》

Defert，Daniel 丹尼尔·德菲尔

Délégation Générale à la Recherche Scientifique et Technologique（DGRST）（法国）科学与技术部（DGRST）

Deleule，Didier 迪迪耶·德吕勒

Deleuze，Gilles 吉尔·德勒兹

delinquency 犯罪

Demangeon，Alain 阿兰·德芒戎

demography 人口统计学

Demosthenes 德摩斯梯尼

Derrida，Jacques 雅克·德里达

Descartes，René 勒内·笛卡尔

desire 欲望

Deslandes，Léopold 利奥波德·德朗德

Désordre des familles，Les（Foucault & Farge） 《家庭的失

序》（福柯和法尔热）

Dictionnaire des philosophes 《哲学家词典》

dietetics 养生法

Dio Cassius 迪奥·卡西乌斯

Diogenes 第欧根尼

Dionysius 狄俄尼修斯

disciplinary power 规训权力

discipline 规训 / 学科 / 学院

Discipline and Punish（Foucault） 《规训与惩罚》（福柯）

"Discourse and Truth"（Foucault） 《话语与真理》（福柯）

dispositifs 装置

　of alliance 联姻装置

　of knowledge-power 知识 – 权力装置

　of normalization 正常化 / 规范化装置

　of psychiatric power 精神病学权力装置

　of sexuality 性态装置

　of sovereignty 主权装置

　of subjectivity 主体性装置

Dits et écrits（ed. Defert & Ewald） 《言与文》（德菲尔和
埃瓦尔德编）

domination 支配

Donzelot，Jacques 雅克·东泽洛

Dostoevsky，Fyodor 菲奥多·陀思妥耶夫斯基

Équipements du pouvoir，*Les*（Murard & Fourquet） 《权力的设施》（穆拉德和富尔凯）

Eribon，Didier 迪迪埃·埃里蓬

Erotikos（Demosthenes） 《性爱篇》（德摩斯梯尼）

Erotikos（Plutarch） 《性爱篇》（普鲁塔克）

Escobar，Arturo 阿图罗·埃斯科巴尔

eugenics 优生学

Euripides 欧里庇得斯

evolutionism 进化论

Ewald，François 弗朗索瓦·埃瓦尔德

exagoreusis 语忏

examination 审查

exchange 交流

exomologēsis 身忏

family 家庭

Farge，Arlette 阿莱特·法尔热

Fascism 法西斯主义

fathers 教父

Fearless Speech（Foucault） 《无惧言说》（福柯）

Féderation des Groupes d'Études de Recherches Institutionelle（FGERI） 制度研究与探索团体联合会（FGERI）

Femme，*la mère et l'hystérique*（Foucault，proposed text）《妇

Gandal，Keith 凯斯·甘达尔

genealogical analyses 谱系学分析

Génealogie de la défense sociale en Belgique（Tulkens） 全称为《比利时社会防卫的谱系学（1880—1914）》（杜肯斯）

Généalogie des équipements collectifs《公共设施的谱系学》

Généalogie des équipements de normalisation（Foucault & collaborators）《规范化设施的谱系学》（福柯及其合作者）

geography 地理学

Gerard，Kent 肯特·杰拉德

Gesamtausgabe《海德格尔全集》

Giscard d'Estaing，Valéry 瓦勒里·吉斯卡尔·德斯坦

Glucksmann，André 安德烈·格鲁克斯曼

Gorgias（Plato）《高尔吉亚篇》（柏拉图）

Gouvernement de soi et des autres，*Le*（Foucault，proposed text; not the same as late lecture courses）《治理自我与治理他者》（福柯计划中的作品；与后来的讲座课程并不一样）

government 治理

    of children 对儿童的治理

    and Christian pastoral 与基督教牧领

    of the household 对家庭的治理

    and knowledge 与知识

    of others 对他人的治理

    and population 治理与人口

and power 与权力

of the self 对自身的治理

of souls 对灵魂的治理

and territory 治理与领土

and truth 治理与真相

Government of the Self and Others（Foucault）　《治理自我与治理他者》（福柯）

Governmentality 治理术

Grandjean，Anne 安妮·格朗让

Greek civilization 希腊文明

green spaces 绿色空间

Gregory of Nyssa 尼撒的格里高利

Gregory the Great 大格里高利

Grenoble lecture 格勒诺布尔讲座

Gros，Frédéric 弗雷德里克·格罗

Grosrichard，A. 格罗斯瑞查德

grotesque，the 异形 / 畸形

Groupe d'information sur les prisons 监狱情报小组

Guattari，Félix 菲利克斯·加塔利

Habert 阿贝尔

habitat 生境

Hadot，Pierre 皮埃尔·阿多

Haussmann，Georges-Eugène 乔治－尤金·奥斯曼

health 健康 / 卫生

Hebrew civilization 希伯来文明

Hegel，Georg Wilhelm Friedrich 格奥尔格·威廉·弗里德里希·黑格尔

hegemony 霸权

Heidegger，Martin 马丁·海德格尔

Heraclides Ponticus 赫拉克利德斯·彭提乌斯

Herculine Barbin（ed. Foucault）《艾尔库里娜·巴尔班》（福柯　编）

hermaphroditism 雌雄同体 / 两性人

Hermeneutic of the Subject，The（Foucault）《主体解释学》（福柯）

Hesiod 赫西俄德

hierarchization 等级化

Hippocrates 希波克拉底

Hippolytus（Euripides）《希波吕托斯》（欧里庇得斯）

Histoire des services collectifs dans la comptabilité nationale（Fourquet）《国民经济核算中公用事业的历史》（富尔凯）

Historia Augustus（Tacitus）《奥古斯都历史》（塔西佗）

historico-political discourses 历史－政治话语

history 历史

History of Animals（Aristotle）《动物志》（亚里士多德）

housing 住宅

human monsters 畸形人

Husserl，Edmund 埃德蒙·胡塞尔

hygiene 卫生学

hysteria 癔症 / 歇斯底里症

Iliad（Homer） 《伊利亚特》（荷马）

incest 乱伦

incorrigibility 不可救药

individualization 个体化

individuals to be corrected 被纠正的个体

infrastructure 基础设施

inquiry 探讨

Inquisition 审讯

insanity 精神错乱

instinct 本能

Institutiones（Cassian） 《论修道制度》（卡西安）

institutions 机构 / 制度

Ion（Euripides） 《伊翁》（欧里庇得斯）

Iran reports 伊朗报告

Isocrates 伊索克拉底

isomorphism 同构论

labour 劳动

Lacan，Jacques 雅克·拉康

Laches（Plato） 《拉凯斯篇》（柏拉图）

Lamarche-Vadel，Gaëtane 伽塔纳·拉马什－瓦德尔

Lamarck，Jean-Baptiste 让－巴蒂斯特·拉马克

Lambert，Françoise 弗朗索瓦丝·朗贝尔

language 语言

Lateran Council 拉特兰会议

law，the 法律

Laws（Plato） 《法律篇》（柏拉图）

Lea，Henry Charles 亨利·查尔斯·利亚

Lebrun，Gérard 热拉尔·勒布伦

Lectures on the Will to Know（Foucault） 《求知意志》讲座课程（福柯）

Léger case 莱热案例

Lemarcis，Marie/Marin 玛丽／玛琳·勒玛尔西斯

leprosy 麻风病

lettres de cachet 密札

Leuret，François 弗朗索瓦·勒雷

Leviathan（Hobbes） 《利维坦》（霍布斯）

Levin，David 大卫·莱文

Lévy，Bernard-Henri 伯纳德－亨利·列维

liberalism 自由主义

libertinism 自由思想

liberty 自由

life 生活

  aesthetics of 生活美学

  art of 生活艺术

  power over 针对生命的权力

Life of the Caesars（Suetonius） 《恺撒传》（苏维托尼乌斯）

Lilburne，John 约翰·李尔本

"Lives of Infamous Men"（Foucault）《声名狼藉者的生活》（福柯）

Locke，John 约翰·洛克

Lombard，Peter 彼得·隆巴多

Lotringer，Sylvére 西尔维尔·洛特兰热

Louis XIV of France 法兰西的路易十四

Louis XVI of France 法兰西的路易十六

Louvain lectures 鲁汶讲座

Louvain seminar 鲁汶研讨会

Lucian 卢西安

Lucilius 卢基里乌斯

Luxembourg，Rosa 罗莎·卢森堡

Mably，Gabriel Bonnet de 加布里埃尔·博内·德·马布里

Machiavelli，Niccolò 尼科洛·马基雅维利

Machines à guérir, Les（Foucault & collaborators）《治疗机器》（福柯及合作者）

Madness 疯狂

Malthusian couple 马尔萨斯式夫妇

Mandeville，Bernard 伯纳德·曼德维尔

Marat，Jean-Paul 让－保罗·马拉

Marchais，Georges 乔治·马歇

Marchetti，Valeria 瓦莱里娅·马尔凯蒂

Marcus，Steven 斯蒂芬·马库斯

Marcus Aurelius 马可·奥勒留

Marcus Cornelius Fronto 马库斯·科尔内利乌斯·夫隆托

Marcuse，Herbert 赫伯特·马尔库塞

Marie-Antoinette 玛丽·安托瓦内特

marriage 婚姻

Martin，Christiane 克里斯蒂安·马丁

Marx，Karl 卡尔·马克思

Marxism 马克思主义

Maslan，Mark 马克·马斯兰

masturbation 手淫

Mauriac，Claude 克劳德·莫里亚克

Maximus of Tyre 蒂尔的马克西姆斯

Mazeret，Bernard 伯纳德·马泽雷

measurement 测量

Musonius Rufus 穆索尼乌斯·鲁弗斯

My Secret Life（memoir） 《我的私密生活》（备忘录）

mysticism 神秘主义

nationality 民族性

Nazianzen，Gregory 纳西盎的格里高利

Nazism 纳粹主义

necrophilia 恋尸癖

neoliberalism 新自由主义

Neoplatonism 新柏拉图主义

New York University seminar 纽约大学研讨课

Nicomachean Ethics（Aristotle） 《尼各马可伦理学》（亚里士多德）

Nietzsche，Friedrich 弗里德里希·尼采

Nora，Pierre 皮埃尔·诺拉

Normal and the Pathological，The（Canguilhem） 《正常与病态》（康吉兰）

normalization 正常化 / 规范化

North，Helen 海伦·诺斯

Nostradamus 诺斯特拉德马斯

objectification 客观化 / 对象化

Odyssey（Homer） 《奥德赛》（荷马）

"Parallel Lives" series "平行生活"系列

parrēsia 直言

Pascal，Blaise 布莱士·帕斯卡

Pasquino，Pasquale 帕斯夸尔·帕斯奎诺

pastoral power 牧领权力

Payer，Pierre J. 皮埃尔·J. 佩耶

peace 和平

Peace of Westphalia 威斯特伐利亚和约

pedagogy 教育学 / 教学法

penance 补赎

penetration 插入

Peri euthumias（Plutarch） 《论愉悦》（普鲁塔克）

Pervers，Les（Foucault，proposed text） 《性倒错》（福柯计划中的作品）

perversion 性倒错

Peter，Jean-Pierre 让－皮埃尔·彼得

Peters，Roy 罗伊·彼得斯

Petitjean，Gérard 热拉尔·珀迪让

Phaedo（Plato） 《斐多篇》（柏拉图）

Philo of Alexandria 亚历山大里亚的斐洛

philosophico-juridical discourses 哲学－司法话语

Phoenician Women，The（Euripides） 《腓尼基妇女》（欧里庇得斯）

"Politics of Health in the Eighteenth Century"（Foucault）《18世纪健康的政治学》（福柯）

Polybius 波利比乌斯

Pomeroy，Sarah 萨拉·波默罗伊

Popper，Karl 卡尔·波普

population 人口 / 群体

Populations et races（Foucault，proposed text）《人口与种族》（福柯计划中的作品）

possession 着魔

posthumous publication restrictions 死后出版限制

Pouvoir de la verité（Foucault，proposed text）《真理的权力》（福柯计划中的作品）

power 权力

　absolute 绝对权力

　administrative 管理权力

　analytic of 对权力的分析

　bio- 生命权力

　and the body 权力与身体

　and the church 权力与宗教

　and class 权力与阶级

power 权力

　disciplinary 规训权力

　and government 权力与治理

and knowledge 权力与知识

and the law 权力与法律

and *lettres de cachet* 权力与密札

micro- 微观权力

over life and death 掌管生死之权力

and *parrēsia* 权力与直言

and philosophy 权力与哲学

political 政治权力

psychiatric 精神分析权力

and sexuality 权力与性态

state 国家权力

and subjectivity 权力与主体性

and truth 权力与真相

and war 权力与战争

Préli，Georges 乔治·普雷利

present，the 当下

prince，the 君主

Princeton lectures 普林斯顿讲座

prisons 监狱

procreation 生殖

production 生产

prostitution 卖淫

Protestantism 新教

psychiatric expertise，and criminal trials 精神病学专业知识与犯罪审判

psychiatric power 精神病学权力

Psychiatric Power （Foucault） 《精神病学的权力》（福柯）

psychoanalysis 精神分析

Psychopathia sexualis （Kaan） 《性心理疾病》（卡恩）

public health 公众健康

punishment 惩罚

Pythagoreans 毕达哥拉斯

quantification 量化

Querrien，Anne 安妮·屈埃尔里安

Quesnay，Francois 弗朗索瓦·魁奈

Quintilian 昆体良

Rabinow，Paul 保罗·拉比诺

race 种族

racism 种族主义

raison d'État 国家理性

Rancière，Danielle 丹尼尔·朗西埃

rape 强奸

Reagan，Ronald 罗纳德·里根

Reformation 宗教改革

"Schizo-Culture" conference，Columbia University 哥伦比亚大学"精神分裂文化"研讨会

Schmidt，Helmut 赫尔穆特·施密特

schools 学校

scientia sexualis 性科学

security 安全

Security，Territory，Population（Foucault） 《安全、领土与人口》（福柯）

Sélestat case 塞莱斯塔案例

self，the 自我

  care of 关心自我

  examination of 对自我的检查

  government of 自我治理

  technologies of 自我技术

  and writing 自我与书写

"Self-Writing"（Foucault） 《自我书写》（福柯）

Seneca 塞涅卡

Senellart，Michel 米歇尔·塞内拉尔

Sennett，Richard 理查德·桑内特

Septimus Severus 赛普提姆斯·塞维鲁

Serenus 塞雷努斯

sexual discourses 性话语

sexual psychopathy 性精神变态

"Sexuality and Power"（Foucault）《性态与权力》（福柯）

"Sexuality and Solitude"（Foucault）《性态与孤独》（福柯）

Sieyès，Emmanuel Joseph 埃马纽尔·约瑟夫·西哀士

Simon，Jonathan 乔纳森·西蒙

Simon，Renée 蕾妮·西蒙

Sloterdijk，Peter 彼得·斯洛特尔蒂克

Smith，Adam 亚当·斯密

social class 社会阶级

social contract 社会契约

social status 社会地位

socialism 社会主义

Société française de philosophie 法国哲学学会

Société punitive，La（Foucault） 《惩罚的社会》（福柯）

Society Must Be Defended（Foucault）《必须保卫社会》（福柯）

Socrates 苏格拉底

Solinus 索利努斯

Solon 索伦

Solzhenitsyn，Aleksandr 亚历山大·索尔仁尼琴

Sophocles 索福克勒斯

sōphrosynē 审慎/智慧

Souci de soi，Le （Foucault，proposed text-not the same as the actually published *History of Sexuality* volume III）《关心自我》（福柯计划中的作品——并非实际出版的《性史》第三卷）

"Subjectivity and Truth"（Foucault）《主体性与真相》（福柯）

Suetonius 苏维托尼乌斯

surveillance 监控

Symposium（Xenophon）《会饮篇》（色诺芬）

Tacitus 塔西佗

technologies of the self 自我技术之种种

tekhnē tekhnis 技术的技术 / 最高技术

tekhnē tou biou 生活的艺术 / 技术

temperance 节制

territory 领土

Tertullian 德尔图良

tests 测试

Thalamy，Anne 安妮·塔拉米

Thatcher，Margaret 玛格丽特·撒切尔

Théories et institutions pénales（Foucault）《刑事理论与刑事制度》（福柯）

Thierry，Augustin 奥古斯丁·梯叶里

Thucydides 修昔底德

Toronto lectures 多伦多讲座

torture 折磨 / 拷问

totalitarianism 极权主义

towns 城邦 / 城镇

Trotsky，Leon 利昂列夫·托洛茨基

truth 真理 / 真相

　alēthourgia 显现真相

　and Christianity 与基督教

　and confession 与告解 / 坦白

　and economics 与家政学

　and government 与治理

　and knowledge 与知识

　and *parrēsia* 与直言

　and power 与权力

　and sexuality 与性态

　and subjectivity 与主体性

　and torture 与拷问

　veridiction 真言化（讲真话）

　"Truth and Juridical Forms"（Foucault）"真相与司法形式"
（福柯）

　"Truth and Subjectivity"（Foucault）《真相与主体性》（福
柯）

　Tulkens，Françoise 弗朗索瓦兹·杜肯斯

　Ubu roi（Jarry） 《愚比王》（雅里）

ubuesque，the 愚比王式的

urban 城市

Usage des plaisirs，*L'*（Foucault，proposed text-not the same as the actually published *History of Sexuality* volume II） 《快感的享用》（福柯计划中的作品，并非实际出版的《性史》第二卷）

Use of Pleasures，*The* （Foucault-*History of Sexuality* volume II） 《快感的享用》（福柯《性史》第二卷）

Vaisseaux et les villes，*Les* （Fortier & Demangeon） 《船只与城市》（福捷和德芒戎）

vampirism 吸血鬼

Van Ussel，Jos 乔司·万·于塞

Vatin，Claude 克劳德·瓦坦

veridiction 真言化（讲真话）

Vermont lectures 佛蒙特讲座

Vermont seminars 佛蒙特研讨课

Veyne，Paul 保罗·韦纳

Vietnam War 越战

Vincennes courses 万塞纳讲座

virginity 贞洁

Vita Antonisi （Athanasius） 《安东尼传》（阿塔纳修斯）

Wahl，François 弗朗索瓦·瓦尔

Wakefield，Jerry 杰瑞·韦克菲尔德

war 战争

Watkins，Oscar 奥斯卡·沃特金斯

Weber，Max 马克斯·韦伯

"What is Enlightenment?"（Foucault）《何谓启蒙？》（福柯）

"What is Enlightenment?"（Kant）《何谓启蒙？》（康德）

Will to Knowledge，The（Foucault-*History of Sexuality* volume Ⅰ）《求知意志》（福柯，《性史》第一卷）

William of Orange 奥兰治的威廉

William Ⅰ of England 英格兰国王威廉一世

Witchcraft 巫术

women 女性

  and hysteria 与癔症

  and motherhood 与母性

  and prostitution 与卖淫

  and sexuality 与性态

work 工作

writing 书写

Wrong Doing，*Truth Telling*（Foucault）《做错事，说真话》（福柯）

Xenophon 色诺芬

zōē 生命

英文版索引